Das Verhältnis von Aufsichtsrat und Abschlussprüfern in der rechtshistorischen Entwicklung bis 1937

Rechtshistorische Reihe

Band 352

Peter Lang
Frankfurt am Main · Berlin · Bern · Bruxelles · New York · Oxford · Wien

Frank Thiäner

Das Verhältnis von Aufsichtsrat und Abschlussprüfern in der rechtshistorischen Entwicklung bis 1937

Peter Lang
Internationaler Verlag der Wissenschaften

Bibliografische Information der Deutschen Nationalbibliothek
Die Deutsche Nationalbibliothek verzeichnet diese Publikation in der Deutschen Nationalbibliografie; detaillierte bibliografische Daten sind im Internet über <http://www.d-nb.de> abrufbar.

Diese Arbeit wurde von
Herrn Prof. Dr. Gerhard Köbler
zur Aufnahme in diese Reihe empfohlen.

Umschlagabbildung:
Justitia – Sinnbild der Gerechtigkeit.
Dieser Bildausschnitt wurde einem Buch aus dem
17. Jahrhundert entnommen.

ISSN 0344-290X
ISBN 978-3-631-55441-8

www.peterlang.de

Meinen Eltern

Inhaltsverzeichnis

Abkürzungsverzeichnis

a.A.	anderer Ansicht
a.a.O.	am angegebenen Ort
ABl.	Amtsblatt
Abt.	Abteilung
ADGB	Allgemeiner Deutscher Gewerkschaftsbund
ADHGB	Allgemeines Deutsches Handelsgesetzbuch
AFA	Allgemeiner Freier Angestelltenbund
AG	Aktiengesellschaft
AktG	Aktiengesetz
ALR	preußisches Allgemeines Landrecht
Anm.	Anmerkung
BArch	Bundesarchiv
Bd.	Band
BGBl.	Bundesgesetzblatt
Bl.	Blatt
C.	Chapter
CdC	Code de Commerce
DAV	Deutscher Anwaltverein
ders.	derselbe
DIHT	Deutscher Industrie- und Handelstag

DJT	Deutscher Juristentag
DJZ	Deutsche Juristenzeitung
DNV	Deutscher Notarverein
DRiZ	Deutsche Richter Zeitung
e.V.	eingetragener Verein
f.	folgende
ff.	fortfolgende
Fn.	Fußnote
FZ	Frankfurter Zeitung
GdB	Genossenschaft der Bücherrevisoren in Wien
Germ. Abt.	Germanistische Abteilung
HGB	Handelsgesetzbuch
Hrsg.	Herausgeber
hrsg.	herausgegeben
i.d.F.	in der Fassung
IdW	Institut der Wirtschaftsprüfer
IHK	Industrie- und Handelskammer
i.Pr.	in Preußen
i.V.m.	in Verbindung mit
JW	Juristische Wochenschrift
KG	Kommanditgesellschaft

KGaA	Kommanditgesellschaft auf Aktien
Kgl.	Königliche
No.	Number
NotVO	Notverordnung
Nr.	Nummer
OHG	Offene Handelsgesellschaft
p.	page
PrGS	Gesetz-Sammlung für die Königlichen Preußischen Staaten
PRV	Preußischer Richterverein
RDI	Reichsverband der Deutschen Industrie
RdP	Reichsverband der Privatversicherung
RDTA	Reichsbund Deutscher Treuhand-Aktiengesellschaften
RGBl.	Reichsgesetzblatt
RGZ	Entscheidungssammlung des Reichsgerichts in Zivilsachen
RFM	Reichsfinanzministerium
RJM	Reichsjustizministerium
Rn.	Randnummer
RWM	Reichswirtschaftsministerium
S.	Seite
s.	section
ss.	sections

SOR	Schweizerisches Obligationenrecht
StA	Staatsarchiv
v.	vom
VAG	Versicherungsaufsichtsgesetz
VBH	Vereinigung Berliner Handelsredakteure
VDB	Verband Deutscher Bücherrevisoren
Verh.	Verhandlungen
vgl.	vergleiche
Vict.	Victoria
Vorb.	Vorbemerkungen
WPg	Die Wirtschaftsprüfung
WPO	Wirtschaftsprüferordnung
z.B.	zum Beispiel
ZfH	Zentralblatt für Handelsrecht
ZGR	Zeitschrift für Gesellschaftsrecht
ZHR	Zeitschrift für das gesamte Handelsrecht
Ziff.	Ziffer
ZÖA	Zentralverband Österreichischer Aktiengesellschaften
ZStA	Zentrales Staatsarchiv
z.T.	zum Teil

Archivalien

Bundesarchiv Berlin-Zehlendorf

Akten aus dem Bestand des Reichsjustizministeriums (BArch 30.01)

Aktiengesellschaftsrecht nach der Reform von 1884 bzw. 1897

Nr. 2877	Band 5 (Februar 1926 – Oktober 1927) Protokolle der Verhandlungen der 3. Arbeitsgruppe des Unterausschusses für allgemeine Wirtschaftsstruktur (I. Unterausschuss) des Ausschusses zur Untersuchung der Erzeugungs- und Absatzbedingungen der deutschen Wirtschaft (Enquête-Ausschuss)
Nr. 2878	Band 6 (November 1927 – Oktober 1929) Arbeitsplan des Reichsjustizministeriums zur Reform des Aktienrechts vom 23. Oktober 1928

Verhandlungen der vom 34. Deutschen Juristentag eingesetzten Kommission über die Aktienrechtsreform

Nr. 2936	Band 1 (September 1926 – April 1929) Protokolle der Sitzungen der vom 34. Deutschen Juristentag eingesetzten Kommission (Gesamtkommission und Unterkommissionen) Bericht über das Ergebnis der Arbeiten der III. Unterkommission (Organisation der Verwaltung der Aktiengesellschaft, insbesondere Vorstand und Aufsichtsrat, Haftung und Kontrolle)

Reform des Aktienrechts

Nr. 2937	Band 1 (Januar 1929 – Januar 1930) Materialien zur Vorbereitung des Gesetzentwurfs von 1930 (Entwurf I)
Nr. 2938	Band 2 (Februar 1930 – März 1931) Materialien zur Vorbereitung des Entwurfs I, darunter der Gesetzesentwurf von Prof. Dr. E. Schmalenbach vom 2. Januar 1930
Nr. 2939	Band 3 (April 1931 – September 1933) Entwurf I

Gesetzesentwurf von 1930 (Entwurf I)

Nr. 2941	Band 1 (Februar 1930 – August 1930) Materialien zur Vorbereitung des Entwurf I, darunter der Vorentwurf zu Teil III (Organisation der Verwaltung der Aktiengesellschaft)
Nr. 2942	Band 2 (September 1930 – Januar 1931) Materialien zu den kommissarischen Beratungen des Entwurf I, darunter Zusammenfassungen von Stellungnahmen zum Entwurf I und Protokolle der kommissarischen Beratungen
Nr. 2943	Band 3 (Januar 1931 – März 1931) Materialien zu den kommissarischen Beratungen des Entwurf I, darunter - Stellungnahme des Centralverbandes des Deutschen Bank- und Bankiersgewerbes e.V. zum Entwurf I - Stellungnahme des Reichsverbandes der Deutschen Industrie zum Entwurf I - Stellungnahme des Deutschen Industrie- und Handelstages zum Entwurf I - Zusammenfassungen weiterer Stellungnahmen zum Entwurf I - Protokolle der kommissarischen Beratungen
Nr. 2944	Band 4 (April 1931 – Juli 1931) Materialien zu den kommissarischen Beratungen des Entwurf I, darunter - Zusammenfassungen weiterer Stellungnahmen zum Entwurf I - Protokolle der kommissarischen Beratungen - Entwurf einer „Verordnung des Reichspräsidenten über Aktiengesellschaften und Kommanditgesellschaften auf Aktien“ vom 17. Juli 1931
Nr. 2945	Band 5 (August 1931 – November 1931) Materialien zur Notverordnung vom 19. September 1931
Nr. 2946	Band 6 (November 1931 – Juli 1932) Materialien zur Notverordnung vom 19. September 1931 und zum Entwurf der Reichsregierung von 1931 (Entwurf II), darunter auch Begründung zum Entwurf II
Nr. 2947	Band 7 (August 1932 – Oktober 1933) Materialien zum Aktiengesetz 1937

Nr. 2948	Band 8 (Oktober 1933 – November 1934) Materialien zum Aktiengesetz 1937

Behandlung des Aktiengesetzentwurfs im Vorläufigen Reichswirtschaftsrat

Nr. 2999 bis 3002	Band 1 (September 1932) – Band 4 (Januar 1933) Materialien zu den Beratungen des Vorläufigen Reichswirtschafts-rats, darunter Protokolle der Beratungen des Aktien-rechtsausschusses

Fragebogen des Reichsjustizministeriums zur Reform des Aktienrechts

Nr. 3005	Band 1 (Januar 1929 – Juni 1929) Materialien zur Vorbereitung der Fragebogenaktion, darunter Anforderungsschreiben für den Fragebogen
Nr. 3006	Band 2 (Juli 1929 – August 1934) Materialien zur Vorbereitung der Fragebogenaktion, darunter Anforderungsschreiben für den Fragebogen
Nr. 3007	Juni 1929 – August 1934 Manuskripte und Anmerkungen zum Fragebogen
Nr. 3007/1	März 1929 – März 1930 Presseäußerungen zum Fragebogen

Antworten auf den Fragebogen des Reichsjustizministeriums

Nr. 3008	Antworten der Frankfurter Zeitung
Nr. 3009	Antworten des Auswärtigen Amts, des Deutschen Notarvereins, des Reichsarbeitsministeriums, der Sächsischen Staatsbank und der juristischen Fakultäten der Universitäten Königsberg i.Pr., Leipzig und München Grundsätzliche Stellungnahme des Verbands Deutscher Bücherrevisoren
Nr. 3010	Antworten des Aktionärsvereins in Wien
Nr. 3011	Antworten des Centralverbandes des Deutschen Bank- und Bankiersgewerbes e.V.
Nr. 3012	Antworten der Vereinigung Berliner Handelsredakteure

Nr. 3013	Antworten der Genossenschaft der Bücherrevisoren in Wien
Nr. 3014	Gemeinsame Antworten des Allgemeinen Deutschen Gewerkschaftsbundes und des Allgemeinen Freien Angestelltenbundes
Nr. 3015	Antworten der Hansestadt Hamburg
Nr. 3015/1	Antworten des Preußischen Richtervereins
Nr. 3016	Antworten des Rechtsanwalts Dr. E. Hallier aus Hamburg
Nr. 3017	Antworten des Reichsverbandes der Deutschen Industrie Antworten des Deutschen Anwaltvereins Antworten des Verbands Deutscher Bücherrevisoren
Nr. 3018	Antworten des Deutschen Industrie- und Handelstages
Nr. 3019	Antworten des Deutschen Industrie- und Handelstages
Nr. 3020	Antworten des Zentralverbandes Österreichischer Aktiengesellschaften
Nr. 3021	Antworten des Reichsverbandes der Privatversicherung
Nr. 3021/1	Antworten des Freistaats Sachsens
Nr. 3022	Antworten Thüringens
Nr. 3022/1	Antworten des Reichsbundes Deutscher Treuhand-Aktiengesellschaften
Nr. 3023	Antworten des Treuhandverbandes in Berlin

Akten aus dem Bestand des Reichswirtschaftsministerium (BArch 31.01)

Nr. 17554	Band 2 (Februar 1928 – April 1930) Materialien zur Reform des Aktienrechts, darunter Protokoll der gemeinsamen Sitzung der Rechtsausschüsse des Reichsverbandes der Deutschen Industrie und des Deutschen Industrie- und Handelstages vom 29. November 1928
Nr. 17555	Band 3 (Januar 1930 – November 1930) Materialien zur Reform des Aktienrechts

Nr. 17563 bis 17565	Band 11 (1933) – Band 14 (1933) Materialien zu den Beratungen des Vorläufigen Reichswirtschaftsrats, darunter Protokolle der Beratungen des Aktien-rechtsausschusses

Einleitung

Das Versagen des Aufsichtsrats und der Abschlussprüfer ist ein immer wiederkehrendes Thema in der Tagespresse und der einschlägigen Fachliteratur. Kaum ein Jahr vergeht, in dem nicht eine Krise oder sogar der Zusammenbruch einer großen Aktiengesellschaft die Schlagzeilen der Titelblätter füllt. Zuletzt gerieten im Herbst 2004 der Karstadt-Quelle Konzern und die Adam Opel AG in die Schlagzeilen, deren wirtschaftliche Schieflagen umfassende Sanierungsmaßnahmen erforderlich machten, um Standortschließungen oder im Falle Karstadts sogar die Insolvenz abzuwenden. Neben dem Vorstand wird bei solchen Unternehmenskrisen regelmäßig auch dem Aufsichtsrat und den Abschlussprüfern vorgeworfen, die Fehlentwicklungen in der Gesellschaft nicht rechtzeitig erkannt und dadurch die Krise erst ermöglicht zu haben.[1]

Mit der gleichen Regelmäßigkeit, mit der den Kontrolleuren in der Presse Versagen vorgeworfen wird, finden sich dort wenig später Vorschläge zur Verbesserung der Unternehmensüberwachung. Dabei ist in den letzten Jahren vor allem eine Verbesserung der Zusammenarbeit von Aufsichtsrat und Abschlussprüfern gefordert worden.[2] Der Gesetzgeber hat sich dieses Themas zwischenzeitlich wiederholt angenommen.[3] Neue Aktualität erhält die Forderung nach Verbesserung der Zusammenarbeit der beiden Kontrollstellen durch die Fortentwicklung des im Jahr 2002 eingeführten freiwilligen Verhaltenskodex für börsennotierte Aktiengesellschaften (Corporate Governance Kodex).[4]

Die vorliegende Arbeit soll dazu beitragen, den Grund für weitere Reformschritte zu festigen. In ihr wird untersucht, wie es zum Überwachungsdualismus von Aufsichtsrat und Abschlussprüfern kam und wie das Verhältnis zwischen den beiden Kontrollstellen vom Gesetzgeber des Jahres 1931 gesehen wurde. Ein grundlegendes Verständnis der Beziehungen zwischen Aufsichtsrat und Abschlussprüfern ist unabdingbar für die Identifikation von Schwachstellen und

---

1 Vgl. z.B. Süddeutsche Zeitung vom 1. Oktober 2004 („Versagen in seiner krassesten Form"), vom 11. Oktober 2004 („Schuld hat stets der Andere") und vom 15. Oktober 2004 („Karstadt und kein Ende").

2 Vgl. z.B. Manager Magazin vom 26. März 2004 („Wenig dazugelernt").

3 Vor allem durch das Gesetz zur Kontrolle und Transparenz im Unternehmensbereich vom 27.4.1998, BGBl. 1998 I, 786 ff. (KonTraG) und das Gesetz zur weiteren Reform des Aktien- und Bilanzrechts, zu Transparenz und Publizität vom 19.7.2002, BGBl. 2002 I, 2681 ff. (TransPuG).

4 Vgl. zuletzt die Änderung von Ziffer 7.2.1 des Corporate Governance Kodex am 21. Mai 2003 über die unverzügliche Mitteilung von Ausschluss- oder Befangenheitsgründen in der Person des Abschlussprüfers.

weitere Reformschritte. Für dieses Verständnis ist vor allem die Kenntnis der historischen Grundlage unverzichtbar.

Im ersten Teil der Arbeit wird deswegen zunächst die Entwicklung der Aktiengesellschaft bis zum Ende des 19. Jahrhunderts untersucht. Der Schwerpunkt liegt dabei auf der Frage, wie die dreigliedrige Unternehmensverfassung aus Vorstand, Aufsichts- bzw. Verwaltungsrat und Hauptversammlung entstand und welche Rolle dem Verwaltungsrat bei der Überwachung der Geschäftsführung zukam. Anhand von Gesellschaftsverträgen der damaligen Zeit wird dann untersucht, wie sich die Aufgaben des Verwaltungsrats im Verlauf der Aktienrechtsreformen von 1861, 1870 und 1884 in der Praxis veränderten und welche Rolle bereits im 19. Jahrhundert gesellschaftsfremde Rechnungsrevisoren bei der Unternehmensüberwachung spielten.[5]

Bereits am Anfang des 20. Jahrhunderts wurde nach Wegen zur Verbesserung der Überwachung von Aktiengesellschaften gesucht. Dabei richtete sich der Blick der Reformer vor allem auf das europäische Ausland und die Vereinigten Staaten von Amerika. Die dort vielfach übliche Überwachung der Geschäftsführung durch Mitglieder eines einheitlichen Leitungs- und Überwachungsorgans und die Heranziehung externer Revisoren zur Kontrolle der Rechnungslegung erschien vielen Befürwortern einer Überwachungsreform als vorzugswürdige Alternative zur deutschen Aufsichtsratskontrolle. Da die ausländischen Regelungen die weitere Diskussion über die Rollenverteilung zwischen Aufsichtsrat und Abschlussprüfern in Deutschland maßgeblich prägten, wird am Ende des ersten Teils dieser Arbeit die Organisation der Unternehmensüberwachung im europäischen Ausland und in den Vereinigten Staaten von Amerika am Anfang des 20. Jahrhunderts untersucht.

Im zweiten Teil wird dann die Diskussion über die Reform des Aufsichtsrats und die Einführung der Pflichtprüfung in der Zeit vom Kieler Juristentag 1906 bis zum Ende der Weimarer Republik untersucht. Hierzu werden vor allem die Standpunkte der Wirtschafts- und Industrieverbände, der Justiz, der Presse, der Wissenschaft und der Gewerkschaften zu der Frage untersucht, ob der Aufsichtsrat nach ausländischem Vorbild zugunsten externer Revisoren abgeschafft werden sollte oder wie unter Beibehaltung des Aufsichtsrats die Zuständigkeit und Verantwortung für die Prüfung der Rechnungslegung zwischen dem Aufsichtsrat und den Revisoren verteilt werden sollte. Von besonderem Interesse sind hierbei die Antworten auf den Fragebogen, den das Reichsjustizministerium im Jahr 1929 zur Vorbereitung der Aktienrechtsreform versandte. Die dies-

[5] Untersucht werden insgesamt 176 Gesellschaftsverträge von Aktiengesellschaften des 19. Jahrhunderts. Eine Auflistung befindet sich in Anhang I dieser Arbeit.

bezüglichen Antworten auf den Fragebogen sind bisher weder zusammenhängend dargestellt noch umfassend gewürdigt worden. Die entsprechenden Akten des Reichsjustizministeriums lagern heute im Bundesarchiv in Berlin-Zehlendorf. Ihre Sichtung und die Auswertung der Antworten auf den Fragebogen im Hinblick auf das Verhältnis zwischen Aufsichtsrat und Abschlussprüfern ist ein Schwerpunkt dieser Arbeit. Darüber hinaus werden auch die Standpunkte des Reichsjustizministeriums und des Reichswirtschaftsministeriums zu dieser Frage geprüft. Grundlage hierfür sind die beiden internen Entwürfe des Reichsjustizministeriums, die sich ebenfalls im Aktenbestand des Bundesarchivs befinden, sowie die beiden veröffentlichten Entwürfe des neuen Aktienrechts, zusammen mit den begleitenden Stellungnahmen ihrer Verfasser. Das Ende des zweiten Teils dieser Arbeit wird durch die Stellungnahme des für die Aktienrechtsreform zuständigen Referenten im Reichsjustizministerium, Schmölder, über das Verhältnis zwischen Aufsichtsrat und Abschlussprüfern nach dem Erlass der Notverordnung vom 19. September 1931 markiert.

Im dritten Teil dieser Arbeit wird untersucht, ob und inwieweit die Äußerungen Schmölders zum Verhältnis von Aufsichtsrats- und Abschlussprüfung auch heute noch gelten. Dabei liegt Schwerpunkt der Untersuchung auf der Frage, welche Rückschlüsse aus der Entstehungsgeschichte des Prüfungsdualismus von Aufsichtsrat und Pflichtprüfern für die heutige Zusammenarbeit der beiden Prüfungsgremien gezogen werden können und welche Verhaltensregeln sich daraus heute für den Aufsichtsrat ergeben.

1. Teil: Die Entwicklung der inneren Organisation der Aktiengesellschaft von den Anfängen bis zum Ende des 19. Jahrhunderts

A. Die Zeit des Oktroisystems

I. Die Anfänge der Aktiengesellschaft

Seit der grundlegenden Untersuchung Karl Lehmanns[6] besteht Einigkeit darüber, dass die Entwicklung der modernen Aktiengesellschaft mit der Gründung der Niederländisch-Ostindischen Compagnie am 20. März 1602 begann.[7] Die Niederländisch-Ostindische Compagnie war nach heutigem Kenntnisstand die erste Aktiengesellschaft der Neuzeit. Ihr folgten weitere Handelskompanien in Holland, Frankreich, England, Portugal, Dänemark, Schweden, Brandenburg und Preußen.[8]

Die Handelskompanien des 17. Jahrhunderts waren in erster Linie Gesellschaften zur Ausbeutung der neu erschlossenen Kolonien in Amerika und Ostindien. Diese gewaltigen Unternehmungen konnten nicht von Einzelpersonen finanziert werden, selbst wenn sie über erhebliche Geldmittel verfügten. Die Gründer der Handelskompanien waren vielmehr darauf angewiesen, dass ihnen viele vermögende Einzelpersonen für längere Zeit Kapital zur Verfügung stellten. Die private Kapitalaufnahme durch Darlehen, die die Medici und Fugger zur Finanzierung ihrer Unternehmungen nutzten, barg aber für die Schuldner die Gefahr der Rückforderung zur Unzeit und bot zugleich den Gläubigern keine Kontrollrechte. Daher gaben die Gründer der Handelskompanien risikobereiten Anlegern die Möglichkeit, sich an der Unternehmung selbst zu beteiligen. Zu diesem Zweck teilten sie das benötigte Kapital in gleiche Anteile auf, die sie mit einem Gewinnanspruch, beschränkter Haftung und dem Verbot der Rückgewähr versahen. Den gesellschaftsrechtlichen Mantel hierfür lieferte der aus dem römischen Recht weiterentwickelte Korporationsbegriff.[9]

Der Staat, der an der Erschließung und Ausbeutung der Kolonien ein besonderes Interesse hatte, unterstützte die Gründung der Handelskompanien, indem er

---

6 Lehmann, Geschichtliche Entwicklung, S. 7 ff.

7 Zwar finden sich sowohl in der Antike als auch im Mittelalter Rechtsformen, die mit der heutigen Aktiengesellschaft eine gewisse Ähnlichkeit haben, bei ihnen lässt sich aber ein unmittelbarer Einfluss auf die Entstehung der modernen Aktiengesellschaft nicht nachweisen. Vgl. Bösselmann, S. 49 ff.; Lehmann, Geschichtliche Entwicklung, S. 7 ff. und Recht der Aktiengesellschaft, Band I, S. 4 ff. und 19 ff.; Wiethölter, S. 53 ff.

8 Wiethölter, S. 56 f.

9 Wiethölter, S. 58.

ihnen Hoheitsrechte und andere Privilegien verlieh. So befreite er die Kompanien häufig von Steuern und Abgaben, räumte ihnen Handelsmonopole ein, entband ihre Mitarbeiter von der Militärpflicht und übertrug den Kompanieleitern in Übersee das Recht zur Steuereintreibung und Rechtsprechung.[10] Die Verleihung dieser Hoheitsrechte und Privilegien erfolgte durch eine Urkunde, den sogenannten Oktroi, der ein Sondergesetz für die jeweilige Kompanie darstellte. Durch den Oktroi wurde der Gesellschaft auch eine eigene Rechtspersönlichkeit verliehen.[11] Auf diese Weise kontrollierte der Staat die Entstehung der Aktiengesellschaften. In der Verleihungsurkunde behielt sich der Staat regelmäßig vor, auf die Verteilung der Gesellschaftsanteile, die Besetzung der Direktionsposten, die Rechnungslegung, die Dividendenpolitik und etwaige Satzungsänderungen Einfluss zu nehmen.[12] Aus diesem Grund waren die Handelskompanien ihrer Rechtsnatur nach teils private und teils öffentliche Gesellschaften. Begünstigt wurde diese „Doppelnatur" durch die enge persönliche Verflechtung der Kaufmannschaft mit den Städten, in denen die reichsten Kaufleute auch die wichtigsten politischen Ämter bekleideten und auf die Vergabe und Ausgestaltung der Oktroi Einfluss nahmen. In der Praxis waren die Handelskompanien private Handelsunternehmen, die von erfahrenen Kaufleuten mit großem Erfolg betrieben wurden.[13]

II. Die innere Organisation der Aktiengesellschaften im 17. und 18. Jahrhundert

Die brandenburgischen bzw. preußischen Handelskompanien ähnelten in ihrem Aufbau den holländischen Handelsgesellschaften.[14]

---

[10] Baums, S. 13.

[11] Streng genommen bezog sich der Oktroi nur auf die Verleihung von Privilegien. Diese wurden nicht nur den Handelskompanien verliehen, sondern auch anderen Vereinigungen, die keine eigene Rechtspersönlichkeit besaßen. Da der Oktroi aber oftmals auch die Verleihung der Korporationsrechte umfasste, bürgerte sich der Sprachgebrauch vom „Oktroisystem" ein. Vgl. Lehmann, Recht der Aktiengesellschaft, Band I, S. 61.

[12] Der Umfang der staatlichen Einflussnahme war je nach Land und Unternehmung unterschiedlich. Vor allem in Holland wurde den Kaufleuten weitgehende Freiheit bei der Gründung der Kompanien gelassen. Vgl. Wiethölter, S. 61 f.

[13] Die Niederländisch-Ostindische Kompanie erwirtschaftete beispielsweise in ihrer Blütezeit mit etwa 20.000 Mann Personal über 40 Jahre lang eine durchschnittliche Dividende von 22 Prozent, im Jahr 1610 sogar 75 Prozent. Vgl. Wiethölter, S. 57.

[14] Lehmann, Geschichtliche Entwicklung, S. 57 f., 60.

1. Verwaltungsrat und Direktion

Als Eigentümer dieser Handelskompanien galten allein die Großaktionäre. Sie leiteten die Kompanien und bestimmten kraft ihres überragenden Anteilsbesitzes über alle wichtigen Gesellschaftsangelegenheiten. Bei größeren Unternehmungen bildeten sie einen Ausschuss, der die Gesellschaft stellvertretend für alle Großaktionäre leitete. Für ihn bürgerte sich die Bezeichnung Verwaltungsrat ein. Die kleineren Anteilseigner waren dagegen lediglich Obligationäre, die ihren Kapitalanteil schuldeten und bis auf ihren Dividendenanspruch nahezu rechtlos waren. Ihnen wurde von den Großaktionären eine Beteiligung an der Unternehmung gestattet, im Übrigen wurden sie lediglich geduldet.[15]

Die Erledigung des Tagesgeschäfts und die Umsetzung der Verwaltungsratsbeschlüsse oblag einem oder mehreren Direktoren. Sie bildeten das ausführende Organ der Gesellschaft. Die Geschäftsführung der Direktion wurde von den Großaktionären überwacht, die auch die Rechnungslegung der Direktoren prüften. Bei größeren Gesellschaften beauftragte der Verwaltungsrat einzelne seiner Mitglieder oder andere Großaktionäre, die als Kaufleute besondere Erfahrung in der Buchführung hatten, mit der Prüfung der Rechnungslegung. Die Aufgaben dieser Prüfer waren von Gesellschaft zu Gesellschaft verschieden. Bei einigen Gesellschaften kontrollierten sie nur die Jahresabrechnung der Direktoren, bei anderen Gesellschaften führten sie zusätzliche monatliche oder unregelmäßige Kontrollen durch und bei manchen Gesellschaften waren die Prüfer den Direktoren sogar als ständige Kontrolleure an die Seite gestellt.[16] Eine Rechnungsprüfung durch Vertreter der Kleinaktionäre oder unabhängige Sachverständige erfolgte nicht. Eine solche Kontrolle wurde nicht für erforderlich gehalten, da die Großaktionäre nach verbreiteter Ansicht die alleinigen Eigentümer der Gesellschaft waren.[17]

Im 17. und 18. Jahrhundert unterlagen die Aktiengesellschaften auch nach ihrer Gründung der Aufsicht des Staates. Der Souverän ließ die Aktivitäten der Aktiengesellschaften von staatlichen Beamten überwachen, die auch Einzelheiten der Geschäftsführung und der Rechnungslegung überprüfen konnten. Wenn die Beamten die Geschäftsführung oder Rechnungslegung zu beanstanden hatten, konnten sie im Auftrag des Souveräns jederzeit Abhilfe verlangen. Im äußersten

---

15 Lehmann, Geschichtliche Entwicklung, S. 35.

16 Lehmann, Geschichtliche Entwicklung, S. 66 und Recht der Aktiengesellschaft, Band II, S. 341 f.

17 Bösselmann, S. 59; Lehmann, Geschichtliche Entwicklung, S. 60; Löwenfeld, S. 23; Wiethölter, S. 60 f.

Fall konnte der Souverän den Kompanien kraft seiner Machtvollkommenheit die Privilegien, einschließlich der Korporationsrechte, wieder entziehen.[18]

2. Entstehung der Generalversammlung

Eine Generalversammlung existierte bei den Handelskompanien des 17. und frühen 18. Jahrhunderts zunächst nicht.[19] Da die Großaktionäre die Kompanien entweder selbst leiteten oder sich jederzeit bei den Mitgliedern des Verwaltungsrats über die Angelegenheiten ihrer Gesellschaft informieren konnten, bestand auch kein Bedürfnis für eine förmliche Versammlung aller Aktionäre.

Als das in einigen europäischen Ländern geltende Verbot von Inhaberaktien im Laufe des 17. Jahrhunderts aufgehoben wurde und der Handel mit Gesellschaftsanteilen zunahm, wuchs auch das Bedürfnis für eine förmliche Gesellschafterversammlung. In dieser Versammlung konnten sich Aktionäre gleichzeitig über die Lage der Gesellschaft informieren und über die wichtigsten Angelegenheiten der Aktionärsgemeinschaft abstimmen. Solche Generalversammlungen etablierten sich mit der Zeit neben dem Verwaltungsrat und der Direktion als drittes Gesellschaftsorgan.[20] Kleinere Aktionäre blieben allerdings von der Teilnahme an der Generalversammlung ausgeschlossen, da das Teilnahmerecht regelmäßig von einem Mindestaktienbesitz abhängig war.[21]

Im Laufe des 18. Jahrhunderts wuchsen die Zuständigkeiten der Generalversammlung. Gegen Ende des 18. Jahrhunderts entschied sie in der Regel über die Besetzung des Verwaltungsrats, nahm die Jahresabrechnung entgegen, beschloss über Änderungen der Statuten und gegebenenfalls auch über eine vorzeitige Auflösung der Gesellschaft.[22]

3. Zusammenfassung

Die ersten Aktiengesellschaften waren entstanden, ohne dass abstrakt-generelle Regelungen über ihre Gründung, ihren Betrieb oder ihre Auflösung existierten. Solche Regelungen waren auch nicht erforderlich, weil jede Gesellschaft auf

---

18 Bösselmann, S. 60 f; Lehmann, Geschichtliche Entwicklung S. 63.

19 Bösselmann, S 59; Lehmann, Recht der Aktiengesellschaft, Band II, S. 336; Wiethölter, S. 61.

20 Bösselmann, S. 58; Lehmann, Geschichtliche Entwicklung, S. 8 f. und 61; Wiethölter, S. 62.

21 Lehmann, Geschichtliche Entwicklung, S. 8 f. und 61 und Recht der Aktiengesellschaft, Band I, S. 62 f.; Wiehölter, S. 62.

22 Lehmann, Geschichtliche Entwicklung, S. 61 und Recht der Aktiengesellschaft, Band I, S. 63; Wiethölter, S. 62.

einem speziell für sie erlassenen und auf sie zugeschnittenen Gesetz, dem Oktroi, beruhte. Obwohl die innere Organisation der Gesellschaften damit eine Frage des Einzelfalls war, entwickelte sich eine einheitliche innere Struktur, die sich an den wirtschaftlichen Machtverhältnissen unter den Aktionären orientierte.

Dominiert wurden die Aktiengesellschaften des 17. und 18. Jahrhunderts von ihren Großaktionären. Sie waren die Gründer und eigentlichen Eigentümer der Gesellschaften, die sie nach ihrer kaufmännischen Überzeugung leiteten. Bei größeren Gesellschaften übertrugen die Großaktionäre die Ausführung des Tagesgeschäfts einem oder mehreren Direktoren und beschränkten sich auf die Oberleitung der Gesellschaft. Bei Gesellschaften mit mehreren Großaktionären übernahm diese Aufgabe ein Verwaltungsrat, den die Großaktionäre aus ihrer Mitte wählten. Zu dieser zweigliedrigen Struktur aus Verwaltungsrat und Direktion trat im Laufe des 18. Jahrhunderts die Generalversammlung der Großaktionäre als drittes Gesellschaftsorgan. Die heute ganz herrschende Organisationsstruktur aus drei Gesellschaftsorganen findet sich somit schon bei den früheren Aktiengesellschaften, auch wenn den Organen dieser Gesellschaften noch andere Aufgaben und Kompetenzen zugewiesen waren als heute.

Die Geschäftsführung der Direktoren wurde entweder durch die Großaktionäre oder durch ihren Verwaltungsrat überwacht. Zur Kontrolle der Geschäftsführung gehörte auch die Prüfung der Rechnungslegung. Mit dieser Aufgabe wurde entweder ein Mitglied des Verwaltungsrats oder ein anderer Großaktionär beauftragt, der möglichst über besondere Kenntnisse auf dem Gebiet der Buchführung und Buchprüfung verfügte. Eine Kontrolle durch die Kleinaktionäre oder unabhängige Dritte erfolgte nicht, da als Eigentümer der Gesellschaft ausschließlich die Großaktionäre galten. Bei den ersten Aktiengesellschaften war die Überwachung der Geschäftsführung und die Prüfung der Rechnungslegung somit eine gesellschaftsinterne Angelegenheit der Großaktionäre. Eine unabhängige Kontrolle, die zum Beispiel einen Minderheiten- oder Gläubigerschutz gewährleistet hätte, existierte nicht.

Die Aktiengesellschaften unterlagen allerdings einer laufenden Aufsicht durch den Staat, der ihre Geschäftsführung und Rechnungslegung durch besondere Beamte überwachte. Der Schutz der Minderheiten, der Gläubiger und der Öffentlichkeit war somit eine Angelegenheit des Staates. Wie abhängig die ersten Aktiengesellschaften dabei von der Willkür des Souveräns waren, zeigt die Tatsache, dass allgemeinverbindliche Regeln für Aktiengesellschaften im 17. und 18. Jahrhundert nicht existierten.

B. Die Zeit des Konzessionssystems

I. Der Code de Commerce (1807)

Im Jahr 1807 wurde im Code de Commerce das Recht der Aktiengesellschaft erstmals abstrakt-generell geregelt.[23] Dabei fand der Gesetzgeber einen Kompromiss zwischen dem Oktroisystem und der durch die Französische Revolution von 1789 eingeführten Gewerbefreiheit. Die Aktiengesellschaften wurden von der obrigkeitlichen Verleihung der Rechtsfähigkeit unabhängig und konnten durch einfache vertragliche Vereinbarung ihrer Gründer ins Leben gerufen werden. Diese Vereinbarung stand allerdings unter einem Genehmigungsvorbehalt des Staates, dem das Gründungsstatut und jede Änderung desselben zur Prüfung und Freigabe vorgelegt werden musste (sogenanntes Konzessionssystem).

Die 12 Artikel des Code de Commerce (19, 29-37, 40 und 45), die die Aktiengesellschaft erfassten, hatten Vorbildcharakter für die gesamte Aktiengesetzgebung.[24] Der besondere Verdienst des Code liegt dabei weniger in der materiellen Ausgestaltung des Aktienrechts, als vielmehr in der erstmaligen ausdrücklichen Anerkennung der Aktiengesellschaft (société anonyme) als eigenständige Gesellschaftsform neben der offenen Handelsgesellschaft (société en nom collectif) und der Kommanditgesellschaft (société en commandite).[25]

Über die innere Organisation der Aktiengesellschaft bestimmte der Code de Commerce nur, dass sie von Bevollmächtigten (mandataires) verwaltet wurde.[26] Daneben erwähnt der Code nur die Gesellschafter (associés).[27] Weder über einen Verwaltungsrat, noch über eine Generalversammlung finden sich im Code de Commerce irgendwelche Bestimmungen. Erst recht enthält das Gesetz keine

---

23 Eine Übersetzung der aktienrechtlichen Vorschriften des Code de Commerce ist bei Bösselmann, S. 203 f. abgedruckt.

24 In Deutschland erlangte der Code de Commerce unmittelbare Rechtskraft in den rheinischen Gebieten, die in den napoleonischen Kriegen an Frankreich gefallenen waren. Auch nachdem die Rheinprovinz ab 1815 wieder zu Preußen gehörte, galt dort das französische Recht weiter. In den übrigen preußischen Provinzen gab es kein Aktienrecht. Hier wandte man die gesellschaftsrechtlichen Vorschriften des preußischen Allgemeinen Landrechts auch auf Aktiengesellschaften an. In den übrigen deutschen Territorien galt das gemeine Recht, dem das preußische Allgemeine Landrecht im Hinblick auf die Behandlung von Aktiengesellschaften ähnelte. Besonderheiten bestanden vor allem in Hamburg und den übrigen Hansestädten, die insbesondere keine Konzessionspflicht kannten. Vgl. Bösselmann, S. 63 ff. und Reich, S. 244 f.

25 Artikel 19 des Code de Commerce.

26 Artikel 31 des Code de Commerce.

27 Artikel 33 des Code de Commerce.

Regelungen über die Überwachung der Geschäftsführung oder die Prüfung der Rechnungslegung.

Da die Vorschriften des preußischen Allgemeinen Landrechts „äußerst wirr" und „unheilbar widerspruchsvoll" waren[28] und der Code de Commerce das Aktienrecht nur sehr lückenhaft regelte, bestand bei den Beamten des frühen 19. Jahrhunderts erhebliche Unsicherheit darüber, welche Anforderungen an die Genehmigung von Aktiengesellschaften zu stellen waren. Hinzu kam eine gewisse Skepsis der preußischen Verwaltung gegenüber der neuen Gesellschaftsform, von der man befürchtete, dass sie durch ihre Kapitalkraft die staatliche Souveränität in Frage stellen und zu einem „bürgerlichen Nebenregiment" werden könnte.[29] Dementsprechend fiel die Kontrolle der Konzessionsanträge am Anfang des 19. Jahrhunderts besonders gründlich und streng aus. Wegen der Eigenheiten des Allgemeinen Landrechts wurden fast ausschließlich Gesellschaften zur Förderung gemeinnütziger Ziele genehmigt.[30] Da es wegen der schlechten wirtschaftlichen Lage schwierig war, überhaupt genügend Kapital für die Gründung von Aktiengesellschaften aufzutreiben, verlief aber auch die Gründung dieser Gesellschaften nur sehr schleppend.[31] So entstanden in Preußen in den 36 Jahren von 1800 bis 1835 lediglich 28 neue Aktiengesellschaften mit einem Grundkapital von etwa 12 Millionen Talern.[32]

II. Das Gesetz über Eisenbahn-Unternehmungen vom 3. November 1838

Mit dem Aufkommen der Eisenbahnen beschleunigte sich die Entstehung von Aktiengesellschaften. Für den Bau und den Betrieb von Eisenbahnlinien waren

---

28 Schumacher, S. 9.

29 Baums, S. 36; Bösselmann, S. 7; Reich, S. 246.

30 Aktiengesellschaften gehörten nach dem preußischen Allgemeinen Landrecht zu den Handelsgesellschaften, die als Sozietäten keiner Genehmigungspflicht unterlagen. Um die Rechte einer Korporation erlangen zu können, musste eine Aktiengesellschaft gemäß ALR II 6 § 25 den Nachweis erbringen, dass sie einen „fortdauernden gemeinnützigen Zweck" verfolgte. Gleiches bestimmte für Preußen die Circularverfügung an sämtliche Kgl. Oberpräsidenten die Konzessionierung von Aktiengesellschaften betreffend vom 22.4.1845 (abgedruckt bei Passow, S. 63 f.). Danach mussten alle Aktiengesellschaften, wenn sie die Rechte einer Korporation erlangen wollten, den Nachweis der Gemeinnützigkeit erbringen. Dieses Erfordernis wurde auch auf die Rheinprovinz ausgedehnt, obwohl dort nach dem Code de Commerce ein solcher Nachweis nicht erforderlich war. Vgl. Bösselmann, S. 67 f., Reich, S. 244 f. und Schumacher, S. 5 ff.

31 Reich, S. 245.

32 Dabei handelte es sich vor allem um Versicherungsgesellschaften, die den Nachweis der Gemeinnützigkeit leicht erbringen konnten. Vgl. die Statistik bei Bösselmann, S. 199 f.

erhebliche Finanzmittel erforderlich. Eine Kreditfinanzierung schied wegen der langen Bauzeit und der hohen Anlaufkosten aus. Auch dem Staat Preußen waren die Hände gebunden, da er sich durch das Staatsschuldenedikt vom 17. Januar 1820 verpflichtet hatte, neue Schulden zum Zwecke des Gemeinwohls nur noch mit Zustimmung künftig einzuberufender Reichsstände zu machen.[33] Eine Einberufung von Reichsständen wollte der preußische König aber unbedingt vermeiden.

Aus diesen Gründen und weil der Eisenbahnbetrieb erhebliche Gewinne versprach bot sich für die Finanzierung die Aktiengesellschaft an. Den Aufschwung dieser Gesellschaftsform bestätigen die Gründungszahlen: In den sechs Jahren von 1835 bis 1840 wurden in Preußen 27 Aktiengesellschaften mit einem Grundkapital von ca. 25 Millionen Talern gegründet. In den folgenden sechs Jahren waren es bereits 65 Aktiengesellschaften mit einem Kapital von 112 Millionen Talern. Davon entfielen über 65% auf Eisenbahngesellschaften.[34]

Wegen der Bedeutung der Eisenbahnen für die preußische Wirtschaft erließ der Staat im Jahr 1838 ein Gesetz über Eisenbahn-Unternehmungen.[35] Das Gesetz regelte vor allem das Planungs- und Enteignungsrecht für den Bau der Eisenbahnlinien[36], die Zulassungsvoraussetzungen für konkurrierende Bahnlinien[37], sowie die Berechnung des Nutzungs- und Beförderungsentgelts[38].

Für die weitere Entwicklung des Aktienrechts war das preußische Eisenbahngesetz aber nur wenig bedeutsam. Über die innere Organisation der Eisenbahn-Aktiengesellschaften sagte das Gesetz nichts. Auch über die Überwachung ihrer Geschäftsführung und die Prüfung ihrer Rechnungslegung enthielt das Gesetz keine ausdrücklichen Bestimmungen.

Nach § 3 des preußischen Eisenbahngesetzes mussten die Statuten der Eisenbahn-Aktiengesellschaften allerdings vom Staat genehmigt werden. Dadurch unterlagen die Gesellschaften jedenfalls im Zeitpunkt der Konzessionserteilung auch weiterhin der staatlichen Kontrolle. Der Staat überwachte die Eisenbahn-

---

33 Bösselmann, S. 4 f.

34 Vgl. die Statistik bei Bösselmann, S. 199 f. Die Bedeutung der Eisenbahngesellschaften für die gesamtwirtschaftliche Entwicklung wird deutlich wenn man sich vergegenwärtigt, dass der gesamte preußische Staatshaushalt im Jahr 1840 nur etwa 55 Millionen Taler betrug. Vgl. Reich, S. 249.

35 Preußisches Gesetz über die Eisenbahn-Unternehmungen vom 3. November 1838, PrGS 1838, 505 ff.

36 §§ 7 bis 20 des preußischen Eisenbahngesetzes.

37 §§ 26 bis 28 des preußischen Eisenbahngesetzes.

38 §§ 29 bis 33 des preußischen Eisenbahngesetzes.

gesellschaften aber auch noch nach der Genehmigung der Statuten. Nach § 46 des preußischen Eisenbahngesetzes übte der Staat sein Aufsichtsrecht über die Gesellschaften durch einen eigens dafür eingesetzten Kommissar aus. Dieser Kommissar konnte den Vorstand der Gesellschaft einberufen und seinen Verhandlungen beiwohnen. Darüber hinaus verpflichtete § 34 des preußischen Eisenbahngesetzes die Eisenbahngesellschaften, ihre Bücher nach den Anweisungen des preußischen Handelsministeriums zu führen und der Regierung ihre Rechnungslegung jährlich offen zu legen.

III. Das preußische Gesetz über Aktiengesellschaften vom 9. November 1843

Erst am 9. November 1843 schuf der Gesetzgeber mit dem preußischen Gesetz über Aktiengesellschaften ein einheitliches Aktienrecht für den gesamten preußischen Staat.[39]

Das 30 Paragraphen kurze Gesetz sagte über die innere Organisation der Aktiengesellschaften nur, dass die Geschäfte der Gesellschaft durch einen „Vorstand“ verwaltet wurden.[40] Einen Verwaltungsrat oder eine Generalversammlung erwähnte das Gesetz nicht, auch wenn es die Existenz einer Generalversammlung erkennbar voraussetzte.[41] Auch über die Überwachung der Geschäftsführung und die Prüfung der Rechnungslegung traf das Gesetz keine Bestimmungen. Paragraph 2 Nr. 4 des preußischen Aktiengesetzes bestimmte lediglich, dass die Grundsätze der Bilanzierung in den Gesellschaftsvertrag aufgenommen werden mussten. Darüber hinaus verpflichtete § 24 Satz 1 des Gesetzes den Vorstand, die Bücher der Gesellschaft zu führen und in den ersten drei Monaten des Geschäftsjahres eine Bilanz aufzustellen.

Nach § 1 des preußischen Aktiengesetzes mussten die Gesellschaftsverträge aller Aktiengesellschaften von der Regierung genehmigt werden. Damit unterlagen die Gesellschaften jedenfalls zum Zeitpunkt der Konzessionserteilung weiterhin der Kontrolle des Staates. Anders als das preußische Eisenbahngesetz enthielt das preußische Aktiengesetz aber keine Vorschriften über eine laufende staatliche Überwachung. Gemäß § 6 des Gesetzes konnte einer Aktiengesellschaft allerdings aus überwiegenden Gründen des Allgemeinwohls die Konzession gegen Entschädigung wieder entzogen werden. Das spricht dafür, dass die

---

39 Preußisches Gesetz über Aktiengesellschaften vom 9. November 1843, PrGS 1843, 341 ff.

40 § 19 des preußischen Aktiengesetzes.

41 Zum Beispiel in § 2 Nr. 6 bis 8 des preußischen Aktiengesetzes.

Aktiengesellschaften auch nach der Konzessionserteilung noch einer staatlichen Aufsicht unterlagen.

Paragraph 24 Satz 2 des preußischen Aktiengesetzes bestimmte außerdem, dass die Bilanzen der Aktiengesellschaften nach ihrer Aufstellung der Regierung mitgeteilt werden mussten. Für den Fall, dass sich das Grundkapital einer Gesellschaft nach der Bilanz um die Hälfte verminderte, musste die Regierung außerdem Einsicht in die Bücher der Gesellschaft nehmen und gegebenenfalls ihre Auflösung verfügen.[42] Insbesondere die Rechnungslegung der Aktiengesellschaften unterlag somit einer laufenden staatlichen Überwachung.

IV. Die Aktiengesellschaften vor Erlass des Allgemeinen Deutschen Handelsgesetzbuches von 1861

Da auch nach dem Erlass des preußischen Aktiengesetzes von 1843 so gut wie keine gesetzlichen Vorschriften über die innere Organisation der Aktiengesellschaften, die Überwachung ihrer Geschäftsführung und die Prüfung ihrer Rechnungslegung existierten, konnten die Aktionäre diese Angelegenheiten weitestgehend frei im Gesellschaftsvertrag regeln.

Um ein Bild davon zu gewinnen, wie die Aktionäre die inneren Angelegenheiten der Aktiengesellschaften in der ersten Hälfte des 19. Jahrhunderts organisierten, werden nachfolgend die Gesellschaftsverträge von 111 Gesellschaften untersucht. Dazu gehören alle Aktiengesellschaften, deren Gesellschaftsverträge in Preußen vor dem Inkrafttreten des Allgemeinen Deutschen Handelsgesetzbuches[43] genehmigt und in der Königlichen Preußischen Gesetzessammlung veröffentlicht wurden. Die erste Gesellschaft, deren Statuten in die Gesetzessammlung aufgenommen wurden, war die Ritterschaftliche Privat-Bank in Pommern, die ihre Konzession am 15. August 1824 erhielt[44]. Außerdem gehören dazu 26 Gesellschaftsverträge von Aktienbanken, die im Jahr 1858 in einer gesonderten Statutensammlung veröffentlicht wurden.[45]

---

42 § 25 Absatz 2 des preußischen Aktiengesetzes.

43 Am 1. Januar 1862.

44 Vgl. PrGS 1824, 169 ff.

45 Hocker, S. 1 ff. Eine Liste aller untersuchten Statuten befindet sich in Anhang I dieser Arbeit.

1. Die innere Organisation der Aktiengesellschaften

a. Anfang des 19. Jahrhunderts

Die Auswertung der fünf vor 1840 genehmigten Gesellschaftsverträge zeigt, dass die innere Organisation der Aktiengesellschaften in den zwanziger und dreißiger Jahren des 19. Jahrhunderts sehr unterschiedlich war. Die untersuchten Gesellschaften verfügten über zwei bis vier Organe, die nicht immer einheitlich bezeichnet wurden. Unterhalb der Ebene der Gesellschaftsorgane existierten regelmäßig verschiedene Verwaltungseinheiten, die ebenfalls keine einheitlichen Bezeichnungen trugen. Die Aufgaben und Kompetenzen der Organe und Verwaltungseinheiten waren zudem nicht immer klar voneinander abgegrenzt.

So verfügte zum Beispiel die Leipziger Bank, deren Statuten am 12. März 1839 genehmigt wurden, über (1) einen Actien-Verein der Bank-Compagnie, (2) eine Generalversammlung, (3) einen Bank-Ausschuss aus 20 Aktionären und (4) ein Direktorium. Hinzu kamen noch sogenannte Censoren.[46] Während der Actien-Verein die Gesamtheit aller Aktionäre repräsentierte, entschied die Generalversammlung über die grundlegenden Angelegenheiten der Aktionärsgemeinschaft und der Bank-Ausschuss übernahm im Wesentlichen die Funktion eines Verwaltungsrats. Das Direktorium bestand aus einem vorsitzenden Direktor, einem journierenden Direktor und einem vollziehenden Direktor. Während dem vorsitzenden Direktor die Oberleitung der Verwaltung oblag, war der journierende Direktor für die Überwachung der Gesellschaft zuständig und der vollziehende Direktor erledigte das Tagesgeschäft. Die Geschäftsführung des vollziehenden Direktors wurde gemeinsam von dem vorsitzenden und dem journierenden Direktor überwacht. Die Censoren wiederum waren Aktionäre, die die Kreditverhältnisse zwischen den Direktoren und der Bank beurteilten.

b. Mitte des 19. Jahrhunderts

Im Gesellschaftsvertrag der Dortmunder Privat-Actien-Bank vom 2. März 1857 waren die Organkompetenzen wie folgt aufgeteilt (Auszug)[47]:

§ 22 Die obere Leitung der Gesellschaft, so wie die Vertretung derselben in allen Beziehungen wird einem von der Generalversammlung ernannten Verwaltungsrat anvertraut. Der Verwaltungsrat besteht aus 12 Mitgliedern. Ihre Funktionen dauern 6 Jahre.

---

[46] Vgl. die Statuten der Leipziger Bank, abgedruckt bei Hocker, S. 293 ff.

[47] Die Statuten der Dortmunder Privat-Actien-Bank sind abgedruckt bei Hocker, S. 185 ff.

§ 27 Der Verwaltungsrat versammelt sich so oft, als er es für dienlich erachtet, in der Regel mindestens monatlich einmal, um von dem Gange der Geschäfte Kenntnis zu nehmen und Erforderliches zu beschließen.

§ 28 Der Verwaltungsrat berät und verfügt innerhalb der Grenzen des Statuts über alle Angelegenheiten der Gesellschaft, soweit diese nicht der Beschlussnahme der Generalversammlung vorbehalten sind. Zu den ausschließlichen Befugnissen und Pflichten des Verwaltungsrats gehört:

- die Anordnung solcher Maßregeln, die er zu einem geregelten und den Zwecken der Bank angemessenen Betriebe der Geschäfte für nötig erachtet. Die Direktion hat den von dem Verwaltungsrat ihr mitgeteilten Beschlüssen desselben Folge zu leisten;
- die Abfassung von Geschäftsinstruktionen für das Personal der einzelnen Geschäftszweige;
- die Wahl und Bestellung des vollziehenden Direktors, des Rendanten (Kassierers), so wie des übrigen Bankpersonals, desgleichen die Bestimmung der Gehälter sämtlicher Angestellten;
- die Wahl des Syndikus der Bank und der Abschluss des Kontraktes mit demselben;
- die Sorge für die interimistische Stellvertretung eines Direktors, so wie die Ausstellung von Prokuren, desgleichen die Bestimmung des Inhaltes und der Grenzen solcher Prokuren.

Der Verwaltungsrat ist befugt, alle Beamten der Gesellschaft wegen Dienstvergehen, Fahrlässigkeit oder aus moralischen Gründen, jederzeit zu entlassen. Der Verwaltungs rat ist berechtigt, über alles, was das Interesse der Gesellschaft betrifft, Verträge ab zuschließen, sich zu vergleichen, zu kompromittieren und zu substituieren.

§ 31 Die Direktion besteht aus dem vollziehenden Direktor und zweien nach Anordnung des Verwaltungsrates aus dessen Mitte von Zeit zu Zeit wechselnden Mitgliedern, die jedoch nie einer und derselben Firma angehören dürfen.

§ 32 Die Direktion vertritt die Gesellschaft nach außen, bringt die Bankgeschäfte zur Ausführung und besorgt die Verwaltung des Bank-Vermögens, hat jedoch in Gemäßheit des § 28 bei der Ausübung aller dieser Funktionen die Vorschriften und Anweisungen des Verwaltungsrates zu befolgen, und handelt in dem vorstehend ihr überwiesenen Wirkungskreis nur insoweit selbständig, als die gegenwärtigen Statuten und ihre Instruktion sie nicht beschränken.

§ 35 Die Direktion ernennt und entsetzt alle Beamten der Gesellschaft, deren Ernennung und Entlassung nicht dem Verwaltungsrat vorbehalten ist. Sie ist befugt, diejenigen Beamten, deren Entlassung ihr nicht zusteht, zu suspendieren und hat über die Entlassung derselben die Entscheidung des Verwaltungsrates herbeizuführen.

§ 42 Die Generalversammlung, regelmäßig konstituiert, stellt die Gesamtheit der Aktionäre dar. In den regelmäßigen Generalversammlungen werden die Geschäfte in nachfolgender Ordnung verhandelt:

- Wahl der Mitglieder des Verwaltungsrates;
- Beratung und Beschlussnahme über die Anträge des Verwaltungsrates, sowie über die Anträge einzelner Aktionäre.

Das Bild, das der Gesellschaftsvertrag der Dortmunder Actien Bank von der inneren Organisation der Aktiengesellschaft Mitte des 19. Jahrhunderts zeichnet, ist repräsentativ für die Aktiengesellschaften dieser Zeit. Das bestätigt die Auswertung der übrigen 106 Gesellschaftsverträge. Daraus ergibt sich, dass die Aktiengesellschaften in der Mitte des 19. Jahrhunderts in der Regel über drei Organe verfügten: Verwaltungsrat, Direktion und Generalversammlung.[48] Hinzu kamen in fast allen Fällen Gesellschaftsbeamte, die Titel wie Generaldirektor, Spezialdirektor, Technischer Direktor oder Erster Beamter trugen. Diese Beamten waren keine Organe der Gesellschaft, sondern Bevollmächtigte mit besonderem Aufgabenkreis.[49]

In den untersuchten Gesellschaften hatten die drei Organe und die Gesellschaftsbeamten typischerweise folgende Funktionen:

Der Verwaltungsrat war das oberste Organ der Aktiengesellschaft.[50] Er repräsentierte ausschließlich die Gründer und Großaktionäre, die ihre Mitgliedschaft im ersten Verwaltungsrat oftmals schon in der Satzung festlegten. Da die Teilnahme und Abstimmung in der Generalversammlung regelmäßig von einem Mindestaktienbesitz abhing, behielten die Großaktionäre auch nach dem Ablauf ihrer ersten Amtszeit die Kontrolle über den Verwaltungsrat. Der Verwaltungsrat erfüllte zwei Funktionen: Er hatte die obere Leitung der Gesellschaft mit einem Zuständigkeits- und Beschlussfassungsrecht in allen Angelegenheiten, die nicht ausdrücklich der Generalversammlung zugewiesen waren. Außerdem leitete und überwachte er die Geschäftsführung der Direktoren durch ein umfang-

48 Vgl. z.B. die Niederschlesisch-Märkische Eisenbahngesellschaft, PrGS 1843, 371 ff., die Gladbacher Spinnerei und Weberei Aktiengesellschaft, PrGS 1853, 885 ff. und die Deutsche Feuerversicherungs-Aktiengesellschaft, PrGS 1860, 459 ff. So im Ergebnis auch Baums, S. 24 f. und Reich, S. 247 f., letzterer unter Hinweis auf ein Gutachten der Ältesten der Berliner Kaufmannschaft vom 29. Januar 1829, die schon zu diesem frühen Zeitpunkt ebenfalls von einer dreigliedrigen Verfassung als Regelfall ausgingen.

49 Vgl. die spätere Regelung in Artikel 234 ADHGB.

50 Z.B. Thüringische Eisenbahn-Gesellschaft, PrGS 1844, 419 ff.; Schaffhausenscher Bankverein, PrGS 1848, 233 ff.; Schlesische Aktiengesellschaft für Bergbau und Zinkhüttenbetrieb, PrGS 1853, 817 ff.

reiches System von Zustimmungsvorbehalten, Geschäftsinstruktionen, sowie Einsichts- und Kontrollrechten. Die Direktoren setzten die Beschlüsse des Verwaltungsrats um und erledigten das Tagesgeschäft. Dabei bedienten sie sich der Gesellschaftsbeamten, die in der Hierarchie unter der Direktion angesiedelt waren.[51] Zwischen Verwaltungsrat, Direktion und den Gesellschaftsbeamten ergaben sich häufig personelle Überschneidungen. So waren bei einigen Gesellschaften Mitglieder des Verwaltungsrats gleichzeitig Direktoren der Gesellschaft oder der Vorsitzende der Direktion gehörte dem Verwaltungsrat an.[52] Darüber hinaus hatten führende Gesellschaftsbeamte gelegentlich Sitz und Stimme in der Direktion.[53] Die Generalversammlung entschied nur über einige grundlegende Angelegenheiten der Gesellschaft, wie z.B. die Wahl des Verwaltungsrats, Kapitalerhöhungen, Änderungen des Gesellschaftsvertrages und die Auflösung der Gesellschaft.

Die Leitungs- und Vertretungsmacht war in jeder Gesellschaft unterschiedlich verteilt: Bei größeren Gesellschaften beschränkte sich der Verwaltungsrat in der Regel auf Leitungs- und Repräsentationsaufgaben.[54] Hier hatten die Direktoren und die Gesellschaftsbeamten verhältnismäßig stark ausgeprägte eigene Leitungs- und Vertretungsbefugnisse. Bei kleineren Gesellschaften dagegen beteiligte sich der Verwaltungsrat in der Regel stärker an der Geschäftsführung und Vertretung der Gesellschaft nach außen.[55] Deswegen verfügten die Direktoren

---

[51] Vgl. z.B. die Düsseldorf-Elberfelder Eisenbahngesellschaft, PrGS 1847, 300 ff., die Berlin-Hamburger Eisenbahn-Gesellschaft, PrGS 1851, 463 ff. und die Gladbacher Spinnerei und Weberei Aktiengesellschaft, PrGS 1853, 885 ff.

[52] So z.B. bei der Bergisch-Märkischen Eisenbahngesellschaft, PrGS 1844, 315 ff. der Stargard-Posener Eisenbahn-Gesellschaft, PrGS 1846, 89 ff. und der Bank des Berliner Kassenvereins, PrGS 1850, 301 ff.

[53] So z.B. bei der Prinz Wilhelm Eisenbahngesellschaft, PrGS 1845, 260 ff., der Stargard-Posener Eisenbahn-Gesellschaft, PrGS 1846, 89 ff. und der Berlin-Hamburger Eisenbahn-Gesellschaft, PrGS 1851, 463 ff.

[54] Das konnte soweit gehen, dass die Aktiengesellschaft über zwei Verwaltungsräte verfüg te: Einen „oberen“ Verwaltungsrat, der eher repräsentative Aufgaben wahrnahm, und einen „unteren“ Verwaltungsrat, dem die Leitung und Überwachung der Direktion oblag. In diesen Fällen verfügten die Aktiengesellschaften über 4 Organe (Generalversammlung, oberer Verwaltungsrat, unterer Verwaltungsrat, Direktion). So z.B. bei der Bank des Ber liner Kassenvereins, PrGS 1850, 301 ff., der Bremer Bank, Hocker, S. 72 ff. und der Frankfurter Bank, Hocker, S. 196 ff.

[55] Das konnte soweit gehen, dass der Verwaltungsrat die Geschäftsführung und Vertretung der Gesellschaft vollständig übernahm, so dass für eine Direktion kein Raum mehr war. In diesen Fällen verfügten die Aktiengesellschaften nur über 2 Organe (Generalversammlung und Verwaltungsrat). So z.B. bei der Ruhrorter Dampfschleppschifffahrts-Gesellschaft, PrGS 1845, 507 ff., der Neisse-Brieger Eisenbahn-Gesellschaft, PrGS 1846, 130 ff. und der Mülheim-Essener Eisenbahn-Gesellschaft, PrGS 1854, 124 ff.

und Gesellschaftsbeamten in diesen Gesellschaften in der Regel über geringere Leitungs- und Vertretungsrechte.

2. Die Prüfung der Rechnungslegung

a. Anfang des 19. Jahrhunderts

Die Auswertung der älteren Gesellschaftsverträge ergibt, dass am Anfang des 19. Jahrhunderts unterschiedliche Organe und Verwaltungseinheiten für die Prüfung der Rechnungslegung zuständig waren. Die Bezeichnungen dieser Kontrollstellen waren von Gesellschaft zu Gesellschaft verschieden und ihre Kompetenzen waren in den Gesellschaftsverträgen nicht immer klar voneinander abgegrenzt.

Das zeigt etwa das bereits angeführte Beispiel der Leipziger Bank.[56] Dort waren für die Prüfung des Jahresabschlusses drei Stellen zuständig: Der Bank-Ausschuss (Verwaltungsrat), die aus seiner Mitte gewählte sogenannte Revisions-Deputation, sowie ein besonderer Revisor, der ebenfalls vom Bank-Ausschuss ausgewählt wurde. Wie die Prüfung der Rechnungslegung unter diesen drei Stellen aufgeteilt war, ließen die Statuten offen.

Ähnlich war die Lage bei der Bayerischen Hypotheken- und Wechsel-Bank, die ihre Konzession am 1. Juli 1834 erhielt.[57] Dort war für die Prüfung der Rechnungslegung ein engeres Komitee des Bank-Direktoriums (Verwaltungsrat) zuständig. Der Bank-Ausschuss, der als übergeordneter Verwaltungsrat die Verantwortung für die Rechnungskontrolle trug, konnte aus seiner Mitte zwei Bevollmächtigte ernennen, die an dieser Prüfung teilnahmen. War der Bank-Ausschuss mit dem Ergebnis dieser Prüfung nicht zufrieden, konnte er aus seiner Mitte drei Mitglieder mit einer verbindlichen Superrevision beauftragen.

Bei der Preußischen Bank, deren Gesellschaftsvertrag am 20. Juli 1846 genehmigt wurde, war für die Prüfung der Rechnungslegung eine Deputation des sogenannten Central-Ausschusses (unterer Verwaltungsrat) zuständig.[58] Die Deputation berichtete dem Central-Ausschuss über das Ergebnis ihrer Prüfung. Der Central-Ausschuss genehmigte die Prüfung, unterzeichnete den Bericht der Deputierten und übersandte ihn an den Haupt-Ausschuss (oberer Verwaltungsrat). Der Haupt-Ausschuss fertigte unter anderem auf der Grundlage des Prüfbe-

---

[56] §§ 55, 59 des Statuts der Leipziger Bank, abgedruckt bei Hocker, S. 293 ff.

[57] § 29 Nr. 6 der Statuten der Bayerischen Hypotheken- und Wechsel-Bank, abgedruckt bei Hocker, S. 1 ff.

[58] §§ 95, 96 der Statuten der Preußischen Bank, abgedruckt bei Hocker, S. 495 ff.

richts einen umfassenden Geschäftsbericht an, der wiederum dem Central-Ausschuss zur Prüfung vorgelegt wurde. Nach der Genehmigung durch den Central-Ausschuss wurde der Geschäftsbericht dem Chef der Bank vorgelegt, der auf der Grundlage dieses Berichts den Gewinn und die Dividende feststellte.

Betrachtet man diese drei Beispiele genauer, dann zeigt sich, dass die Rechnungslegung trotz der unterschiedlichen Bezeichnung der Kontrollstellen und trotz des unterschiedlichen Prüfverfahrens im Ergebnis immer von einem oder mehreren Verwaltungsräten, ihren Ausschüssen, Delegierten oder Beauftragten geprüft wurde. Damit war die Prüfung der Rechnungslegung eine gesellschaftsinterne Angelegenheit der Großaktionäre.

Dieses Ergebnis wird durch die Auswertung weiterer Gesellschaftsverträge bestätigt. Von den 37 untersuchten Gesellschaften, die zwischen 1824 und 1850 ihre Konzession erhielten, wurde die Rechnungslegung bei 29 Gesellschaften durch den Verwaltungsrat, einen Ausschuss des Verwaltungsrats oder einzelne seiner Mitglieder geprüft.[59] Bei sieben Gesellschaften oblag die Prüfung einer Revisionskommission der Generalversammlung[60] und nur bei einer Gesellschaft erfolgte die Kontrolle ausschließlich durch einen Staatskommissar[61].

b. Mitte des 19. Jahrhunderts

Im Gesellschaftsvertrag der Dortmunder Privat-Actien-Bank vom 2. März 1857 war die Prüfung der Rechnungslegung wie folgt geregelt (Auszug)[62]:

§ 28 Zu den ausschließlichen Befugnissen und Pflichten des Verwaltungsrats gehört:
- die monatliche Revision der Kasse, der Wechsel- und Lombardbestände, durch zu deputierende Mitglieder;
- außerordentliche Kassenrevisionen nach den vorstehenden Bestimmungen, sooft er diese für angemessen erachtet;
- die Prüfung der von der Direktion ihm einzureichenden Bilanz, sowie die Feststellung der am Schluss jeden Geschäftsjahres zu verteilenden Dividende.

---

59 So z.B. bei der Berlin-Sächsische Eisenbahn-Gesellschaft, PrGS 1839, 177 ff., bei der Prinz Wilhelm Eisenbahn-Gesellschaft, PrGS 1845, 260 ff. und bei der Schaffhausensche Bankverein, PrGS 1848, 233 ff.

60 So z.B. bei der Wilhelms-Bahngesellschaft, PrGS 1844, 127 ff., der Magdeburger Feuerversicherungs-Gesellschaft, PrGS 1844, 215 ff. und der Ruhrorter Dampfschleppschifffahrts-Gesellschaft, PrGS 1845, 507 ff.

61 Ritterschaftliche Privat-Bank in Pommern, PrGS 1833, 5 ff. Ab 1849 war auch bei dieser Gesellschaft der Verwaltungsrat für die Prüfung der Rechnungslegung zuständig. Vgl. das revidierte Statut vom 24. August 1849, PrGS 1849, 359 ff.

62 Die Statuten der Dortmunder Privat-Actien-Bank sind abgedruckt bei Hocker, S. 185 ff.

§ 42 In den regelmäßigen Generalversammlungen werden die Geschäfte in nachfolgender Ordnung verhandelt:

- Wahl von 3 Kommissarien, welche den Auftrag erhalten, die Bilanz mit den Büchern und Skripturen der Gesellschaft zu vergleichen und, rechtfindend, dem Verwaltungsrat die Decharge zu erteilen.

§ 45 Die Bücher der Bank werden mit dem 31. Dezember jeden Jahres abgeschlossen und die Bilanz auf diesen Tag von der Direktion gezogen. Die Bilanz wird von dem Verwaltungsrat geprüft und festgestellt.

Das Bild, das der Gesellschaftsvertrag der Dortmunder Privat-Actien-Bank vom 2. März 1857 von der Prüfung der Rechnungslegung zeichnet, ist repräsentativ für die Aktiengesellschaften in der Mitte des 19. Jahrhunderts. Das wird durch die Auswertung der Gesellschaftsverträge von 74 Gesellschaften, deren Statuten zwischen 1851 und 1861 genehmigt wurden, bestätigt. Danach wurde die Rechnungslegung bei diesen Gesellschaften nur noch in 17 Fällen ausschließlich vom Verwaltungsrat geprüft.[63] Dagegen beauftragten die Aktionäre von 28 Gesellschaften zusätzlich noch die Generalversammlung mit der Rechnungsprüfung.[64] 25 Gesellschaften vertrauten sogar ausschließlich auf eine Kontrolle durch die Generalversammlung.[65]

Die Generalversammlungen übertrugen die Prüfung der Rechnungslegung regelmäßig besonderen Revisionskommissionen. Über die Zusammensetzung dieser Kommissionen machen die wenigsten Statuten nähere Angaben. Nur einige Statuten erwähnen ausdrücklich, dass es sich bei den Mitgliedern der Kommissionen um Aktionäre der Gesellschaft handelte.[66] Die meisten Statuten lassen diesen Punkt allerdings offen. Dafür, dass auch diesen Revisionskommissionen ausschließlich Aktionäre angehörten, spricht neben der Bezeichnung „Aus-

63 So z.B. bei der Gesellschaft für öffentliche Wasch- und Badeanstalten zu Berlin, PrGS 1854, 318 ff., der Rheinische Eisenbahngesellschaft, PrGS 1855, 38 ff. und der Phönix, Aktiengesellschaft für Bergbau und Hüttenbetrieb, PrGS 1860, 605 ff.

64 So z.B. bei der Sächsisch-Thüringische Aktiengesellschaft für Braunkohle-Verwertung, PrGS 1856, 16 ff., der Hennebergia, Aktiengesellschaft für Bergbau und Hüttenbetrieb, PrGS 1858, 169 ff. und der Neue Aktien-Zuckerraffinerie, PrGS 1859, 513 ff.

65 So z.B. die Düsseldorfer Spinnerei- und Weberei-Aktiengesellschaft, PrGS 1854, 33 ff., die Danziger Rhederei-Aktiengesellschaft, PrGS 1856, 102 ff. und die Steinkohlenbergbau-Aktiengesellschaft „Vollmond", PrGS 1859, 293 ff. Die verbleibenden 4 Gesellschaften ließen ihre Rechnungslegung durch eine atypische Kombination mehrerer Organe und Verwaltungseinheiten prüfen.

66 So z.B. § 25 des Statuts der Berliner Land- und Waffentransport-Versicherungsgesellschaft, PrGS 1845, 216 ff., Artikel 82 der Statuten der Aachen-Mastrichter Eisenbahn-Gesellschaft, PrGS 1846, 29 ff. und § 25 der Statuten der Aktiengesellschaft „Vorwärts" für Flachs-Spinnerei und Weberei, PrGS 1855, 198 ff.

schuss“ oder „Kommission“ vor allem, dass sich in keinem der 111 untersuchten Gesellschaftsverträge Bestimmungen über den Abschluss eines Prüfungsvertrages finden. Da der Verwaltungsrat über alle wichtigen Angelegenheiten der Gesellschaft entschied, wäre eine solche Aufgabe regelmäßig in seinen Zuständigkeitsbereich gefallen und in der Satzung in den entsprechenden Zuständigkeitskatalog aufgenommen worden. Dafür, dass es sich bei den Revisionskommissionen um Aktionärsgremien handelte spricht auch, dass die Kommissionen häufig befugt waren, dem Verwaltungsrat oder der Direktion im Namen der Gesellschaft die Entlastung zu erteilen. Schließlich existierte gegen Mitte des 19. Jahrhunderts auch noch kein Berufsstand der Buchprüfer, so dass externe Revisoren wenn überhaupt nur sehr vereinzelt zur Verfügung standen.[67]

Einige wenige Gesellschaftsverträge aus den fünfziger Jahren des 19. Jahrhunderts erwähnen allerdings ausdrücklich, dass die von der Generalversammlung bzw. vom Verwaltungsrat zu wählenden Revisoren nicht unbedingt Aktionäre der Gesellschaft sein mussten.[68] Es ist deswegen davon auszugehen, dass auch in den fünfziger Jahren bereits vereinzelt externe Revisoren zur Prüfung der Rechnungslegung herangezogen wurden.

3. Zusammenfassung und Stellungnahme

Die Auswertung der 111 Gesellschaftsverträge hat gezeigt, dass die preußischen Aktiengesellschaften, deren Gesellschaftsverträge am Anfang des 19. Jahrhunderts genehmigt wurden, teilweise über eine sehr individuelle innere Organisation verfügten. Das ist darauf zurück zu führen, dass so gut wie keine gesetzlichen Vorschriften über den inneren Aufbau der Aktiengesellschaft existierten. Der Code de Commerce und das preußische Aktiengesetz ließen den Gründern weitestgehende Freiheit bei der Ausgestaltung der Aktiengesellschaften. Da auch die preußischen Beamten noch keine Erfahrung mit der neuen Gesellschaftsform hatten, konnten auch sie nicht auf eine einheitliche Gesellschaftsstruktur hinwirken.

Die jüngeren Statuten belegen aber, dass sich in Preußen im Laufe der ersten Hälfte des 19. Jahrhunderts trotz einiger Ausnahmen eine dreigliedrige Organisationsstruktur aus Verwaltungsrat, Direktion und Generalversammlung durchsetzte. Dabei folgte die Aufgabenverteilung innerhalb der Gesellschaften ausschließlich den wirtschaftlichen Machtverhältnissen unter den Aktionären. Der

67 Eisfeld, WPg 1956, 450.

68 Vgl. z.B. § 44 der Statuten der Lübecker Credit- und Versicherungs-Bank, Hocker, S. 340 ff., § 60 der Statuten der Rostocker Bank, Hocker, S. 547 ff. und § 27 Buchstabe b) der Statuten der Leipziger Allgemeine Deutsche Credit-Anstalt, Hocker, S. 323 ff.

Verwaltungsrat war das oberste Organ der Gesellschaft, das von den Großaktionären nach ihren Vorstellungen besetzt wurde. Der Verwaltungsrat verfügte über ein generalklauselartiges Zuständigkeits- und Beschlussfassungsrecht in allen wichtigen Angelegenheiten der Gesellschaft. Zur Ausführung seiner Beschlüsse und zur Erledigung des Tagesgeschäfts bediente sich der Verwaltungsrat eines oder mehrerer Direktoren. Die Verteilung der Leitungs- und Vertretungsbefugnisse zwischen dem Verwaltungsrat und den Direktoren hing von den Umständen des Einzelfalls ab. Dabei nahm die Leitungs- und Vertretungsmacht der Direktion zu, je stärker sich der Verwaltungsrat auf die Oberleitung der Gesellschaft konzentrierte.

Der Verwaltungsrat war nicht nur das Leitungsorgan, sondern auch das Überwachungsorgan der Aktiengesellschaft. Durch ihn kontrollierten die Großaktionäre, dass die Direktoren die Geschäfte nach den Vorstellungen der wichtigsten Aktionäre führten und das Geld der Gesellschaft in ihrem Sinne verwendeten. Die von der Direktion jährlich aufzustellende Bilanz (§ 24 Satz 1 des preußischen Aktiengesetzes) wurde dementsprechend bis zur Mitte des 19. Jahrhunderts fast ausschließlich durch den Verwaltungsrat geprüft.

Ab der Mitte des 19. Jahrhunderts ist allerdings immer häufiger eine zusätzliche oder sogar ausschließliche Prüfung der Rechnungslegung durch die Generalversammlung zu beobachten. Ende der fünfziger Jahre ließ sogar die ganz überwiegende Mehrheit der Gesellschaften ihre Rechnungslegung entweder nur noch durch die Generalversammlung oder zusätzlich durch die Generalversammlung kontrollieren. Diese Entwicklung ist darauf zurück zu führen, dass die Zahl der Aktiengesellschaften ab etwa 1840 stark zunahm und vor allem die Eisenbahngesellschaften, die den größten Teil der neuen Gesellschaften ausmachten, sehr viel Kapital benötigten.[69] Da die Unternehmungen der neuen Aktiengesellschaften nicht durch die Gründer oder wenige Großaktionäre finanziert werden konnten, waren die Gesellschaften zunehmend auf Investitionen risikobereiter Anleger angewiesen. Dadurch stieg auch das Bedürfnis nach einer unabhängigen Rechnungsprüfung, die der Verwaltungsrat wegen seiner Beteiligung an der Geschäftsführung nicht gewährleisten konnte.

Die von der Generalversammlung mit der Prüfung beauftragten Revisionskommissionen bestanden fast ausschließlich aus Aktionären der Gesellschaft. Ganz vereinzelt bestimmten die Statuten zwar, dass die von der Generalversammlung zu wählenden Revisoren nicht unbedingt Aktionäre der Gesellschaft sein mussten. Eine Beauftragung externer Revisoren war aber schon deswegen ein Aus-

---

[69] Vgl. die Statistik bei Bösselmann, S. 199 f.

nahmefall, weil ein Berufsstand der Buchprüfer Mitte des 19. Jahrhunderts noch nicht existierte.

Die Prüfung der Rechnungslegung war somit bis zur Mitte des 19. Jahrhunderts eine gesellschaftsinterne Angelegenheit der Aktionäre, die sie zunächst durch den Verwaltungsrat und später, mit der Verbreiterung der Aktionärsbasis, zunehmend durch eine Revisionskommission der Generalversammlung erledigten.

Gleichzeitig wurden die Aktiengesellschaften auch weiterhin durch den Staat überwacht. Dieser Überwachung unterlag nach § 24 Satz 2 des preußischen Aktiengesetzes insbesondere die Rechnungslegung der Gesellschaften. Die staatliche Überwachung verlor aber für die kleineren Aktionäre, die Gläubiger und die Öffentlichkeit mit Zunahme der Prüfung durch die Generalversammlung an Bedeutung, da die Generalversammlung eine unabhängigere Prüfung der Rechnungslegung gewährleistete, als der Verwaltungsrat.

V. Das Allgemeine Deutsche Handelsgesetzbuch von 1861

Am 18. Dezember 1856 setzte der Bundesrat in Frankfurt am Main eine Kommission aus Vertretern der Landesregierungen ein, die ein allgemeines Handelsgesetzbuch ausarbeiten sollte. Diese Kommission tagte von 1857 bis 1861 in Nürnberg (sogenannte Nürnberger Konferenz).[70] Der Kommission lagen zwei österreichische Entwürfe und ein preußischer Entwurf vor, von denen der preußische Entwurf schließlich als Beratungsgrundlage verwendet wurde.[71] Die Kommission stellte aber ausdrücklich fest, dass den beiden österreichischen Entwürfen bei den Beratungen „volle Beachtung" geschenkt werden sollte.[72]

Obwohl sich die Nürnberger Konferenz in erster Linie mit dem Recht der offenen Handelsgesellschaft und der Kommanditgesellschaft befasste, stellte sie auch entscheidende Weichen für die innere Organisation der Aktiengesellschaft. Dabei war das Schicksal der Aktiengesellschaft eng mit dem der Kommanditgesellschaft auf Aktien (KGaA) verwoben.

---

70 Das Seerecht wurde in Hamburg beraten.

71 Protokolle der Kommission zur Beratung eines allgemeinen deutschen Handelsgesetzbuches, S. 6 (nachfolgend: Protokolle). Der preußische Entwurf und die beiden österreichischen Entwürfe sind im Beilagenband der Protokolle auf den Seiten 1-68 (preußischer Entwurf) und 69-106 bzw. 107-140 (österreichische Entwürfe) abgedruckt.

72 Protokolle, S. 6.

1. Die innere Organisation der Kommanditgesellschaft auf Aktien (KGaA)

Der preußische Entwurf sah für die Kommanditgesellschaft auf Aktien, die damals noch stille Handelsgesellschaft auf Aktien genannt wurde, in Artikel 158 Absatz 1 die Bildung eines fünfköpfigen Verwaltungsrates aus der Zahl der Kommanditaktionäre vor. Dieser Verwaltungsrat sollte die Rechte der Kommanditaktionäre gegenüber den Komplementären wahrnehmen.[73] Die Aufgaben dieses Verwaltungsrates wurden in Artikel 165 Absatz 1 und 2 des Entwurfs wie folgt beschrieben:

„Der Verwaltungsrat überwacht die Geschäftsführung der Gesellschaft in allen Zweigen ihrer Verwaltung; er kann sich von dem Gange der Angelegenheiten der Gesellschaft unterrichten, die Bücher und Schriften derselben einsehen und den Bestand der Gesellschaftskasse untersuchen. Er hat die Jahresrechnungen, die Bilanzen und die Vorschläge zur Gewinnverteilung zu prüfen und darüber alljährig der Generalversammlung Bericht zu erstatten."

Während der ersten Lesung brachte ein Kommissionsmitglied „eine Reihe von Redaktionsbemerkungen"[74] ein, in denen er den Entwurf zu Artikel 158 Absatz 1 wie folgt kommentierte: „Da die Aktionäre als stille Gesellschafter nicht eigentlich verwalten dürfen, so wäre statt „Verwaltungsrat" die Bezeichnung „Aufsichtsrat" zu nehmen[75]."

Die Annahme des Kommissionsmitglieds, dass sich die Kommanditaktionäre nicht an der Verwaltung der Kommanditgesellschaft auf Aktien beteiligen durften, beruhte allerdings auf einem Irrtum. Nach Artikel 169 des preußischen Entwurfs durften auch die stillen Gesellschafter die Geschäfte der Gesellschaft führen, ohne deshalb den Gläubigern der Gesellschaft persönlich zu haften. Ob die Kommanditaktionäre sich vor dem Erlass des Allgemeinen Deutschen Handelsgesetzbuchs auch in der Praxis an der Verwaltung der Gesellschaft beteiligten, zeigt eine Untersuchung der Statuten der sechs größten[76] Kommanditgesellschaften auf Aktien der damaligen Zeit.[77]

---

73 Artikel 164 Absatz 1 und 2 des preußischen Entwurfs. Vgl. hierzu und zum Folgenden auch Passow, S. 396 ff. und Wiethölter, S. 275 ff.

74 Protokolle, S. 388.

75 Protokolle, S. 399.

76 Schumacher, S. 58 Fn. 18.

77 Dabei handelt es sich um die Berliner Waaren-Credit-Gesellschaft, die Berliner Handels-Gesellschaft, die Disconto-Gesellschaft in Berlin, die Magdeburger Handels-Compagnie, die Preußische Handels-Gesellschaft und den Schlesischen Bankverein. Sämtliche Statuten sind bei Hocker abgedruckt.

Von den sechs untersuchten Kommanditgesellschaften verfügten alle über einen Verwaltungsrat, der die Gesamtheit der Kommanditaktionäre[78] gegenüber den Komplementären[79] vertrat. Bei vier der Gesellschaften war dem Verwaltungsrat durch eine Generalklausel gestattet, „überhaupt alles zu tun, was der Verwaltungsrat im Interesse der stillen Gesellschafter für nötig oder nützlich erachtet". Dazu gehörte namentlich auch die Prozessführung gegen Komplementäre und der Abschluss von Vergleichen und Verträgen aller Art.[80] Der Verwaltungsrat war bei diesen vier Gesellschaften also ausdrücklich zur Vertretung der Gesellschaft gegenüber Dritten befugt.

Darüber hinaus entschied der Verwaltungsrat bei drei Gesellschaften in Geschäftsführungsfragen, wenn unter den Komplementären nicht die erforderliche Einigung oder Mehrheit zustande kam und einer der Komplementäre die Sache dem Verwaltungsrat zur Entscheidung vorlegte. Ebenso konnte jeder Komplementär verlangen, dass eine Angelegenheit dem Verwaltungsrat zur Genehmigung vorgelegt wurde.[81]

Besonders ausgeprägt war die Mitverwaltungsfunktion des Verwaltungsrats bei der Magdeburger Handels-Compagnie. Hier bestand die „Direktion" aus den zwei Komplementären der Gesellschaft und zusätzlich aus zwei Mitgliedern des Verwaltungsrats. Jedes Geschäft, durch das die Gesellschaft über einen Betrag von 1.000 Talern hinaus verpflichtet wurde, bedurfte der Unterschrift von jeweils einem Komplementär und einem Verwaltungsrats-Direktor.[82]

Im Übrigen entschied der Verwaltungsrat bei mindestens fünf der sechs Gesellschaften über alle wichtigen Gesellschaftsangelegenheiten, oder verfügte zumindest über einen Zustimmungs- bzw. Genehmigungsvorbehalt.[83] Auf diese

---

78 Nach dem damaligen Recht noch stille Gesellschafter oder einfach Teilhaber genannt.

79 Nach dem damaligen Recht Eigentümer, Geschäftsinhaber oder, in Anlehnung an die Aktiengesellschaft, Direktoren genannt.

80 § 34 der Statuten der Berliner Handels-Gesellschaft, der Preußischen Handels-Gesellschaft und des Schlesischen Bankvereins, sowie Artikel 71 der Statuten der Disconto-Gesellschaft in Berlin.

81 §§ 44 und 46 der Statuten der Berliner Handels-Gesellschaft, der Preußischen Handels-Gesellschaft und des Schlesischen Bankvereins.

82 § 16 des Statuts der Magdeburger Handels-Compagnie.

83 Vgl. die Aufzählungen in §§ 33, 34 und 46 der Statuten der Berliner Handels-Gesellschaft, der Preußischen Handels-Gesellschaft und des Schlesischen Bankvereins, sowie § 25 der Statuten der Magdeburger Handels-Compagnie und den Artikeln 70 und 71 der Statuten der Disconto-Gesellschaft in Berlin. Bei der Berliner Waaren-Credit-Gesellschaft regelten die Statuten die Organzuständigkeiten nur sehr oberflächlich, weswegen eine Aussage über Zustimmungspflichten und Genehmigungsvorbehalte des Ver-

Weise entschieden die Kommanditaktionäre beispielsweise über die Aufnahme und den Ausschluss von Komplementären, den Inhalt ihrer Anstellungsverträge, die Bestellung von Prokuristen, die Ausgabe von Anleihen, den Erwerb von Immobilien und die Gewährung von Tantiemen und Gratifikationen.

Die vorstehende Untersuchung zeigt, dass die Kommanditaktionäre sich in der Praxis durch ihren Verwaltungsrat in erheblichem Umfang an der Verwaltung der Gesellschaft beteiligten und die Kommanditgesellschaft auf Aktien insbesondere in nicht unerheblichem Umfang gegenüber Dritten vertraten. Der Verwaltungsrat der Kommanditgesellschaft auf Aktien stand dem Verwaltungsrat der Aktiengesellschaft somit von seiner Funktion her insgesamt in nichts nach.

Die genauen Motive der Kommissionsmitglieder, die in dem preußischen Entwurf vorgesehene und zutreffende Bezeichnung „Verwaltungsrat" dennoch durch die Bezeichnung „Aufsichtsrat" zu ersetzen, lassen sich den Protokollen nicht entnehmen. Neben einem Irrtum über die rechtliche Stellung der Kommanditisten in der Kommanditgesellschaft auf Aktien und die Aufgaben ihres Verwaltungsrats in der Praxis, ist die Änderung vermutlich noch auf eine Reihe anderer Faktoren zurückzuführen.

So war die Kommanditgesellschaft auf Aktien nach ihrem französischen Vorbild (société en commandite par actions) geschaffen worden, die einen Aufsichtsrat (conseil de surveillance) besaß. Die von dem Kommissionsmitglied eingebrachte Redaktionsbemerkung verweist dementsprechend auch auf das französische Gesetz vom 7. Juli 1857.[84] Darüber hinaus gehörte zu den Aufgaben des Verwaltungsrats auch die Überwachung der Geschäftsführung der Komplementäre und die Prüfung ihrer Bilanzen. Die Umbenennung in Aufsichtsrat war daher nicht von vornherein fernliegend.

Möglicherweise unterlief der Kommission aber ein Wertungsfehler über die Bedeutung der Überwachung für die Arbeit des Verwaltungsrats. Wie sich aus den Statuten der untersuchten Kommanditgesellschaften auf Aktien ergibt, war die Überwachung dem Verwaltungsrat nicht als primäre Organfunktion zugewiesen, sondern sollte ihn lediglich in die Lage versetzen, die Interessen der Kommanditaktionäre zu vertreten und ihre Rechte gegenüber den Komplementären geltend zu machen. Die Überwachung der Komplementäre war dem Verwaltungsrat daher nicht um ihrer selbst zugewiesen, sondern war nur ein Hilfsmittel für die Teilnahme des Verwaltungsrats an der gestaltenden Unterneh-

---

waltungsrats nicht möglich ist. Über die Rolle des Verwaltungsrats findet sich dort nur, dass er dem Geschäftsinhaber „zur Seite steht".

84 Cf. Franz. G. v. 17. Juli 1856, Art. 5, 7-11, 14 und 15. Vgl. Protokolle, S. 399.

mensleitung. Nur ein solches Verständnis der Überwachungsaufgabe entsprach auch der Tätigkeit des Verwaltungsrats in der Praxis. Die Kommission verkannte diese nachrangige Funktion der Überwachung und räumte ihr durch die Umbenennung des Verwaltungsrats in Aufsichtsrat einen höheren Stellenwert ein, als ihr in der Praxis zukam.

Welche Motive die Kommission auch immer zu einer Umbenennung bewogen haben mögen, fest steht, dass der Verwaltungsrat der Kommanditgesellschaft auf Aktien in der ersten Lesung der Nürnberger Konferenz in „Aufsichtsrat" umbenannt wurde, ohne dass damit irgendwelche sachlichen Veränderungen im Aufgaben- oder Funktionsbereich des Verwaltungsrats verbunden waren.[85]

2. Die innere Organisation der Aktiengesellschaften

Der preußische Entwurf behandelte die Aktiengesellschaften nur kurz.[86] Über ihre innere Organisation bestimmte Artikel 193 Absatz 1 lediglich, dass die Geschäfte der Gesellschaft durch einen nach Inhalt des Gesellschaftsvertrags zu bestellenden Vorstand verwaltet wurden, der die Gesellschaft vor Gericht und bei allen übrigen Rechtshandlungen vertrat. Einen Verwaltungs- oder Aufsichtsrat erwähnte der Entwurf an keiner Stelle.

Während der Beratungen des preußischen Entwurfs wurde zunächst heftig darüber debattiert, was genau unter dem „Vorstand" einer Aktiengesellschaft zu verstehen sei.[87] Wie die Untersuchung der Statuten gezeigt hat, wurden diese Begriffe in der Praxis teils für das Leitungs- und Überwachungsorgan und teils für das ausführende Organ der Aktiengesellschaft verwendet.[88] Der Begriff Vorstand wurde in den Beratungen dahingehend erläutert, dass darunter „die geschäftsführende Behörde der Gesellschaft, welche die Unterschrift der Gesellschaft hat, die Exekutive, welche die Gesellschaft nach innen und außen vertritt und gewöhnlich Direktion genannt wird, zu verstehen sei, nicht aber jene bloß beratenden und kontrollierenden Organe der Gesellschaft, welche zur Kontrolle der Direktion bestellt sind, und die gewöhnlich Verwaltungsrat genannt werden"[89].

---

[85] Auf diese Weise fand der Aufsichtsrat als Organ der KGaA erstmals Eingang in das deutsche Gesellschaftsrecht (Artikel 175 Nr. 6, 186 Absatz 2, 193 ADHGB).

[86] Artikel 178 bis 210 des preußischen Entwurfs.

[87] Protokolle, S. 346, 390 f. und 401.

[88] Siehe oben B.IV.1.

[89] Protokolle, S. 346.

Da ein Verwaltungsrat im preußischen Entwurf nicht vorgesehen war, man andererseits aber „überall einen Gesellschaftsausschuss, welcher die Geschäftsführung der Direktion überwache, ihr in einzelnen Fällen Spezialinstruktionen gebe, den Verkehr zwischen der Direktion und den Aktionären vermittele“[90] antraf, schlug ein Mitglied der Kommission vor, die Verwaltung der Aktiengesellschaft wie folgt zu regeln[91]:

„Die Gesellschaft wird, soweit sie nicht (in Generalversammlungen) unmittelbar handelt, durch einen Vorstand vertreten.

Derselbe besteht:

1. Aus einem oder mehreren Angestellten, welche die laufenden Geschäfte besorgen, resp. ihre Besorgung anordnen und leiten, und in Bezug auf diese Geschäfte die Gesellschaft vor Gericht, wie überhaupt nach außen, vertreten.

2. Aus einem Gesellschaftsausschuss, welcher die Geschäftsführung überwacht, die Einberufung von Generalversammlungen anordnet, über die an letztere zu bringenden Anträge (...) beschließt, die Gesellschaft in Angelegenheiten, welche nicht zu den laufenden Geschäften gehören, nach außen vertritt, auch überdies ermächtigt sein kann, Anstellungen und Entlassungen zu verfügen, sowie allgemeine und besondere Instruktionen für die Geschäftsführung zu erteilen.

3. Aus einem oder mehreren Revisoren, welche nach dem Bücherabschluss die Übereinstimmung der Bücher mit der Bilanz, der Verwaltungsmaßregeln mit den statutarischen Bestimmungen prüfen.“

In der Diskussion wurde gegen diesen Vorschlag eingewandt, dass der preußische Entwurf nicht beabsichtigt habe, einen Gesellschaftsausschuss im Sinne eines Verwaltungsrats vorzuschreiben und dass diese Frage dem Gesellschaftsstatut überlassen bleiben solle. Für kleine Aktiengesellschaften sei ein solcher Gesellschaftsausschuss ein zu schwerfälliger Apparat. Privatrechtlich sei nur die Generalversammlung als ein beschließendes und die Direktion als ein vollziehendes Organ zur Begründung einer Aktiengesellschaft notwendig. Alle anderen Organe seien nur „accidentaler“ Natur. Deswegen sei es ausreichend, wenn die gesetzlichen Bestimmungen nur die Direktion und die Generalversammlung regelten und alles Übrige den Gesellschaftsverträgen überlassen bleibe. Bei den meisten Gesellschaften werde zwar auch eine „vermittelnde und kontrollierende Behörde“ vorkommen, aber die Verhältnisse, nach denen der

---

90 Protokolle, S. 390.

91 Protokolle, S. 390 und 401 f.

Umfang ihrer Vollmacht, die Stellung ihrer Mitglieder als Angestellte usw. bemessen werden müssten, seien zu verschieden, als dass man hierüber etwas in das Gesetz aufnehmen könne „ohne in eine ganz unzulässige Casuistik zu geraten“[92]. Der Vorschlag wurde daraufhin der Redaktionskommission überwiesen. Der Entwurf der Redaktionskommission für die 2. Lesung bestimmte dann in Artikel 204:

„Ist ein Aufsichtsrat bestellt, so überwacht derselbe die Geschäftsführung der Gesellschaft in allen Zweigen der Verwaltung; er kann sich von dem Gange der Angelegenheiten der Gesellschaft unterrichten, die Bücher und Schriften derselben jederzeit einsehen und den Bestand der Gesellschaftskasse untersuchen. Er hat die Jahresrechnungen, die Bilanzen und die Vorschläge zur Gewinnverteilung zu prüfen und darüber alljährlich der Generalversammlung der Aktionäre Bericht zu erstatten.“[93].

Diese Bestimmung ging wörtlich und ohne größere Debatte in Artikel 225 ADHGB ein.[94] Damit war der (zunächst noch fakultative) Aufsichtsrat der Aktiengesellschaft geboren.

Was die Redaktionskommission dazu bewogen hat, zwischen der 1. und 2. Lesung den Aufsichtsrat als fakultatives Organ der Aktiengesellschaft vorzuschlagen, ist den Protokollen nicht zu entnehmen. Wegen der wörtlichen Übereinstimmung von Artikel 225 ADHGB mit der entsprechenden Vorschrift für die Kommanditgesellschaft auf Aktien[95] ist es wahrscheinlich, dass die Kommission die Interessen der Aktionäre der Aktiengesellschaft und der Kommanditgesellschaft auf Aktien gleichsetzte und für beide Gruppen ein Vertretungsorgan mit den gleichen Rechten und Pflichten schaffen wollte.[96] Dass die beiden Aktionärsgruppen gegenüber ihren Geschäftsführungsorganen allerdings unterschiedliche Ziele verfolgten, haben Passow und Wiethölter nachgewiesen.[97] Sie führen die Übernahme des Begriffs Aufsichtsrat für den Verwaltungsrat der Aktiengesellschaft deswegen auf eine redaktionelle Unüberlegtheit der Redaktionskommission zurück.[98]

Das allein vermag aber nicht zu erklären, warum die Redaktionskommission für das neue Organ statt „Verwaltungsrat“ die Bezeichnung „Aufsichtsrat“ wählte. Denn bei der Aktiengesellschaft war, anders als bei der Kommanditgesellschaft

---

92 Protokolle, S. 390 f.
93 Beilagenband der Protokolle, S. 178.
94 Vgl. Protokolle, S. 1047 und Wiethölter, S. 280.
95 Artikel 193 ADHGB.
96 So Löwenfeld, S. 262 und Wiethölter, S. 281.
97 Passow, S. 399; Wiethölter, S. 281 f.
98 Passow, S. 392 und 399; Wiethölter, S. 282.

auf Aktien, schon wegen der Anzahl der Gesellschaften offensichtlich, dass sich der Verwaltungsrat in der Praxis aktiv an der Geschäftsführung beteiligte.

Es ist deswegen wahrscheinlich, dass der Kommission bei der Aktiengesellschaft der gleiche Wertungsfehler wie zuvor bei der Kommanditgesellschaft auf Aktien unterlief. Auch bei der Aktiengesellschaft war die Bezeichnung „Aufsichtsrat“ nicht von vornherein fernliegend, weil zu den Aufgaben des Verwaltungsrats auch die Überwachung der Geschäftsführung der Direktion gehörte. Die Kommission verkannte aber den Stellenwert dieser Aufgabe. Sie verkannte, dass die Überwachung dem Verwaltungsrat nicht als primäre Organfunktion zugewiesen war, sondern nur als Hilfsmittel für seine Teilnahme an der gestaltenden Unternehmensleitung. Der Verwaltungsrat benötigte die Informationen aus seiner Überwachungstätigkeit in erster Linie für die Erfüllung seiner eigentlichen Aufgabe, der Umsetzung der Interessen der Großaktionäre. Die Überwachung der Geschäftsführung war für den Verwaltungsrat nur eine untergeordnete Hilfstätigkeit, die allein dem Zweck der Mitverwaltung diente.

Wenn die Kommission den Verwaltungsrat aber in erster Linie als Überwachungsorgan sah, dann lag es nahe, dass sie das Schwergewicht der Verwaltung und Geschäftsführung der Direktion zuordnete. Dementsprechend bestimmte Artikel 227 Absatz 1 ADHGB, dass jede Aktiengesellschaft einen Vorstand haben musste, dessen Vertretungsmacht nach Artikel 231 Absatz 2, Satz 1 ADHGB Dritten gegenüber unbeschränkbar war.

3. Die Prüfung der Rechnungslegung

Weder der preußische Entwurf noch das Allgemeine Deutsche Handelsgesetzbuch enthielten wesentliche neue Bestimmungen über die Prüfung der Rechnungslegung der Aktiengesellschaft.

Artikel 209 Nr. 6 ADHGB verpflichtete die Gesellschaften lediglich, die Art und Weise der Bilanzprüfung im Gesellschaftsvertrag zu regeln. Dadurch wurde die bisherige Praxis zur Pflicht. Für den Fall, dass eine Aktiengesellschaft über einen Aufsichtsrat verfügte, gehörte die Prüfung der Rechnungslegung allerdings zwingend zu seinen Aufgaben (Art. 225 Absatz 2 ADHGB).

Darüber hinaus bestimmte Artikel 224 Absatz 1 ADHGB, dass die Aktionäre die Rechte, die ihnen in den Angelegenheiten der Gesellschaft zustanden, in der Generalversammlung ausübten. Zu den Rechten der Aktionäre gehörte namentlich auch die Einsicht und Prüfung der Bilanzen. In dieser Vorschrift liegt allerdings keine funktionelle Zuweisung der Rechnungsprüfung an die Generalversammlung, sondern lediglich eine Klarstellung, dass die Generalversammlung (und nicht etwa der Verwaltungsrat) das primäre Vertretungsorgan der Aktionäre war. Das ergibt sich schon daraus, dass die Prüfung der Rechnungslegung im folgenden Artikel 225 Absatz 2 ADHGB dem Aufsichtsrat zugewiesen wurde.

Mit dem Allgemeinen Deutsche Handelsgesetzbuch entfiel auch die Verpflichtung der Aktiengesellschaften, der Regierung jedes Jahr ihre Bilanz mitzuteilen.[99] Davon unberührt blieb allerdings eine entsprechende Verpflichtung aufgrund landesrechtlicher Spezialgesetze.[100]

VI. Die Aktiengesellschaften nach dem Erlass des Allgemeinen Deutschen Handelsgesetzbuches von 1861

Um ein Bild davon zu gewinnen, wie sich die Vorschriften des Allgemeinen Deutschen Handelsgesetzbuchs in der Praxis auf die innere Organisation der Aktiengesellschaften, die Überwachung ihrer Geschäftsführung und die Prüfung ihrer Rechnungslegung auswirkten, werden nachfolgend die Gesellschaftsverträge von 33 Aktiengesellschaften untersucht.

Dabei handelt es sich um alle 23 Aktiengesellschaften, deren Gesellschaftsverträge nach dem Inkrafttreten des Allgemeinen Deutschen Handelsgesetzbuchs am 1. Januar 1862, aber noch vor dem Inkrafttreten der Aktiennovelle von 1870[101] in Preußen genehmigt und in der Königlichen Preußischen Gesetzessammlung veröffentlicht wurden. In die Untersuchung werden auch 10 Aktiengesellschaften einbezogen, deren Gesellschaftsverträge in dem fraglichen Zeitraum genehmigt und von Weinhagen im Jahr 1866 veröffentlicht wurden.[102]

1. Die innere Organisation der Aktiengesellschaften

Das Allgemeine Deutsche Handelsgesetzbuch hatte im Hinblick auf die innere Organisation der Aktiengesellschaften vor allem zwei Neuerungen gebracht. Das Vertretungsrecht des Geschäftsführungsorgans war gegenüber Dritten unbeschränkbar geworden (Artikel 231 Absatz 2, Satz 1 ADHGB) und darüber hinaus konnten die Aktiengesellschaften nach Artikel 225 ADHGB einen Aufsichtsrat bilden, dem dann von Gesetzes wegen die Überwachung der Geschäftsführung und die Prüfung der Rechnungslegung oblag.

---

99 So noch § 24 Satz 2 des preußischen Aktiengesetzes.
100 So z.B. nach § 34 des preußischen Eisenbahngesetzes.
101 Am 25. Juni 1870.
102 Weinhagen, S. 100 ff.

Obwohl die untersuchten Fälle insgesamt sehr unterschiedlich liegen, lassen die Gesellschaftsverträge im Hinblick auf die innere Organisation der Aktiengesellschaft und die Überwachung ihrer Geschäftsführung zwei deutliche Tendenzen erkennen.

a. Verwaltungsrat als Vorstand

Bei 12 der 33 untersuchten Gesellschaften übernahm der Verwaltungsrat die Funktion des Vorstands.[103] In diesen Fällen hatte der Verwaltungsrat nicht nur die obere Leitung der Gesellschaft, sondern war als Geschäftsführungsorgan auch für die Erledigung des Tagesgeschäfts zuständig. Der Verwaltungsrat war in diesen Fällen der alleinige Repräsentant der Aktiengesellschaft und vertrat sie in allen wichtigen Angelegenheiten gegenüber Dritten. Für eine Direktion war in diesen Fällen kein Raum mehr. Diese Gesellschaften verfügten deswegen nur über zwei Organe (Generalversammlung und Vorstand).

Zur Erledigung des Tagesgeschäfts bediente sich der Verwaltungsrat in der Regel der Hilfe besonderer Gesellschaftsbeamter, die die Gesellschaft als Bevollmächtigte innerhalb ihres Geschäftskreises nach außen vertreten konnten.[104] Die Tätigkeit dieser Beamten überwachte der Verwaltungsrat, so dass sich in ihm weiterhin Leitungs- und Überwachungsfunktionen bündelten.

b. Direktion als Vorstand

Bei den übrigen 21 Gesellschaften übernahm die Direktion die Funktion des Vorstands.[105] Die Direktoren bildeten also weiterhin das Geschäftsführungsorgan der Gesellschaft mit dem Unterschied, dass sie jetzt gegenüber Dritten zur unbeschränkten Vertretung der Aktiengesellschaft berechtigt waren. Der Verwaltungsrat zog sich in diesen Fällen in der Regel auf die innere Verwaltung und die Überwachung der Direktion zurück. Meistens verfügte er weiterhin über zahlreiche interne Beschlusszuständigkeiten und Zustimmungsvorbehalte und konnte der Direktion jederzeit detaillierte Anweisungen über die Art und Weise ihrer Geschäftsführung erteilen. Der Verwaltungsrat war somit auch bei diesen Gesellschaften weiterhin sowohl Leitungs- als auch Überwachungsorgan. In den Fällen, in denen die Direktion den Vorstand der Gesellschaft bildete, ver-

---

[103] So z.B. bei der Berlin-Görlitzer Eisenbahngesellschaft, PrGS 1864, 485 ff., der Märkisch-Posener Eisenbahn-Gesellschaft, PrGS 1867, 561 ff. und der Nordhausen-Erfurter Eisenbahngesellschaft, PrGS 1867, 849 ff.

[104] Artikel 234 ADHGB.

[105] So z.B. bei der Königsberger Privatbank, PrGS 1866, 508 ff., der Preußischen Hagel-Versicherungs-Aktien-Gesellschaft, Weinhagen, S. 127 ff. und der Berliner Immobilien-Aktiengesellschaft, Weinhagen, S. 294 ff.

fügten die Aktiengesellschaften weiterhin über drei Organe (Generalversammlung, Verwaltungsrat, Vorstand).

c. Die Aufgaben des Aufsichtsrats

Nach Inkrafttreten des Allgemeinen Deutschen Handelsgesetzbuchs hatten die Aktiengesellschaften erstmals von Gesetzes wegen die Möglichkeit, einen Aufsichtsrat zu bilden (Artikel 225 ADHGB). Die Auswertung der 33 Statuten zeigt, dass sie davon in unterschiedlicher Weise Gebrauch machten.

Einige der untersuchten Gesellschaften erklärten in ihren Statuten ausdrücklich, dass der Verwaltungsrat den Aufsichtsrat der Gesellschaft bildete.[106] Hier war der Aufsichtsrat also der bisherige Verwaltungsrat der Gesellschaft mit dem Unterschied, dass die Überwachung der Geschäftsführung und die Prüfung der Rechnungslegung jetzt von Gesetzes wegen zu seinen Aufgaben gehörten (Artikel 225 Absatz 1 und 2 ADHGB).

Von den 33 untersuchten Gesellschaften bildeten allerdings acht Gesellschaften einen Aufsichtsrat, der ausschließlich diese Bezeichnung trug und für den die Statuten nicht ausdrücklich auf die Rechte und Pflichten des Verwaltungsrats verwiesen.[107]

Untersucht man die Gesellschaftsverträge dieser Gesellschaften näher, dann zeigt sich, dass keine der acht Gesellschaften neben dem Aufsichtsrat noch einen Verwaltungsrat hatte. Vielmehr waren allen Aufsichtsräten in den Gesellschaftsverträgen die Leitungs- und Überwachungsaufgaben zugewiesen, die typischerweise zum Zuständigkeitsbereich eines Verwaltungsrats gehörten. So verfügten einige der Aufsichtsräte über ein Beschlussrecht in allen Angelegenheiten der Gesellschaft, die nicht ausdrücklich der Generalversammlung vorbehalten waren.[108] Andere Aufsichtsräte konnten über Zustimmungsvorbehalte an

---

106 So z.B. die Pommersche Hypotheken-Aktienbank, PrGS 1866, 702 ff., die Danziger Privat-Aktienbank, PrGS 1867, 245 ff. und die Preußische Bodenkredit-Aktienbank zu Berlin, PrGS 1869, 121 ff.

107 Magdeburger Privatbank, PrGS 1866, 353 ff., Königsberger Privatbank, PrGS 1866, 508 ff., Provinzial Aktienbank des Großherzogtums Posen, PrGS 1867, 281 ff., Broelthaler Eisenbahn-Aktiengesellschaft, PrGS 1869, 571 ff., Aachener Hütten-Aktien-Verein, Weinhagen, S. 156 ff., Rheinischer Aktien-Verein für Zuckerfabrikation, Weinhagen, S. 178 ff., Rheinische Beleuchtungs-Aktien-Gesellschaft, Weinhagen, S. 204 ff. und Berliner Immobilien-Aktien-Gesellschaft, Weinhagen, S. 254 ff.

108 Vgl. z.B. § 39 der Statuten der Magdeburger Privatbank, PrGS 1866, 353 ff., § 35 der Statuten der Broelthaler Eisenbahn-Aktiengesellschaft, PrGS 1869, 571 ff. und Artikel 22 der Statuten der Rheinischen Beleuchtungs-Aktien-Gesellschaft, Weinhagen, S. 204 ff.

der Geschäftsführung der Direktion teilnehmen, hatten umfangreiche Überwachung- und Prüfungsrechte und konnten der Direktion detaillierte Geschäftsanweisungen erteilen.[109]

2. Die Prüfung der Rechnungslegung

Im Hinblick auf die Prüfung der Rechnungslegung ist zwischen den Gesellschaften zu unterscheiden, die lediglich über eine Generalversammlung und einen Vorstand verfügten und den Gesellschaften, die darüber hinaus noch einen Verwaltungsrat oder Aufsichtsrat hatten.

Bei den 12 zweigliedrigen Gesellschaften wurde die Rechnungslegung ausschließlich von einer Revisionskommission der Generalversammlung geprüft.

Bei den übrigen 21 Gesellschaften war entweder der Aufsichtrat kraft Gesetzes oder der Verwaltungsrat kraft Satzungsbestimmung für die Prüfung der Rechnungslegung zuständig.

Bei diesen 21 Gesellschaften vertrauten die Aktionäre allerdings nur in sechs Fällen auf eine alleinige Prüfung durch den Verwaltungsrat bzw. Aufsichtsrat. Dagegen ließen sie bei 14 Gesellschaften die Rechnungslegung noch zusätzlich von einer Revisionskommission der Generalversammlung prüfen. Bei einer Gesellschaft wurde die Rechnungslegung sogar durch ein eigenes Gesellschaftsorgan kontrolliert. Diese sogenannte Rechnungs-Revisions-Kommission bestand aus drei Aktionären, die jährlich von der Generalversammlung gewählt wurden.[110] Auch hierbei handelte es sich im Ergebnis also um eine Revisionskommission der Generalversammlung.

Insgesamt betrachtet wurde von 33 untersuchten Gesellschaften somit nur bei sechs Gesellschaften die Rechnungslegung ausschließlich vom Verwaltungsrat bzw. Aufsichtsrat geprüft, während bei 27 Gesellschaften die Rechnungslegung entweder ausschließlich oder zusätzlich durch eine Revisionskommission der Generalversammlung kontrolliert wurde.

Im Hinblick auf die Zusammensetzung der Revisionskommissionen bestimmte die überwiegende Zahl der Gesellschaftsverträge, dass nur Aktionäre zu Revisoren gewählt werden konnten. Viele der Gesellschaftsverträge ließen diese Frage

---

109 Vgl. z.B. § 23 der Statuten der Königsberger Privatbank, PrGS 1866, 508 ff., § 23 der Statuten der Provinzial-Aktienbank des Großherzogtums Posen, PrGS 1867, 281 ff. und Art. 14 der Statuten der Berliner Immobilien-Aktien-Gesellschaft, Weinhagen, S. 254 ff.

110 Elberfelder gemeinnützige Aktien-Bau-Gesellschaft, Weinhagen, S. 269 ff.

aber auch offen. Nur eine Gesellschaft erwähnt ausdrücklich, dass auch ein Gesellschaftsfremder in die Revisionskommission berufen werden konnte.[111]

3. Zusammenfassung und Stellungnahme

Durch den Erlass des Allgemeinen Deutschen Handelsgesetzbuchs entstanden neben den dreigliedrigen Gesellschaften in der Praxis auch zahlreiche Gesellschaften, die lediglich über eine Generalversammlung und einen Vorstand verfügten.

Das ist darauf zurück zu führen, dass die Vertretungsmacht des Geschäftsführungsorgans nach Artikel 231 Absatz 2 des Allgemeinen Deutschen Handelsgesetzbuchs gegenüber Dritten unbeschränkbar wurde. Hatten Verwaltungsrat und Direktion vor dem Erlass des Allgemeinen Deutschen Handelsgesetzbuchs die Vertretung der Gesellschaft noch unter sich aufgeteilt[112], wäre bei einer Fortsetzung dieser Praxis nach dem Erlass des ADHGB unklar gewesen, wer von beiden als Vorstand der Gesellschaft anzusehen war. Im Zweifel mussten Dritte, die mit der Gesellschaft in Verbindung traten, annehmen, dass beide Organe unbeschränkt zur Vertretung der Gesellschaft berechtigt waren. Das konnte aber zu Widersprüchen bei der Geschäftsführung führen und war vom Gesetzgeber erkennbar nicht gewollt. Sämtliche Mitglieder des Verwaltungsrats und der Direktion hätten außerdem der Vorstandshaftung unterlegen.[113] Um Kompetenzkonflikte zu vermeiden und Haftungsrisiken auszuschließen mussten sich die Aktionäre daher für eine Vertretung der Gesellschaft durch den Verwaltungsrat oder die Direktion entscheiden.

Der Verwaltungsrat blieb aber in jedem Fall das oberste Organ der Gesellschaft. Entweder übernahm er die Vertretung der Gesellschaft oder er überließ sie der Direktion und sicherte sich seinen Einfluss auf die Geschäftsführung durch umfangreiche interne Beschlusszuständigkeiten, Zustimmungsvorbehalte und Anweisungsrechte. Der Verwaltungsrat blieb aber nicht nur in jedem Fall das Leitungsorgan der Gesellschaft, sondern weiterhin auch das Überwachungsorgan. Entweder kontrollierte er die Ausführung des Tagesgeschäfts durch die Gesellschaftsbeamten, oder er überwachte die Geschäftsführung der Direktion.

Auf die Prüfung der Rechnungslegung hatte die Verschiebung der Vertretungsmacht zwischen Verwaltungsrat und Direktion nur in den Fällen Einfluss, in

---

111 Preußische Hagel-Versicherungs-Aktien-Gesellschaft, Weinhagen, S. 127 ff.

112 Vgl. die repräsentativen Satzungsbestimmungen der Dortmunder Privat-Actien-Bank, oben B.IV.1.b.

113 Artikel 241 Absatz 2 ADHGB.

denen der Verwaltungsrat die Funktion des Vorstands übernahm. In diesen Fällen wurde die Rechnungslegung ausschließlich durch eine Revisionskommission der Generalversammlung geprüft. Das ist darauf zurückzuführen, dass der Verwaltungsrat bei den betreffenden Gesellschaften ausschließlich selbst für das Zustandekommen der Rechnungslegung verantwortlich war. In allen anderen Fällen, in denen die Direktion die Funktion des Vorstands übernahm, blieb der Verwaltungsrat weiterhin kraft Satzungsbestimmung für die Prüfung der Rechnungslegung zuständig.

Bei den Aktiengesellschaften, die über einen Aufsichtsrat verfügten, ersetzte dieser den Verwaltungsrat. Die Prüfung der Rechnungslegung gehörte von Gesetzes wegen zu seinen Aufgaben (Artikel 225 Absatz 1 und 2 ADHGB). Die fehlenden Verwaltungszuständigkeiten wiesen ihm die Aktionäre durch die Satzung zu. Der Aufsichtsrat war daher vom Zeitpunkt seiner Entstehung an nichts anderes als ein Verwaltungsrat unter anderem Namen.[114]

Die Rechnungslegung der dreigliedrigen Aktiengesellschaften wurde auch nach dem Inkrafttreten des Allgemeinen Deutschen Handelsgesetzbuchs in erster Linie vom Verwaltungsrat (kraft Satzungsbestimmung) bzw. Aufsichtsrat (kraft Gesetzes) geprüft. Der Trend, die Rechnungslegung noch zusätzlich oder sogar ausschließlich durch eine Revisionskommission der Generalversammlung kontrollieren zu lassen, setzte sich nach dem Inkrafttreten des Allgemeinen Deutschen Handelsgesetzbuchs ebenfalls fort. Daran änderte auch die Tatsache nichts, dass der Verwaltungsrat sich jetzt in vielen Fällen aus der Geschäftsführung zurückzog und sich auf die innere Verwaltung der Gesellschaft konzentrierte.

Die Revisionskommissionen der Generalversammlung bestanden auch weiterhin fast ausschließlich aus Aktionären der Gesellschaft. Es gibt nur sehr vereinzelte Hinweise darauf, dass ihnen auch Gesellschaftsfremde angehörten.

Die Prüfung der Rechnungslegung blieb somit auch bis zum Jahr 1870 eine gesellschaftsinterne Angelegenheit der Aktionäre, die sie durch den Verwaltungsrat und vor allem durch die Generalversammlung selbst erledigten. Die Tatsache, dass das Allgemeine Deutsche Handelsgesetzbuch die Pflicht der Aktiengesellschaften, ihre Bilanzen nach dem Ende des Geschäftsjahres an die Regierung zu übermitteln, nicht übernahm, spricht dafür, dass die Kontrolle der Rechnungslegung durch den Staat weiter abnahm. Dadurch erhielten die Akti-

---

[114] Die in der Aufsichtsratskrise um 1900 und nach 1925 häufig geäußerte Kritik, dass der Aufsichtsrat sich von einem Überwachungsorgan zu einem Mitverwaltungsorgan entwickelt habe, ist somit falsch.

engesellschaften nicht nur mehr Eigenverantwortung, sondern die Aktionäre, Gläubiger und die Öffentlichkeit waren auch zunehmend darauf angewiesen, dass die Rechnungslegung der Gesellschaft durch eine unabhängige Stelle geprüft wurde.

VII. Zusammenfassung und Stellungnahme

Nachdem mit dem preußischen Aktiengesetz von 1843 erstmals ein einheitliches Aktienrecht für alle preußischen Provinzen vorgelegen hatte, erfolgte eine ausführlichere und bundesweite Regelung des Aktienrechts erstmals durch das Allgemeine Deutsche Handelsgesetzbuch von 1861.

1. Die innere Organisation der Aktiengesellschaften

Zu diesem Zeitpunkt verfügten die Aktiengesellschaften in der Regel über eine dreigliedrige Organisationsstruktur aus Verwaltungsrat, Direktion und Generalversammlung.

Im Zusammenhang mit der Forderung, diese Struktur im neuen Aktienrecht festzuschreiben, schuf die Nürnberger Konferenz zwischen der 1. und 2. Lesung des Aktienrechts zusätzlich zur Direktion und zur Generalversammlung ein drittes, zunächst fakultatives Gesellschaftsorgan. Dieses Organ erhielt, wohl auch wegen eines Irrtums der Redaktionskommission über die Bedeutung der Unternehmensüberwachung für die Arbeit des Verwaltungsrats, die Bezeichnung Aufsichtsrat. Die Nürnberger Kommission stellte den Aktiengesellschaften zunächst frei, ob sie einen solchen Aufsichtsrat bilden wollten. Das ist vermutlich darauf zurück zu führen, dass die Nürnberger Kommission sich über die genaue Rolle des neuen Organs unsicher war, dass sie eine vorschnelle Festlegung vermeiden wollte und die Gesellschaften durch die neue Gesetzesbestimmung nicht unnötig einschränken wollte.

Der Aufsichtsrat übernahm in der Praxis die Funktion des bisherigen Verwaltungsrats. Das liegt auch daran, dass Artikel 225 ADHGB dem Aufsichtsrat Aufgaben zuwies, die traditionell zur Zuständigkeit eines Verwaltungsrats gehörten. Im Übrigen war die Funktion des Aufsichtsrats als einzige neben Vorstand und Generalversammlung ausführlicher im Gesetz geregelt, so dass schon aus diesem Grund nahe lag, das in der Praxis weit verbreitete dritte Gesellschaftsorgan Aufsichtsrat zu nennen.

Diese Entwicklung führte zu einem Widerspruch zwischen dem Gesetzestext und der Wirklichkeit. Mussten Dritte den Aufsichtsrat wegen seiner Bezeichnung und der Aufgabenzuweisung in Artikel 225 ADHGB für ein reines Überwachungsorgan halten, so war er vom Zeitpunkt seiner Entstehung an in Wirklichkeit nichts anderes als der bisherige Verwaltungsrat unter einem anderen Namen.

Der Verwaltungsrat bzw. Aufsichtsrat blieb auch nach dem Erlass des Allgemeinen Deutschen Handelsgesetzbuchs das beherrschende Organ der Aktiengesellschaft. Daran änderte auch die Tatsache nichts, dass das Allgemeine Deutsche Handelsgesetzbuch die Vertretungsmacht des Geschäftsführungsorgans erheblich stärkte. Auch wenn der Verwaltungsrat dadurch in vielen Fällen faktisch gezwungen wurde, sich auf die innere Verwaltung der Gesellschaft zu beschränken, um nicht als Vorstand der Gesellschaft zu gelten, behielt er seinen Einfluss auf die Geschäftsführung durch interne Beschlusszuständigkeiten, Zustimmungsvorbehalte und das Recht, der Direktion jederzeit Weisungen zu erteilen. Diese Entwicklung ist insoweit nicht überraschend, als sich an den rechtlichen Rahmenbedingungen, die zu dieser Entwicklung geführt hatten, durch das Allgemeine Deutsche Handelsgesetzbuch nichts geändert hatte. Denn die Gründer und Großaktionäre konnten immer noch durch die Satzung ihre Position im Verwaltungsrat festschreiben und das Teilnahme- und Stimmrecht in der Generalversammlung von einem Mindestaktienbesitz abhängig machen.

Dadurch entstand kurz nach Erlass des Allgemeinen Deutschen Handelsgesetzbuchs ein weiterer Widerspruch zwischen dem Gesetzestext und der Wirklichkeit. Obwohl der Vorstand nach dem Gesetzeswortlaut ein autonomes Vertretungs- und Verwaltungsorgan der Gesellschaft war, wurde er tatsächlich vom Verwaltungsrat der Großaktionäre regiert.

Die eigentliche Schwere der beiden aufgezeigten Widersprüche ergibt sich erst aus ihrer Verbindung. Danach war der Aufsichtsrat nicht nur ein falsch bezeichnetes Mitverwaltungsorgan, sondern er war weiterhin das dominierende Leitungsorgan der Aktiengesellschaft.

2. Die Prüfung der Rechnungslegung

Am Anfang des 19. Jahrhunderts war die Prüfung der Rechnungslegung noch ausschließlich eine Angelegenheit der Großaktionäre gewesen, die durch ihren Verwaltungsrat kontrollierten, ob die Direktoren das ihnen anvertraute Geld ordnungsgemäß verwendet hatten.

Als mit dem Aufkommen der Eisenbahnen und dem Beginn der Industrialisierung die Zahl der Aktiengesellschaften und die Größe der zu finanzierenden Unternehmungen stiegen, wuchs auch die Abhängigkeit der Aktiengesellschaften vom Kapital risikobereiter Anleger. Mit der Zahl der Aktionäre stieg auch das Bedürfnis nach einer unabhängigen Rechnungsprüfung. Da der Verwaltungsrat eine solche Prüfung wegen seiner Beteiligung an der Geschäftsführung nicht gewährleisten konnte, ließen die Aktionäre die Rechnungslegung etwa ab Mitte des 19. Jahrhunderts immer häufiger noch zusätzlich von einer Kommission der Generalversammlung prüfen. Vor allem bei den Gesellschaften, bei denen der Verwaltungsrat umfassend an der operativen Geschäftsführung beteiligt war, ließen die Aktionäre die Rechnungslegung sogar nur noch von einer solchen Revisionskommission kontrollieren.

Die Revisionskommissionen bestanden bis auf vereinzelte Ausnahmen ausschließlich aus Aktionären der Gesellschaft. Damit blieb die Prüfung der Rechnungslegung auch bis zum Jahr 1870 eine gesellschaftsinterne Angelegenheit, die die Aktionäre durch den Verwaltungsrat und/oder die Generalversammlung selbst erledigten.

C. Die Zeit des Systems der Normativbestimmungen

I. Die Aktienrechtsnovelle von 1870[115]

Die sechziger Jahre des 19. Jahrhunderts zeigten, dass weder eine Kontrolle der Gesellschaftsverträge durch den Staat, noch eine fortlaufende Beaufsichtigung der Aktiengesellschaften durch staatliche Kommissare einen wirklichen Schutz gegen unsolide Gründungen oder betrügerische Handlungen des Vorstands boten. Mit dem erstarkenden Liberalismus setzte sich beim Gesetzgeber vielmehr die Ansicht durch, dass die staatliche Aufsicht irreführend und schädlich war, weil das Publikum zu sehr auf die staatliche Fürsorge vertraute, anstatt eigene Vorsicht walten zu lassen.[116] Deswegen schaffte der Gesetzgeber mit der Aktienrechtsnovelle von 1870 die Genehmigungspflicht für Aktiengesellschaften ab.[117] Ihre Errichtung hing fortan nur noch von der Erfüllung einiger im Gesetz festgelegter Voraussetzungen ab (sogenanntes System der Normativbestimmun-

---

[115] Gesetz, betreffend die Kommanditgesellschaften auf Aktien und die Aktiengesellschaften vom 11. Juni 1870, BGBl. 1870, 375 ff.

[116] Stenographische Berichte über die Verhandlungen des Reichstages des Norddeutschen Bundes, 1. Legislaturperiode, Session 1870, Band IV, S. 650 (nachfolgend: Stenographische Berichte 1870).

[117] Vgl. insbesondere die neue Fassung der Artikel 208 und 209 ADHGB.

gen). Dabei nahm der Gesetzgeber in Kauf, dass es durch die Abschaffung der Staatsaufsicht zu einer „Periode des Aktienschwindels"[118] kommen könnte. Es überwog aber die Ansicht, dass solche „vorübergehenden Nachteile zur Erreichung eines dauernden besseren Zustandes ertragen werden müssen"[119]. Als Ersatz für die entfallende Staatsaufsicht wurden die teilweise bereits im Gesetz enthaltenen Normativbestimmungen vor allem durch Sachgründungs- und Publizitätsvorschriften erweitert[120] und durch neue Haftungs- und Strafvorschriften[121] ergänzt.

1. Die innere Organisation der Aktiengesellschaften

Durch Artikel 209 Nr. 6 ADHGB 1870 wurde der Aufsichtsrat für alle neu gegründeten Aktiengesellschaften obligatorisch.[122] Die Stenographischen Berichte verweisen zur Begründung auf die Rechtslage bei der Kommanditgesellschaft auf Aktien: Für die Errichtung einer Kommanditgesellschaft auf Aktien sei nach den Vorschriften des Allgemeinen Deutschen Handelsgesetzbuchs keine staatliche Genehmigung erforderlich. Deswegen unterliege ihre Gründung strengen Form-, Organisations- und Kontrollvorschriften. Dazu gehöre auch die obligatorische Einrichtung eines Aufsichtsrats. Wolle man auch die Aktiengesellschaft von der Genehmigungspflicht befreien, dann müsse man auch bei ihr entsprechende Vorschriften einführen.[123] Insbesondere im Hinblick auf den Aufsichtsrat erscheine „eine gesetzliche gleiche Behandlung der Aktiengesellschaften und Kommanditgesellschaften auf Aktien geboten"[124].

Nach der Gesetzesbegründung sollte der Aufsichtsrat somit die entfallende staatliche Aufsicht kompensieren. Ob er sich für diese Aufgabe in der Praxis bewährt hatte, ließ der Gesetzgeber großzügig dahinstehen: „Ob die Bestellung eines Aufsichtsrats in der Praxis bisher wirklich den Wert gehabt hat, welchen man bei Emanation des Deutschen Handelsgesetzbuches dieser Einrichtung bei-

---

118 Stenographische Berichte 1870, S. 650.

119 Stenographische Berichte 1870, S. 650.

120 Artikel 209a, 209b, 209c, 210a, 239 Absatz 1, Satz 2 ADHGB 1870.

121 Artikel 225b, 249, 249a ADHGB 1870.

122 Bereits existierende Gesellschaften waren nicht verpflichtet, nachträglich einen Aufsichtsrat zu bilden. Das ergibt sich aus der Tatsache, dass die Verpflichtung zur Bildung eines Aufsichtsrats in dem Abschnitt über die Gründung von Aktiengesellschaften enthalten war und zudem aus § 4 Nr. 3 der Aktienrechtsnovelle, wonach solche Aktiengesellschaften, die erst durch das neue Gesetz zur Eintragung in das Handelsregister verpflichtet wurden, auch dann eintragungsfähig waren, wenn sie die neuen gesetzlichen Voraussetzungen nicht erfüllten.

123 Stenographische Berichte 1870, S. 653 f.

124 Stenographische Berichte 1870, S. 655.

legte, mag dahingestellt bleiben"[125]. Der Gesetzgeber war sich aber sicher, dass der Aufsichtsrat in Zukunft die an ihn gestellten Anforderungen bestens erfüllen werde: „Dieselbe Einrichtung wird aber unfehlbar künftighin größere Bedeutung erlangen, wenn die Genehmigung der Aktiengesellschaften und die Staatsaufsicht beseitigt ist, die Aktionäre also ausschließlich auf eigene Wahrnehmung ihrer Interessen angewiesen sind"[126].

2. Die Prüfung der Rechnungslegung

Die Aktienrechtsnovelle hielt an der gesetzlichen Zuständigkeit des Aufsichtsrats für die Prüfung der Rechnungslegung fest.[127] Nach dem Inkrafttreten der Novelle musste somit jede neue Aktiengesellschaft ihre Rechnungslegung durch den Aufsichtsrat prüfen lassen.

Von dem neuen Artikel 225a Absatz 2 ADHGB 1870 blieb die Bestimmung des Artikels 209 Nr. 6 ADHGB (jetzt Nr. 7) allerdings unberührt. Danach war die Art und Weise, wie die Prüfung der Bilanz erfolgte, durch den Gesellschaftsvertrag zu regeln. Die Aktionäre konnten also auch weiterhin im Gesellschaftsvertrag festlegen, ob und inwieweit die Rechnungslegung ihrer Gesellschaft zusätzlich durch eine Revisionskommission der Generalversammlung oder durch andere Revisoren geprüft werden sollte. Das Gesetz von 1870 erwähnt eine solche zusätzliche Prüfung allerdings an keiner Stelle.[128]

II. Die Aktienrechtsnovelle von 1884[129]

In der Folge des gewonnenen Krieges gegen Frankreich und durch die politische und wirtschaftliche Einigung Deutschlands kam es ab 1871 zu einem starken Wirtschaftsaufschwung.[130] Die Gründungszahlen für Aktiengesellschaften belegen, dass diese Gesellschaften dabei eine wichtige Rolle spielten: Von 1871 bis 1873 wurden in Preußen 843 Aktiengesellschaften, und damit mehr als

---

125 Stenographische Berichte 1870, S. 655.

126 Stenographische Berichte 1870, S. 655.

127 Artikel 225 Absatz 2 ADHGB wurde ohne inhaltliche Änderung zu Artikel 225a Absatz 2 ADHGB 1870.

128 In den Stenographischen Berichten werden anlässlich eines Überblicks über das englische und französische Recht allerdings die dort eingesetzten Kommissare bzw. Auditors kurz erwähnt. Vgl. Stenographische Berichte 1870, S. 652.

129 Gesetz, betreffend die Kommanditgesellschaften auf Aktien und die Aktiengesellschaften vom 18. Juli 1884, RGBl. 1884, 123 ff.

130 Hachenburg, in: Düringer/Hachenburg, Handelsgesetzbuch, Einleitung I, S. 5.

viermal so viele Gesellschaften gegründet als in allen Jahren vor 1871 zusammen (203 Gesellschaften).[131]

Im Zusammenhang mit dem wirtschaftlichen Aufschwung stieg auch die Nachfrage nach Aktien an den Kapitalmärkten erheblich an.[132] Die Gründer wiederum konnten durch eine Platzierung ihrer Aktien an der Börse erhebliche Gewinne realisieren. Aus diesem Grund wurden immer mehr Gesellschaften mit geringem Kapitaleinsatz und dem einzigen Zweck errichtet, ihre Aktien gleich nach der Gründung zu verkaufen. Die so erzielten Gewinne wurden oft gleich wieder für die Errichtung neuer Aktiengesellschaften verwendet. Auf diese Weise kam es zu einer Flut von Neugründungen, die dadurch erleichtert wurden, dass für die Gründung von Aktiengesellschaften kein Nachweis erforderlich war, dass den Gesellschaften das gezeichnete Kapital auch tatsächlich zur Verfügung stand. So war es möglich, dass an die Stelle der Einzahlung auf die Aktien lediglich eine Buchung trat, wonach die Gesellschaft bei ihren Gründern in Höhe des angeblich eingezahlten Kapitals ein Guthaben hatte. Viele Aktiengesellschaften wurden auch unter Einbringung von wertlosen oder minderwertigen Sachgütern gegründet, da wirksame Schutzvorschriften für Sachgründungen nicht existierten. Außerdem wurden zahlreiche Personengesellschaften in Aktiengesellschaften umgewandelt und das Grundkapital vieler Gesellschaften erhöht.[133] Viele Unternehmer verfolgten dabei nur das Ziel, den Kapitalmarkt abzuschöpfen. Hinzu kamen Agiotage, Spekulantentum und nicht selten auch vorsätzlicher Anlagebetrug.[134]

Als im Jahr 1873 der Höhepunkt der Gründungs- und Spekulationswelle erreicht war und die Überproduktion der zahllosen neuen Gesellschaften keine Abnehmer mehr fand, platzte die Spekulationsblase. Es folgte eine Liquidations- und Konkurswelle, die in einer Wirtschaftskrise von bis dahin unbekanntem Ausmaß mündete. Mit den unsoliden und betrügerisch errichteten Gesellschaften verschwanden im Zuge der Wirtschaftskrise auch zahlreiche bekannte und solide Unternehmen. Nicht nur zahllose Unternehmer, sondern vor allem auch unzählige Privatpersonen standen plötzlich vor dem Ruin. Die Gesellschaftsform der Aktiengesellschaft erlitt einen massiven Vertrauensverlust.[35]

---

131 Stenographische Berichte über die Verhandlungen des Reichstages, 5. Legislaturperiode, IV. Session 1884, 3. Band, S. 237 (nachfolgend: Stenographische Berichte 1884).

132 Vgl. hierzu und nachfolgend: Stenographische Berichte 1884, S. 237 ff., sowie Hachenburg, in: Düringer/Hachenburg, Handelsgesetzbuch, Einleitung I, S. 5 f.

133 Stenographische Berichte 1884, S. 238.

134 Stenographische Berichte 1884, S. 241.

135 Hachenburg, in: Düringer/Hachenburg, Handelsgesetzbuch, Einleitung I, S. 6.

Anfang der achtziger Jahre beschloss der Gesetzgeber, der geplanten Reform des Bürgerlichen Rechts und des Handelsrechts eine Reform des Aktienrechts vorzuziehen, um die Voraussetzungen für einen neuen wirtschaftlichen Aufschwung zu schaffen. Zu den Zielen der Aktienrechtsreform gehörte neben einer Verbesserung der Gründungsvorschriften, der Stärkung der Generalversammlung, der Belebung der Aktionärsteilnahme, einer Verschärfung der Organhaftung und der Einführung neuer Strafvorschriften insbesondere auch eine klarere Funktionsgliederung der Organe.[136]

1. Die innere Organisation der Aktiengesellschaften

Durch die Aktienrechtsreform von 1884 entzog der Gesetzgeber die Entscheidung über alle grundlegenden Angelegenheiten der Gesellschaft der Vertragsfreiheit der Gründer und übertrug sie der Generalversammlung.[137] Außerdem schränkte der Gesetzgeber die Herrschaft des Gesellschaftsvertrages über das Stimmrecht ein. Fortan gewährte jede Aktie das Stimmrecht, so dass jeder Aktionär zur Teilnahme und Stimmabgabe in der Generalversammlung berechtigt war.[138] Auf diese Weise wurde die Generalversammlung zum obersten Gesellschaftsorgan.

In der Diskussion über die Aktienrechtsreform von 1884 forderte eine Minderheit, den Aufsichtsrat abzuschaffen und durch Kommissare nach französischem Recht zu ersetzen.[139] Diese Kommissare kamen nur in den letzten drei Monaten vor der jährlichen Generalversammlung zusammen, um die Bilanz und die Jahresrechnungen des Vorstands zu prüfen.[140] Der Gesetzgeber war dagegen der Meinung, dass nur ein ständiges Gesellschaftsorgan die Geschäftsführung des Vorstands wirksam kontrollieren konnte.[141] Deswegen nahm er die Bestimmungen über den Aufsichtsrat aus den Gründungsvorschriften heraus und fügte sie in einen neuen Artikel 209f ein, der nun ausdrücklich bestimmte, dass jede Aktiengesellschaft einen Aufsichtsrat haben musste.[142]

---

136 Stenographische Berichte 1884, S. 245.

137 Dazu gehörten insbesondere Änderungen der Statuten (Artikel 215 Absatz 1 ADHGB 1884), die Kapitalmaßnahmen (Artikel 215a Absatz 2, Satz 1, 248 Absatz 1, Satz 1 ADHGB 1884), Wahl und Abberufung des Aufsichtsrats (Artikel 224 i.V.m. 191 Absatz 1 und 4 ADHGB 1884), sowie die Genehmigung der Bilanz (Artikel 239b i.V.m. 185c Absatz 1 ADHGB 1884).

138 Artikel 221 i.V.m. 190 ADHGB 1884.

139 Vgl. die Nachweise in den Stenographischen Berichten 1884, S. 286 Fn. 2.

140 Siehe unten Abschnitt D.II.

141 Stenographische Berichte 1884, S. 286 f.

142 Trotz des eindeutigen Wortlauts blieb umstritten, ob auch Gesellschaften, die vor Inkrafttreten der Aktienrechtsnovelle von 1884 gegründet worden waren, nachträglich einen

Durch die Aktienrechtsreform wurden die Funktionen von Vorstand und Aufsichtsrat stärker voneinander getrennt.[143] Artikel 225a Absatz 1, Satz 1 ADHGB 1884 bestimmte unter anderem, dass Mitglieder des Aufsichtsrats nicht zugleich Mitglieder des Vorstandes oder dauerhafte Stellvertreter derselben sein durften. Der Gesetzgeber begründete diese Trennung damit, dass der Aufsichtsrat sonst seine eigene Verwaltungstätigkeit kontrollieren würde und es Schwierigkeiten bei der Haftungsabgrenzung zwischen Vorstand und Aufsichtsrat gäbe.[144] Aus dem gleichen Grund sprach sich der Gesetzgeber gegen eine Verschmelzung der beiden Organe nach ausländischem Vorbild aus.[145]

Nach § 6 der Novelle galt die Mandatstrennung allerdings nicht bei Gesellschaften, die schon vor dem Inkrafttreten des Allgemeinen Deutschen Handelsgesetzbuchs im Handelsregister eingetragen waren und deren Gesellschaftsverträge abweichende Regelungen enthielten. Wie festgestellt wurde, war das bei zahlreichen vor 1861 gegründeten Aktiengesellschaften der Fall.[146]

Außerdem hatte der Aufsichtsrat auch nach dem Inkrafttreten der Aktienrechtsnovelle von 1884 noch zahlreiche, gesetzliche Mitverwaltungsaufgaben. So konnte er zum Beispiel nach Artikel 231 Absatz 2 ADHGB 1884 weiterhin über Zustimmungsvorbehalte maßgebliche Geschäftsführungsmaßnahmen des Vorstands blockieren.[147]

Selbst der Gesetzgeber sprach sich in der Gesetzesbegründung an mehreren Stellen ausdrücklich dafür aus, dass der Aufsichtsrat weiter an der Verwaltung der Gesellschaft teilnehmen sollte. Zwar sei es die Hauptaufgabe des Aufsichtsrats, die Geschäftsführung des Vorstands zu überwachen, „daraus folgt indessen keineswegs die Notwendigkeit, dem Aufsichtsrat jede Beteiligung an der Verwaltung zu untersagen. Dies würde mit Recht dem Vorwurf begegnen, dass ei-

---

Aufsichtsrat bilden mussten. Denn nach § 2 der Novelle galt der neue Artikel 209f ADHGB nicht für Gesellschaften, die vor dem Inkrafttreten der Novelle zur Eintragung beim Handelsregister angemeldet worden waren, die aber erst nach dem Inkrafttreten tatsächlich eingetragen wurden. Daraus wurde verbreitet geschlossen, dass Altgesellschaften keinen Aufsichtsrat bilden mussten.

143 Stenographische Berichte 1884, S. 245.

144 Stenographische Berichte 1884, S. 290.

145 Vgl. Stenographische Berichte 1884, S. 290.

146 Siehe oben B.IV.1.

147 Vgl. außerdem z.B. Artikel 209h (Gründungsprüfung), 213f (Prüfung bestimmter Erwerbsverträge), 222 i.V.m. 190a (Prozessführung), 225 Absatz 2 (Einberufung der Generalversammlung), 234 Satz 1 (Bestellung von Prokuristen), sowie 244 Absatz 2 und 4 (Antrag auf Bestellung und Abberufung von Liquidatoren).

ner doktrinären Ansicht zu Liebe die realen Verhältnisse des Lebens nicht genügende Berücksichtigung fänden“[148].

Nach Überzeugung des Gesetzgebers konnte nur ein Organ, das der Geschäftsführung nahe stand, Missgriffe oder betrügerische Handlungen des Vorstands rechtzeitig erkennen und ihnen vorbeugen. Ein Gesellschaftsorgan, das an der Verwaltung der Gesellschaft nicht beteiligt war, würde sich nach Ansicht des Gesetzgebers auf eine rein formale Kontrolle der Rechnungslegung beschränken.[149] Nach Auffassung des Gesetzgebers war der Aufsichtsrat deswegen ein „Kontrollorgan mit der Zulassung der Funktion eines Verwaltungsrats“[150].

Mit ausdrücklicher Billigung des Gesetzgebers konnten dem Aufsichtsrat außerdem nach Artikel 225 Absatz 3 ADHGB 1884 auch weiterhin durch den Gesellschaftsvertrag Verwaltungsaufgaben zugewiesen werden. Auf diese Weise sollte der Aufsichtsrat „zugleich mit den Funktionen eines Verwaltungsrats ausgestattet oder (...) in zwei Abteilungen zerlegt werden [können], von denen die eine als Verwaltungsrat dem Vorstand in der Verwaltung mitwirkend zur Seite steht, die andere dagegen nur die Geschäftsführung des Vorstandes beaufsichtigt, und diese Abteilungen können in ihrer Tätigkeit mehr oder weniger ineinander greifen“[151].

Trotz seiner Beteiligung an der Verwaltung der Gesellschaft sollte der Aufsichtsrat aber nach Ansicht des Gesetzgebers in erster Linie ein Überwachungsorgan sein.[152] Um seine Überwachungstätigkeit in Zukunft zu verbessern, öffnete der Gesetzgeber den Aufsichtsrat für Nichtaktionäre[153], fasste seine Rechte und Pflichten in Artikel 225 Absatz 1 ADHGB 1884 neu[154], verschärfte die Haf-

---

148 Stenographische Berichte 1884, S. 289.

149 Stenographische Berichte 1884, S. 289.

150 So die Absatzüberschrift auf S. 289 der Stenographischen Berichte 1884.

151 Stenographische Berichte 1884, S. 289.

152 Stenographische Berichte 1884, S. 289.

153 Die entgegenstehende Bestimmung des Artikel 209 Nr. 6 ADHGB 1870 wurde gestrichen.

154 Artikel 225 Absatz 1 ADHGB 1884 lautete: „Der Aufsichtsrat hat den Vorstand bei seiner Geschäftsführung in allen Zweigen der Verwaltung zu überwachen und zu dem Zweck sich von dem Gange der Angelegenheiten der Gesellschaft zu unterrichten. Er kann jederzeit über dieselben Berichterstattung von dem Vorstand verlangen und selbst oder durch einzelne von ihm zu bestimmende Mitglieder die Bücher und Schriften der Gesellschaft einsehen, sowie den Bestand der Gesellschaftskasse und die Bestände an Effekten, Handelspapieren und Waren untersuchen. Er hat die Jahresrechnungen, die Bilanzen und die Vorschläge zur Gewinnverteilung zu prüfen und darüber der Generalversammlung der Aktionäre Bericht zu erstatten.“

tung der Aufsichtsratsmitglieder[155] und erweiterte die betreffenden Strafvorschriften erheblich.[156]

2. Die Prüfung der Rechnungslegung

Der Aufsichtsrat blieb auch nach dem Inkrafttreten der Aktienrechtsnovelle von 1884 für die Prüfung der Rechnungslegung zuständig.[157] Zusätzlich konnten die Aktionäre im Gesellschaftsvertrag auch weiterhin anordnen, dass die Rechnungslegung durch eine Revisionskommission der Generalversammlung oder durch andere Revisoren geprüft werden sollte.[158]

Solche Revisoren erwähnt die Novelle von 1884 erstmals ausdrücklich. Nach Artikel 209h ADHGB 1884 hatten sie als Gründungsprüfer in bestimmten Fällen die Angaben im Zusammenhang mit der Zeichnung und Einzahlung des Grundkapitals, sowie die Werthaltigkeit von Sacheinlagen zu prüfen. Auf Antrag einer Aktionärsminderheit konnten sie als Sonderprüfer zur Untersuchung besonderer Vorgänge bei der Gründung, Liquidation oder Geschäftsführung der Gesellschaft bestellt werden.[159] Schließlich bestimmte das Gesetz in Artikel 239a Absatz 1 ADHGB 1884 erstmals ausdrücklich, dass die Generalversammlung besondere Revisoren zur Prüfung der Bilanz bestellen konnte.

Über die Identität dieser Rechnungsrevisoren geben weder die Aktienrechtsnovelle noch ihre Begründung Aufschluss. Auch wer als Gründungs- oder Sonderprüfer in Frage kam, wird weder im Gesetz von 1884 noch in der Gesetzesbegründung erwähnt. Auch in der Kommentarliteratur ist bei den meisten Autoren nur von „Revisoren“, „besonderen Revisoren“ und „Sachverständigen“ die Rede, ohne dass einer der Autoren darauf eingeht, wer diese Funktionen ausfüllen sollte.[160] Nur beiläufig erwähnt einer der Kommentatoren, dass für den Fall, dass Aktionäre zu Rechnungsrevisoren bestellt würden, diese keinen Anspruch auf eine Vergütung hätten, weil sie lediglich ihre Mitgliedschaftsrechte wahrnähmen.[161] Daraus, sowie aus der Tatsache, dass eine einschränkende gesetzli-

---

155 Artikel 213c, 226 ADHGB 1884.

156 Artikel 249 bis 249c ADHGB 1884.

157 Artikel 225 Absatz 1, Satz 3 ADHGB 1884 übernahm die Vorgängerregelung aus Artikel 225a Absatz 2 ADHGB 1870 wörtlich.

158 Die Vorschrift des Artikel 209 Nr. 7 ADHGB 1870 wurde inhaltlich unverändert in Artikel 239b i.V.m. 185c Absatz 2 ADHGB 1884 übernommen.

159 Artikel 222a ADHGB 1884.

160 Anschütz/Völderndorff, Artikel 209h Anm. e, 222a Anm. II, 239a Anm. I; Basch, ADHGB 1884, Artikel 209h, 222a, 239a; Makower, ADHGB 1884, Artikel 209h Fn. 32, 222a Fn. 87, 239a Fn. 23.

161 Staub, ADHGB 1884, Artikel 239a Anm. 1.

che Regelung nicht existierte, ergibt sich, dass sowohl Aktionäre als auch Nichtaktionäre zu Revisoren bestellt werden konnten.

3. Das Verhältnis zwischen Aufsichtsratsprüfung und Revision

Nach dem Inkrafttreten der Novelle von 1884 hatte jede Aktiengesellschaft ihre Rechnungslegung durch den Aufsichtsrat prüfen zu lassen (Artikel 225 Absatz 1, Satz 3 ADHGB 1884). Darüber hinaus konnten die Aktionäre noch eine zusätzliche Prüfung der Bilanz durch besondere Revisoren anordnen (Artikel 239a Absatz 1 ADHGB 1884). Da die Bilanz in diesem Fall zweimal geprüft wurde, stellt sich die Frage, in welchem Verhältnis die beiden Prüfungen zueinander standen.

Wie gezeigt wurde, war die Revision aus dem Bedürfnis nach einer neutralen Rechnungsprüfung entstanden, die der Verwaltungsrat wegen seiner Beteiligung an der Geschäftsführung nicht durchführen konnte.[162] Aus diesem Grund beauftragte die Generalversammlung regelmäßig eine Kommission aus Aktionären, die Rechnungslegung am Ende des Geschäftsjahres zu kontrollieren. Durch die Schaffung des Artikels 239a ADHGB 1884 sollte diese Möglichkeit gesetzlich gegen abweichende Satzungsbestimmungen geschützt werden.[163] Die Prüfung der Revisoren war also eine unabhängige Kontrolle der Verwaltungstätigkeit nicht nur des Vorstands, sondern auch des Aufsichtsrats, der ein „Kontrollorgan mit der Zulassung der Funktion eines Verwaltungsrats“ war.[164] Die Prüfung der Revisoren erstreckte sich in erster Linie auf die formelle, rechnerische Übereinstimmung der Bilanz mit den Büchern und Belegen der Gesellschaft, sowie darauf, ob die einschlägigen gesetzlichen Vorschriften, sowie gegebenenfalls auch ergänzende Satzungsvorschriften bei der Aufstellung der Bilanz beachtet worden waren (formelle und materielle Rechtmäßigkeitsprüfung).[165]

Der Aufsichtsrat hingegen prüfte nur die Rechnungslegung des Vorstands. Gegenstand dieser Prüfung war zwar auch die formelle und materielle Rechtmäßigkeit der Rechnungslegung[166], Grundlage der Aufsichtsratsprüfung waren aber vor allem seine Erkenntnisse aus der laufenden Überwachung der Geschäftsführung und seiner Beteiligung an der Verwaltung. Ein wesentlicher Teil

---

162 Siehe oben B.IV.3.

163 Anschütz/Völderndorff, Artikel 239a Anm. I; Makower, ADHGB 1884, Artikel 239a Fn. 23; Staub, ADHGB 1884, Artikel 239a Anm. 1.

164 Stenographische Berichte 1884, S. 289.

165 Im Vordergrund standen hier vor allem die Wertansätze in der Bilanz, vgl. Artikel 239a Absatz 2 und 239b i.V.m 185 a bis c ADHGB 1884.

166 Vgl. den Wortlaut von Artikel 225 Absatz 1, Satz 3 ADHGB 1884.

der Aufsichtsratskontrolle bestand daher auch in der Überprüfung der Zweckmäßigkeit der Rechnungslegung im Hinblick auf das Unternehmensinteresse. Hierzu gehörten insbesondere die bilanzpolitischen Ermessensentscheidungen des Vorstands, sowie die Ausschüttungs- und Thesaurierungspolitik. Während also die Prüfung der Revisoren eine vorwiegend formelle, rechnerische war, kann man die Prüfung des Aufsichtsrats eher als eine unternehmerische Kontrolle bezeichnen.

III. Das Handelsgesetzbuch von 1897[167]

Das Handelsgesetzbuch von 1897 übernahm die Vorschriften über die Aktiengesellschaft in der Form, die sie durch die Novelle von 1884 erhalten hatten und passte sie den Bestimmungen des neuen Bürgerlichen Gesetzbuches an.[168]

1. Die innere Organisation der Aktiengesellschaften

Die Vorschrift des Artikel 209f ADHGB 1884, wonach jede Aktiengesellschaft außer einem Vorstand auch einen Aufsichtsrat haben musste, war im Handelsgesetzbuch von 1897 nicht mehr enthalten. Dabei handelte es sich aber nur um eine redaktionelle Änderung.[169] Die zentrale Vorschrift über den Aufsichtsrat war jetzt § 243 Absatz 1 HGB 1897, der ausdrücklich bestimmte, dass der Aufsichtsrat der Aktiengesellschaft aus mindestens drei Mitgliedern bestehen musste. Einer zusätzlichen Klarstellung im Sinne des Artikel 209f ADHGB 1884 bedurfte es nicht mehr.

Die Überwachungsrechte und -pflichten des Aufsichtsrats wurden durch das Handelsgesetzbuch von 1897 inhaltlich nicht verändert.[170] Nach § 246 Absatz 3 HGB 1897 konnten die Aktionäre dem Aufsichtsrat auch weiterhin durch den Gesellschaftsvertrag zusätzlich Verwaltungsaufgaben zuweisen.

2. Die Prüfung der Rechnungslegung

Auch die Vorschriften über die Prüfung der Rechnungslegung wurden durch das Handelsgesetzbuch von 1897 inhaltlich nicht verändert.[171] Nach Inkrafttre-

167 Handelsgesetzbuch vom 10. Mai 1897, RGBl. 1897, 219 ff.
168 §§ 178 bis 319 HGB 1897.
169 So auch Bauer, S. 5.
170 § 246 Absatz 1 HGB 1897 übernahm Artikel 225 Absatz 1 ADHGB 1884 fast wörtlich.
171 Artikel 225 Absatz 1, Satz 3 ADHGB 1884 wurde zu § 246 Absatz 1, Satz 3 HGB 1897.

ten des Gesetzes konnte die Generalversammlung auch weiterhin besondere Revisoren mit einer zusätzlichen Prüfung der Bilanz beauftragen.[172]

§ 267 Absatz 1 HGB 1897 bestimmte dazu ergänzend, dass der Vorstand den Revisoren Einsicht in die einschlägigen Unterlagen der Gesellschaft gewähren musste. Außerdem mussten die Revisoren nach § 267 Absatz 2 HGB 1897 ihren Bericht zum Handelsregister einreichen und der Vorstand hatte den Bericht der nächsten Generalversammlung zur Beschlussfassung vorzulegen.

Über die Identität der Rechnungsrevisoren finden sich weder im Handelsgesetzbuch von 1897 noch in der Begründung zum Handelsgesetzbuch nähere Angaben.[173] Da hierzu auch kein spezielles Gesetz erlassen wurde, blieben diese Angelegenheiten weiterhin der Regelung durch den Gesellschaftsvertrag oder der Bestimmung der Generalversammlung vorbehalten.

3. Das Verhältnis von Aufsichtsratsprüfung und Revision

Das Handelsgesetzbuch hielt an der Möglichkeit einer doppelten Rechnungsprüfung durch Aufsichtsrat und besondere Revisoren unverändert fest.[174]

Die Tatsache, dass die Revisoren ihren Bericht nach der neuen Gesetzeslage zum Handelsregister einreichen mussten[175], nach dem Gesetzeswortlaut und der herrschenden Meinung in der Literatur aber nicht verpflichtet waren, dem Vorstand oder dem Aufsichtsrat über das Ergebnis ihrer Prüfung zu berichten[176], unterstreicht, dass es sich bei der Revision um eine unabhängige Kontrolle der Verwaltung handelte. Darüber hinaus bestätigt die Tatsache, dass der Vorstand den Bericht der Revisoren der Generalversammlung zur Beschlussfassung vorlegen musste, dass diese Kontrolle im Interesse der Aktionäre stattfand.

IV. Die Aktiengesellschaften am Ende des 19. Jahrhunderts

Die Aktienrechtsnovelle von 1870, vor allem aber die Novelle von 1884 hatten erhebliche Veränderungen für die innere Organisation der Aktiengesellschaften,

---

172 Artikel 239a Absatz 1 ADHGB 1884 wurde zu § 266 Absatz 1 HGB 1897.

173 Denkschrift zum Entwurf eines Handelsgesetzbuches, S. 292 ff. und 314 f.

174 §§ 246 Absatz 1, Satz 3, 266 Absatz 1 HGB 1897.

175 Durch die Einreichung des Berichts beim Handelsregister wurde er öffentlich. Jeder, der ein berechtigtes Interesse nachwies, konnte eine Abschrift von dem Bericht verlangen. Vgl. § 9 HGB 1897.

176 Brand, § 267 Anm. 2; Goldmann, § 267 Nr. 12; Makower, HGB, § 267 Anm. II; Staub, HGB, § 267 Anm. 3; a.A. Lehmann/Ring, § 267 Nr. 2.

die Überwachung ihrer Geschäftsführung und die Prüfung ihrer Rechnungslegung gebracht. Nach dem neuen gesetzlichen Leitbild war die Generalversammlung das oberste Organ der Gesellschaft, der Vorstand hatte ihre Beschlüsse auszuführen und der nunmehr obligatorische Aufsichtsrat hatte die Geschäftsführung des Vorstands zu überwachen. Die Prüfung der Rechnungslegung gehörte unverändert zu den gesetzlichen Aufgaben des Aufsichtsrats und auch die Möglichkeit einer zusätzlichen Prüfung durch besondere Revisoren war durch die Novelle von 1884 im Gesetz geregelt worden.

Um zu sehen, wie dieses Leitbild in der Praxis vor allem im Hinblick auf das Verhältnis von Aufsichtsrat und Rechnungsrevisoren umgesetzt wurde, werden nachfolgend die Gesellschaftsverträge von 31 Aktiengesellschaften untersucht. Dabei handelt es sich um alle Aktiengesellschaften, die zwischen dem Inkrafttreten der Aktienrechtsnovelle von 1870[177] und dem Ende des 19. Jahrhunderts gegründet oder deren Gesellschaftsverträge in diesem Zeitraum revidiert wurden, und deren Gesellschaftsverträge im Amtsblatt der Königlichen Regierung zu Düsseldorf veröffentlicht wurden[178].

1. Die innere Organisation der Aktiengesellschaften

Die untersuchten Gesellschaften verfügten mit zwei Ausnahmen über drei Organe: Generalversammlung, Vorstand und Aufsichtsrat.[179]

Bei fast allen untersuchten Gesellschaften war der Aufsichtsrat nicht nur ein Überwachungsorgan, sondern in besonderem Maße auch ein Verwaltungsorgan. Die Gesellschaften machten in der Regel umfassend von der Bestimmung des § 246 Absatz 3 HGB 1897 bzw. Artikel 225 Absatz 3 ADHGB 1884 Gebrauch und wiesen dem Aufsichtsrat durch den Gesellschaftsvertrag zusätzlich zu seinen gesetzlichen Überwachungspflichten noch zahlreiche weitere Aufgaben und Befugnisse zu. Dazu gehörte unter anderem die Auswahl, Anstellung und Entlassung aller leitender Beamten und Angestellten, die Anlegung der verfügbaren Gesellschaftsgelder, der Kauf und Verkauf von Immobilien, der Erlass von Ge-

---

177 Am 25. Juni 1870.

178 Dabei handelt es sich ausschließlich um Statuten von Versicherungsgesellschaften. Die bisherige Auswertung der Gesellschaftsverträge hat allerdings bei Versicherungsgesellschaften im Hinblick auf den Untersuchungsgegenstand keine wesentlichen Abweichungen gegenüber Gesellschaften anderer Wirtschaftszweige ergeben.

179 Eine Ausnahme bildete die Vaterländische Feuer-Versicherungs Aktien-Gesellschaft in Elberfeld, die zusätzlich noch über einen Revisionsrat verfügte. Vgl. ABl. Düsseldorf 1882, 388 ff. Die andere Ausnahme war die Rheinisch-Westfälische Rückversicherungs-Aktiengesellschaft, die zusätzlich noch über eine Direktion verfügte. Vgl. ABl. Düsseldorf 1890, 110 ff.

schäftsordnungen für den Vorstand, sowie das Recht, dem Vorstand jederzeit Anweisungen über die Art und Weise seiner Geschäftsführung zu geben. Hinzu kamen häufig umfangreiche Zustimmungs- und Genehmigungsvorbehalte für die Geschäftsführung des Vorstands in wichtigen Gesellschaftsangelegenheiten.[180]

Bei 5 Gesellschaften war der Aufsichtsrat allerdings ein reines Überwachungsorgan.[181] Hier lag die gesamte Verwaltung beim Vorstand. Dem Vorstand wurde in diesen Fällen durch den Gesellschaftsvertrag entweder ein Generaldirektor oder sogar eine Direktion aus mehreren Personen zur Seite gestellt, die für die Umsetzung der Vorstandsbeschlüsse und die Erledigung des Tagesgeschäfts zuständig waren.

2. Die Prüfung der Rechnungslegung

Nur in wenigen Gesellschaftsverträgen wurde ausdrücklich darauf hingewiesen, dass die Rechnungslegung der Gesellschaft von Gesetzes wegen durch den Aufsichtsrat zu prüfen war.[182] In zwei Fällen ermächtigten die Gesellschaftsverträge den Aufsichtsrat allerdings, für seine Prüfung einen besonderen Revisor zur Hilfe zu nehmen.[183] In zwei weiteren Fällen konnte der Aufsichtsrat seine Pflicht zur Bilanzprüfung sogar vollständig auf einen solchen Revisor abwälzen.[184]

---

180 Vgl. z.B. § 32 der Statuten der Feuer-Versicherungs-Gesellschaft „Rheinland“, ABl. Düsseldorf 1880, 109 ff., § 18 der Statuten der Stuttgarter Glasversicherungs-Actien-Gesellschaft, ABl. Düsseldorf 1882, 325 und Beilage zu Stück 36, sowie § 30 der Statuten der Lübecker Feuer-Versicherungs-Gesellschaft, ABl. Düsseldorf 1884, 143 und Beilage zu Stück 17.

181 Gladbacher Feuerversicherungs-Aktiengesellschaft, ABl. Düsseldorf 1888, 466 ff., Gladbacher Rückversicherungs-Gesellschaft, ABl. Düsseldorf 1877, 400 ff. und 1888, 475 ff., Rheinisch-Westfälische Rückversicherungs-Aktien-Gesellschaft, ABl. Düsseldorf 1890, 110 ff. und Rheinisch-Westfälische Lloyd Transportversicherungs-Aktien-Gesellschaft, ABl. Düsseldorf 1890, 557 ff. Bei diesen Gesellschaften war der Vorstand in Wirklichkeit ein Verwaltungsrat. Das Tagesgeschäft erledigten Gesellschaftsbeamte.

182 § 246 Absatz 1, Satz 3 HGB 1897, Artikel 225 Absatz 1, Satz 3 ADHGB 1884, Artikel 225a Absatz 2 ADHGB 1870.

183 Allgemeine Renten-, Kapital- und Lebensversicherungsbank Teutonia, ABl. Düsseldorf 1872, 279 und Beilage zu Stück 32, sowie Mannheimer Rückversicherungs-Gesellschaft, ABl. Düsseldorf 1885, 369 und Beilage zu Stück 49.

184 Mannheimer Versicherungsgesellschaft, ABl. Düsseldorf 1881, 277 ff. und Stuttgarter Glasversicherungs-Aktien-Gesellschaft, ABl. Düsseldorf 1882, 325 und Beilage zu Stück 36.

Bei 20 der 31 untersuchen Gesellschaften ordneten die Aktionäre in dem Gesellschaftsvertrag noch eine zusätzliche Überprüfung der Rechnungslegung durch eine Revisionskommission der Generalversammlung an. In einem Fall war die Rechnungslegung sogar durch einen besonderen Revisionsrat zu prüfen.[185] Bei diesem Revisionsrat handelte es sich um eine Gruppe von 5 Aktionären, die jährlich von der Generalversammlung gewählt wurden und die nicht dem Aufsichtsrat angehören durften. Der Revisionsrat hatte die Jahresrechnung und Bilanz der Gesellschaft zu prüfen und darüber der Generalversammlung zu berichten. Anschließend erteilte er gemeinsam mit dem Aufsichtsrat der Direktion gegebenenfalls die Entlastung. Im Ergebnis handelte es sich bei diesem Revisionsrat also auch um eine Revisionskommission der Generalversammlung.[186]

Bei etwa der Hälfte der Gesellschaften mussten die Revisoren Aktionäre der Gesellschaft sein. Die Gesellschaftsverträge der übrigen Gesellschaften ließen diesen Punkt fast alle offen. Nur in zwei Fällen ließen sie ausdrücklich auch die Bestellung von Nichtaktionären zu.

3. Das Verhältnis zwischen Aufsichtsratsprüfung und Revision

Da die Rechnungslegung in den meisten Fällen somit durch den Aufsichtsrat und durch besondere Revisoren geprüft wurde, stellt sich die Frage, ob zwischen diesen beiden Prüfungen eine Verbindung bestand. Da die Revisoren vorwiegend eine formelle, rechnerische Übereinstimmung der Rechnungslegung mit den Büchern und Belegen der Gesellschaft prüften, ist insbesondere fraglich, ob die Revisoren den Aufsichtsrat möglicherweise bei seiner Prüfung unterstützten. Für diese Annahme spricht, dass der Aufsichtsrat sonst im Hinblick auf die formelle und materielle Rechtmäßigkeit eine doppelte Prüfung durchgeführt hätte.

Zu dieser Frage finden sich weder im Allgemeinen Deutschen Handelsgesetzbuch noch im Handelsgesetzbuch von 1897 irgendwelche Hinweise. Auch die beiden Gesetzesbegründungen schweigen hierzu. Möglicherweise könnten sich aber aus den Gesellschaftsverträgen Hinweise für eine Unterstützung des Aufsichtsrats durch die Revisoren ergeben.

---

185 Dabei handelte es sich um die Vaterländische Feuer-Versicherungs Aktien-Gesellschaft in Elberfeld, die als viertes Gesellschaftsorgan noch einen Revisionsrat hatte. Vgl. ABl. Düsseldorf 1882, 388 ff.

186 Den verbleibenden Gesellschaften war es nach § 266 Absatz 1 ADHGB bzw. Artikel 239a Absatz 1 ADHGB 1884 freigestellt, im Einzelfall eine zusätzliche Prüfung ihrer Rechnungslegung zu veranlassen.

Wenn die Revision zeitlich vor der Aufsichtsratsprüfung stattfand, dann könnte das für eine Unterstützung des Aufsichtsrats durch die Revisoren sprechen. Die meisten Gesellschaftsverträge beschränken sich allerdings auf eine Anordnung der zweifachen Prüfung und machen keine Angaben über den Prüfungsverlauf. Einige Gesellschaftsverträge sehen dagegen vor, dass der Vorstand die Rechnungsunterlagen zunächst dem Aufsichtsrat vorlegt, der sie nach Abschluss seiner Prüfung an die Rechnungsrevisoren weitergibt. Diese Reihenfolge erscheint sinnvoll, wenn man bedenkt, dass der Aufsichtsrat durch die laufende Überwachung den Geschäftsvorfällen, die der Rechnungslegung zugrunde lagen, besonders nahe stand und durch seine Verwaltungsbeteiligung am Zustandekommen der Rechnungslegung in vielen Fällen maßgeblich beteiligt war. Außerdem legte der Aufsichtsrat oftmals die Wertansätze und Abschreibungsquoten für die Bilanz fest.[187] Da die Rechnungslegung ihren abschließenden Inhalt somit erst nach der Ergänzung, Prüfung und gegebenenfalls Korrektur durch den Aufsichtsrat erhielt, war es sinnvoll, die Revision erst nach der Aufsichtsratsprüfung durchzuführen. Die zeitliche Reihenfolge der Prüfungen spricht also gegen eine Unterstützung des Aufsichtsrats durch die Revisoren.

Denkbar ist aber auch, dass der Aufsichtsrat die Rechnungslegung zunächst nur überschlägig kontrollierte und sie erst nach der Revision abschließend prüfte. Das könnte der Fall sein, wenn der Aufsichtsrat regelmäßig den Revisionsbericht erhielt. Die untersuchten Gesellschaftsverträge lassen hier allerdings kein einheitliches Verfahren erkennen. Von den wenigen Gesellschaftsverträgen, die überhaupt ausdrückliche Bestimmungen über die Berichterstattung der Revisoren treffen, sieht etwa die Hälfte vor, dass die Revisoren die Ergebnisse ihrer Prüfung selbst in der Generalversammlung vortragen oder vorlegen. Die andere Hälfte bestimmt, dass die Revisoren ihren Bericht dem Aufsichtsrat übergeben, der ihn an die Generalversammlung weiterleitet. Hinweise darauf, dass der Aufsichtsrat in diesen Fällen Kenntnis vom Inhalt des Revisionsberichts nahm und ihn möglicherweise als Hilfsmittel für seine eigene Prüfung nutzte, finden sich in den Gesellschaftsverträgen nicht. Da einige Gesellschaftsverträge ausdrücklich vorsehen, dass der Aufsichtsrat den Bericht an die Generalversammlung weiterleitet, ihn der Generalversammlung vorlegt oder übergibt, oder seinen Inhalt der Generalversammlung mitteilt, spricht vielmehr einige dafür, dass der Aufsichtsrat lediglich das Medium für die Weitergabe des Prüfberichts war.

---

[187] § 261 HGB 1897 (Artikel 239b i.V.m. 185a ADHGB 1884) legte lediglich die zulässige Obergrenze der Wertansätze fest und bestimmte, dass Abschreibungen an Anlagegütern ihrer Abnutzung entsprechen mussten. Weitere Einzelheiten konnten in der Satzung festgelegt werden (so ausdrücklich Artikel 239b i.V.m. 185c Absatz 2 ADHGB 1884). Hiervon machten viele der untersuchten Gesellschaften Gebrauch, indem sie dem Aufsichtsrat einen entsprechenden Entscheidungsspielraum einräumten.

Für eine Unterstützung des Aufsichtsrats durch die Revisoren könnte es schließlich sprechen, wenn der Vorstand in der Regel auf der Grundlage des Aufsichtsratsberichts entlastet wurde. Dann könnte der Revisionsbericht nur dazu gedient haben, den Bericht des Aufsichtsrats vorzubereiten. Aber auch in dieser Frage lassen die Gesellschaftsverträge kein einheitliches Bild erkennen. Bei einigen Gesellschaften entlastete die Generalversammlung den Vorstand auf der Grundlage beider Berichte, während er bei anderen Gesellschaften mal auf der Grundlage des Aufsichtsratsberichts und mal auf der Grundlage des Revisionsberichts entlastet wurde.

In den Gesellschaftsverträgen finden sich somit keine eindeutigen Anhaltspunkte dafür, dass die Revisoren den Aufsichtsrat bei der Prüfung der Rechnungslegung unterstützten. Die Tatsache, dass die Revisoren nicht nur die Geschäftsführung des Vorstands, sondern auch die Verwaltungstätigkeit des Aufsichtsrats kontrollierten, der nach dem Erlass des Handelsgesetzbuches immer noch ein „Kontrollorgan mit der Zulassung eines Verwaltungsrats" war, spricht vielmehr dafür, dass es sich bei der Aufsichtsratsprüfung und der Revision am Ende des 19. Jahrhunderts um zwei voneinander unabhängige Prüfungen handelte.

Von den Revisoren, die die Generalversammlung bestellte, sind allerdings die Revisoren zu unterscheiden, die der Aufsichtsrat mit der Prüfung der Rechnungslegung beauftragte.[188] Die Revisoren des Aufsichtsrats waren keine unabhängigen Kontrolleure der Aktionäre, sondern sollten dem Aufsichtsrat die Erfüllung seiner gesetzlichen Prüfungspflichten erleichtern. Sie waren somit Erfüllungsgehilfen des Aufsichtsrats, die ausschließlich zu seiner Unterstützung tätig wurden.

4. Zusammenfassung und Stellungnahme

Das seit der Aktienrechtsnovelle von 1870 geltende gesetzliche Leitbild der dreigliedrigen Aktiengesellschaft aus Generalversammlung, Vorstand und Aufsichtsrat wurde bis zum Ende des Jahrhunderts der Regelfall, zu dem es nur noch sehr vereinzelte Ausnahmen gab.

Auch nach dem Inkrafttreten der Novelle von 1870 setzte sich im Aufsichtsrat der Verwaltungsrat alter Prägung fort. Die fehlenden Beschlusszuständigkeiten,

---

[188] Vgl. z.B. die Statuten der Allgemeinen Renten-, Kapital- und Lebensversicherungsbank Teutonia, ABl. Düsseldorf 1872, 279 und Beilage zu Stück 32, der Mannheimer Rückversicherungs-Gesellschaft, ABl. Düsseldorf 1885, 369 und Beilage zu Stück 49 und der Stuttgarter Glasversicherungs-Aktien-Gesellschaft, ABl. Düsseldorf 1882, 325 und Beilage zu Stück 36.

Zustimmungsvorbehalte und Anweisungsrechte, die der Aufsichtsrat benötigte, um Einfluss auf die Geschäftsführung der Direktion zu nehmen, wiesen ihm die Aktionäre durch den Gesellschaftsvertrag zu. Dabei machten die Aktionäre von der Ermächtigung des § 246 Absatz 1, Satz 3 HGB 1897 (Artikel 225 Absatz 3 ADHGB 1884) so umfangreichen Gebrauch, dass die Hauptaufgabe des Aufsichtsrats häufig nicht in der Überwachung der Geschäftsführung, sondern in der Verwaltung der Gesellschaft lag.

Diese Erkenntnis wird dadurch bestätigt, dass die Fälle, in denen die Aktionäre in den Gesellschaftsverträgen eine zusätzliche Prüfung der Rechnungslegung durch besondere Revisoren anordneten, auch nach dem Inkrafttreten der Novelle von 1870 nicht abnahmen. Obwohl Hauptaufgabe des Aufsichtsrats nach dem Wortlaut des Gesetzes spätestens ab diesem Zeitpunkt die Überwachung der Geschäftsführung und die Prüfung der Rechnungslegung war, und obwohl die Stellung des Aufsichtsrats als Überwachungsorgan im Jahr 1884 durch zahlreiche Begleitmaßnahmen abgesichert worden war (z.B. durch die Trennung von Vorstands- und Aufsichtsratsmandaten, die Öffnung des Aufsichtsrats für Nichtaktionäre und die Verschärfung der Haftungs- und Strafvorschriften), ist kein Rückgang der Prüfungsaufträge an die Generalversammlung zu beobachten. Daraus wird ersichtlich, dass die Aktionäre selbst die Verwaltungsbeteiligung des Aufsichtsrats als so bedeutend einstuften, dass sie auf eine alleinige Prüfung der Rechnungslegung durch den Aufsichtsrat nicht vertrauen wollten.

Dieser Nachweis wäre widerlegt worden, wenn sich herausgestellt hätte, dass die Revisoren den Aufsichtsrat bei seiner Prüfung unterstützen sollten. Auch wenn die Revisoren von der Generalversammlung als unabhängige Kontrolleure der Verwaltung eingesetzt wurden, war es nicht von vornherein fernliegend, dass sie dem Aufsichtsrat wegen ihrer besonderen Kenntnisse in der Buchprüfung und zur Vermeidung einer Doppelprüfung den eher formellen, rechnerischen Teil der Kontrolle abnahmen. Es hat sich aber gezeigt, dass die Prüfung der Revisoren und die Rechnungskontrolle des Aufsichtsrats zwei vollkommen voneinander unabhängige Prüfungen waren.

V. Zusammenfassung und Stellungnahme

Mit der Abschaffung des Konzessionssystems wurde der Aufsichtsrat als Ersatz für die entfallende Staatsaufsicht zum Pflichtorgan der Aktiengesellschaft. Da sich im Aufsichtsrat auch nach Inkrafttreten der Novelle von 1870 der alte Verwaltungsrat fortsetzte, realisierte sich bei jeder neu gegründeten Aktiengesellschaft die Gefahr, dass ein Dritter, der mit der Gesellschaft in Verbindung trat, den Aufsichtsrat für ein reines Kontrollorgan hielt, das im Interesse der

Gläubiger und Aktionäre die Geschäftsführung des Vorstands kontrollierte. Wie gezeigt wurde, war der Aufsichtsrat aber nicht nur ein falsch bezeichnetes Mitverwaltungsorgan, sondern das dominierende Leitungsorgan der Aktiengesellschaft.[189] Die beiden vom Allgemeinen Deutschen Handelsgesetzbuch geschaffenen Widersprüche zwischen dem Wortlaut des Gesetzes und der Wirklichkeit realisierten sich durch die Aktienrechtsnovelle von 1870 somit bei allen Aktiengesellschaften.

Mit dem Umbau der Aktiengesellschaft durch die Novelle von 1884 wurde die Stellung des Aufsichtsrats als Überwachungsorgan konsequent ausgebaut. Gleichwohl vollzog der Gesetzgeber die Funktionstrennung zwischen Überwachung und Verwaltung nicht vollständig. Vermutlich unter dem Eindruck der Praxis und wegen einer Restunsicherheit über die Notwendigkeit eines Mitverwaltungsorgans der Aktionäre blieb der Aufsichtsrat ein „Kontrollorgan mit der Zulassung der Funktion eines Verwaltungsrats".[190] Zur zentralen Vorschrift im Gesetz wurde in diesem Zusammenhang Artikel 225 Absatz 3 ADHGB 1884, wonach dem Aufsichtsrat „weitere Obliegenheiten durch den Gesellschaftsvertrag zugewiesen" werden konnten.

Von dieser Möglichkeit machten die Aktionäre in der Praxis so umfassenden Gebrauch, dass der Aufsichtsrat auch am Ende des 19. Jahrhunderts noch immer maßgeblich an der Geschäftsführung mitwirkte. Nach außen musste sich hingegen das Bild des Aufsichtsrats als Überwachungsorgan verfestigen, da die Novelle von 1884 zur Verbesserung seiner Überwachungstätigkeit zahlreiche außenwirksame Maßnahmen getroffen hatte.[191] Dadurch verschärfte sich der Widerspruch zwischen den gesetzlichen Aufgaben des Aufsichtsrats und seiner Tätigkeit in der Praxis.

Zu den vorrangigen Aufgaben des Aufsichtsrats gehörte seit jeher auch die Prüfung der Rechnungslegung.[192] Nach dem Inkrafttreten der Novelle von 1870 musste jede neue Aktiengesellschaft ihre Rechnungslegung durch den Aufsichtsrat prüfen lassen. Dadurch entfiel die in der Praxis bereits verbreitete Möglichkeit, das Zahlenwerk ausschließlich durch eine Revisionskommission der Generalversammlung kontrollieren zu lassen. Dafür wurde die ebenfalls seit

---

189 Siehe B.VII.

190 Stenographischen Berichte, S. 289.

191 Zum Beispiel Trennung von Vorstands- und Aufsichtsratsmandaten (Artikel 225a Absatz 1 ADHGB 1884) und Öffnung des Aufsichtsrats für Nichtaktionäre (Streichung von Artikel 209 Nr. 6 ADHGB 1870).

192 Artikel 225 Absatz 2 ADHGB.

Mitte der fünfziger Jahre populäre zusätzliche Revision als Option für die Aktiengesellschaften in das Gesetz aufgenommen.

Von dieser Möglichkeit machte die ganz überwiegende Mehrheit der Aktiengesellschaften am Ende des 19. Jahrhunderts Gebrauch. Die Aktionäre ließen die Verwaltung des Vorstands und des Aufsichtsrats, so wie sie sich am Ende des Geschäftsjahres in ihrer Rechnungslegung widerspiegelte, noch einmal von einer unabhängigen Stelle überprüfen. Diese Überprüfung führte in der Regel eine Gruppe von Aktionären durch, die ihren Bericht zum Handelsregister einreichte und in der Generalversammlung zur Beschlussfassung stellte.

Die Rechnungslegung der Aktiengesellschaften wurde am Ende des 19. Jahrhunderts somit von zwei Gremien geprüft: Vom Aufsichtsrat, der die Rechnungslegung des Vorstands vorwiegend daraufhin untersuchte, ob sich in ihr die Geschäftsvorfälle des vergangenen Jahres ordnungsgemäß widerspiegelten und von einer unabhängigen Kommission aus der Mitte der Generalversammlung, die die Rechnungslegung des Vorstands und des Aufsichtsrats vor allem auf ihre formelle Übereinstimmung mit den Büchern und Belegen der Gesellschaft prüfte. Diese beiden Prüfungen standen vollständig unabhängig nebeneinander.

D. Die Überwachung der Aktiengesellschaften im europäischen Ausland und in den Vereinigten Staaten von Amerika am Anfang des 20. Jahrhunderts

Als gegen Mitte des Jahres 1900 in Deutschland bei einigen großen Industrieunternehmen (z.B. Kummergesellschaft, Breslauer Reederei, Aktiengesellschaft Terlinden, Trebergesellschaft) und bei führenden Banken (z.B. Dresdner Kreditanstalt, Pommersche Hypotheken-Aktien-Bank, Spielhagen Banken, Leipziger Bank) Bilanzfälschungen, Bilanzverschleierungen und andere betrügerische Machenschaften aufgedeckt wurden, in deren Folge einige dieser Gesellschaften zusammenbrachen, gerieten die deutschen Aktiengesellschaften in eine Überwachungskrise.[193]

Für die Schieflagen und Zusammenbrüche der Aktiengesellschaften wurden vor allem die Aufsichtsräte und die Revisoren verantwortlich gemacht.[194] Ihnen

---

193 Zur Krise der Aktiengesellschaften am Anfang des 20. Jahrhunderts vor allem Biermer, S. 167 ff.; Eberstadt, S. 6 ff. und Steinberg, S. 1 ff.

194 Vgl. hierzu die Nachweise in Teil 2, A.I.

wurde vorgeworfen, dass sie die Fehlentwicklungen in den Gesellschaften nicht rechtzeitig erkannt hätten.

In diesem Zusammenhang wurde vor allem die widersprüchliche Stellung des Aufsichtsrats als Überwachungsorgan einerseits und Verwaltungsorgan andererseits kritisiert. Dem Aufsichtsrat wurde vor allem vorgeworfen, dass er seine eigene Verwaltungstätigkeit überwache und deswegen als Überwachungsorgan ungeeignet sei. Aber auch die Stellung der Revisoren wurde kritisiert. Da es sich bei ihnen in erster Linie um Aktionäre der Gesellschaft handelte, wurde ihnen vorgeworfen, es fehle ihnen sowohl an der erforderlichen Unabhängigkeit als auch an der fachlichen Eignung für die Prüfung der Rechnungslegung.

Auf der Suche nach einem Ausweg aus der Überwachungskrise wurde vor allem die Überwachungsorganisation in den Aktiengesellschaften der anderen europäischen Länder und der Vereinigten Staaten von Amerika betrachtet. Vor allem die Unternehmensüberwachung in England und Frankreich wurden als Alternative zur deutschen Aufsichtsratsüberwachung diskutiert.

I. England

In England unterlag die Aktiengesellschaft (company limited by shares) den Bestimmungen des Companies Act von 1862.[195] Zu diesem Gesetz ergingen bis zum Ende des 19. Jahrhunderts insgesamt 13 Änderungs- und Ergänzungsgesetze, von denen vor allem der Companies Act aus dem Jahr 1900 hervorzuheben ist.[196] Die Abschnitte (sections) 21 bis 23 dieses Gesetzes führten eine obligatorische Revision der Rechnungslegung für alle Aktiengesellschaften ein.[197] Zusätzlich zu den Bestimmungen des Companies Act wurden die englischen Aktiengesellschaften durch die Bestimmungen ihrer Satzungen geprägt, die in Form eines Normalstatuts, dem sogenannten Table A, zur Anwendung kamen, soweit die Aktionäre nicht ausdrücklich etwas anderes vereinbarten.[198]

195 An Act for the Incorporation, Regulation and Winding-up of Trading Companies and other Associations, dated 7 August 1862, 25 & 26 Vict. C. 89 (nachfolgend: Companies Act, 1862).

196 An Act to amend the Companies Act, 1862, 63 & 64 Vict. C. 48 (nachfolgend: Companies Act, 1900). Für eine Aufstellung aller Ergänzungsgesetze vgl. Schirrmeister, S. 13 Fn. 3.

197 Vor Inkrafttreten des Companies Act, 1900 war die Bestellung von Revisoren lediglich in Table A, Nummern 83 bis 94 geregelt. Diese Vorschriften waren aber nicht verbindlich, da sie von den Gesellschaftern durch einen qualifizierten Gesellschafterbeschluss (special resolution) für unanwendbar erklärt werden konnten. Mit dem Companies Act, 1900 wurden diese Vorschriften fast wörtlich zum Gesetz erhoben.

198 Section 15 und First Schedule des Companies Act, 1862.

Die englischen Aktiengesellschaften wurden von einem Verwaltungsrat (board of directors) geleitet, dessen Größe die Aktionäre festlegten. Die ersten Mitglieder des Verwaltungsrats wurden von den Gründern der Gesellschaft in der Gründungsurkunde benannt und, sofern die Satzung nicht ausdrücklich etwas anderes bestimmte, in den Folgejahren jeweils zu einem Drittel durch die Generalversammlung ersetzt.[199] Dem Verwaltungsrat oblag die Beschlussfassung in allen Angelegenheiten der Gesellschaft, die nicht durch Gesetz oder Satzung ausdrücklich der Generalversammlung vorbehalten waren.[200] Wie die Verwaltungsratsmitglieder ihr Amt ausübten lag grundsätzlich in ihrem Ermessen.[201] Für größere Gesellschaften sah das Normalstatut vor, dass die Mitglieder des Verwaltungsrats ihre Arbeit auf Ausschüsse (committees) verteilten und die Ausführung ihrer Beschlüsse zusammen mit dem Tagesgeschäft auf untergeordnete Beamte (manager) übertrugen.[202]

Die Arbeit dieser Gesellschaftsbeamten überwachte der Verwaltungsrat. Ein besonderes Aufsichtsorgan existierte daneben nicht. Einmal im Jahr legte der Verwaltungsrat Rechenschaft über seine Tätigkeit ab, indem er eine Einnahmen- und Ausgabenrechnung, sowie eine Bilanz aufstellte.[203] Die Bilanz wurde zusammen mit den Büchern der Gesellschaft durch einen oder mehrere Revisoren (auditors) geprüft, die die Generalversammlung bestellte.[204] Zu Revisoren konnten sowohl Aktionäre als auch Gesellschaftsfremde gewählt werden.[205] Vor allem bei größeren Gesellschaften handelte es sich bei den Revisoren um professionelle Prüfungsfirmen oder Buchprüfer (chartered accountants oder accounting firms), die in England schon früh einen eigenen Berufsstand bildeten.[206] Zur Erfüllung ihrer Aufgaben waren die Revisoren berechtigt, jederzeit Einsicht in die Bücher der Gesellschaft zu nehmen und von jedem Mitglied des Verwaltungsrats oder von den Gesellschaftsbeamten Auskunft über die Geschäfte der Gesellschaft zu verlangen.[207] Darüber hinaus konnten sie auf Kosten

---

199 Table A, Nummern 52 und 58.

200 Table A, Nummer 55.

201 Table A, Nummer 66.

202 Table A, Nummern 66 bis 71.

203 Table A, Nummern 79 bis 81.

204 Section 21 Companies Act, 1900.

205 So ausdrücklich Table A, Nummer 86. Der Companies Act, 1900 traf hierüber keine besondere Bestimmung.

206 Schirrmeister, S. 116, Fn. 105.

207 Section 23 Companies Act, 1900 bestimmte: "Every auditor of a company shall have a right of access at all times to the books and accounts and vouchers of the company, and shall be entitled to require from the directors and officers of the company such information and explanation as may be necessary for the performance of the duties of the auditors, and the auditors shall sign a certificate at the foot of the balance-sheet stating whether or not all their requirements as auditors have been complied with (...)".

der Gesellschaft zusätzliche Buchprüfer und andere Helfer anstellen.[208] Die Revisoren verfassten über ihre Prüfung einen Bericht, der in der Generalversammlung verlesen wurde.[209]

II. Frankreich

In Frankreich wurde das Recht der Aktiengesellschaft (société anonyme) durch die Artikel 21 bis 47 des Loi sur les sociétés en commandite par actions, anonymes et coopératives vom 24. Juli 1867 geregelt.[210]

Die Geschäfte der Aktiengesellschaft führte danach ein Vorstand aus einem oder mehreren Mitgliedern (mandataires à temps), die von der Generalversammlung für bis zu sechs Jahre gewählt wurden.[211] Der Vorstand bestand aus Aktionären der Gesellschaft, die einen Nicht-Aktionär kooptieren konnten. Für die Handlungen dieses Mitglieds waren die anderen Vorstandsmitglieder verantwortlich.[212]

Die Geschäftsführung des Vorstands wurde durch einen oder mehrere Kommissare (commissaires) überwacht, die die Generalversammlung für jeweils ein Jahr wählte. Zu Kommissaren konnten sowohl Aktionäre der Gesellschaft, als auch gesellschaftsfremde Dritte gewählt werden. Sie hatten nicht nur die Rechnungslegung, sondern auch die Lage der Gesellschaft zu prüfen.[213] Die Kommissare waren kein Organ, sondern Beauftragte der Gesellschaft und begannen mit ihrer Kontrolltätigkeit erst drei Monate vor der Generalversammlung.[214] Bis zur Generalversammlung konnten sie jederzeit die Bücher der Gesellschaft ein-

---

208 Section 22 Companies Act, 1900.

209 Section 23 Companies Act, 1900.

210 Bulletin des Lois, 11. Série, II. Semestre 1867, p. 94 (nachfolgend: Gesetz von 1867). Dieses Gesetz ersetzte die aktienrechtlichen Vorschriften des Code de Commerce (Artikel 19, 29-37, 40 und 45), das Loi des sociétés en commandite par actions vom 17. Juli 1856 und das Loi des sociétés à responsabilité limitée vom 23. Mai 1863. Alle Gesetzestexte sind bei Royer abgedruckt.

211 Artikel 22 Absatz 1 des Gesetzes von 1867.

212 Artikel 22 Absatz 2 des Gesetzes von 1867.

213 Artikel 32 Absatz 1 lautete : „L'assemblée générale annuelle désigne un ou plusieurs commissaires, associés ou non, chargés de faire un rapport à l'assemblée générale de l'année suivante sur la situation de la société, sur le bilan et sur les comptes présentés par les administrateurs".

214 Im Gegensatz dazu wurde die Geschäftsführung der Aktienkommanditgesellschaften laufend durch einen Aufsichtsrat (conseil de surveillance) überwacht.

sehen und sämtliche Geschäftsvorgänge prüfen.[215] Spätestens 40 Tage vor der Generalversammlung musste ihnen der Vorstand ein Verzeichnis des Inventars, sowie den Entwurf der Bilanz und der Gewinn- und Verlustrechnung vorlegen.[216] Die Kommissare legten ihren Prüfbericht der Generalversammlung vor. Ein Beschluss der Generalversammlung über die Bilanz und die Entlastung des Vorstands war ohne Verlesung des Berichts der Kommissare nichtig.[217]

III. Belgien

Das belgische Handelsgesetzbuch von 1873 regelte das Recht der Aktiengesellschaften in den Artikeln 26 bis 73 im 4. Abschnitt des 9. Titels.[218]

Die belgischen Aktiengesellschaften wurden durch einen Vorstand aus mindestens drei Mitgliedern (mandataires à temps) geleitet, die von der Generalversammlung für bis zu sechs Jahre gewählt wurden.[219] Sofern das Statut nicht etwas anderes bestimmte, war der Vorstand zur Vornahme sämtlicher Verwaltungshandlungen (tous actes d'administration) ermächtigt und vertrat die Gesellschaft als Klägerin oder Beklagte vor Gericht.[220] Ob die Vorstandsmitglieder Aktionäre der Gesellschaft sein mussten, sagte das Gesetz nicht. Artikel 53 Absatz 1 HGB 1873 bestimmte allerdings, dass der Vorstand die Erledigung des Tagesgeschäfts, sowie die Vertretung der Gesellschaft an Direktoren oder andere Vertreter (directeurs, gérants et autres agents) delegieren konnte, die nicht Aktionäre der Gesellschaft zu sein brauchten.

---

215 Artikel 33 lautete: „Pendant le trimestre qui précède l'époque fixée par les statuts pour la réunion de l'assemblée générale, les commissaires ont droit, toutes les fois qu'ils le jugent convenable dans l'intérêt social, de prendre communication des livres et d'examiner les opérations de la société".

216 Artikel 34 Absatz 2 und 3 des Gesetzes von 1867.

217 Artikel 32 Absatz 2 des Gesetzes von 1867.

218 Das belgische Handelsgesetzbuch von 1873 (nachfolgend: HGB 1873) wurde in mehreren Etappen verabschiedet. Das Gesellschaftsrecht wurde durch das Loi, contenant le titre IX Livre I, du Code de commerce, relatif aux sociétés, Moniteur belge du 25 mai 1873 in das HGB 1873 eingefügt. Der Gesetzestext des HGB 1873 ist bei Sachs, S. 92 ff. abgedruckt. Bis zum Ende des 19. Jahrhunderts wurden die aktienrechtlichen Vorschriften zweimal, durch Gesetz vom 26. Dezember 1881 und durch Gesetz vom 22. Mai 1886, ergänzt. Die beiden Ergänzungen hatten allerdings keine Auswirkungen auf die innere Organisation der Aktiengesellschaft, die Überwachung ihrer Geschäftsführung oder die Prüfung ihrer Rechnungslegung. Vgl. Dabin, S. 2 f.

219 Artikel 13, 43, 45, 46 HGB 1873.

220 Artikel 44 HGB 1873.

Die Geschäftsführung des Vorstands wurde durch einen oder mehrere Kommissare (commissaires) überwacht. Sie wurden von der Generalversammlung für bis zu sechs Jahre gewählt. Zu Kommissaren konnten sowohl Aktionäre der Gesellschaft, als auch gesellschaftsfremde Dritte gewählt werden.[221] Zu den Aufgaben der Kommissare gehörte nicht nur die Prüfung der Rechnungslegung, sondern auch die Kontrolle sämtlicher anderer Angelegenheiten der Aktiengesellschaft. Die Kommissare waren kein Organ, sondern Beauftragte der Gesellschaft und als solche berechtigt, jederzeit an Ort und Stelle Einsicht in die Bücher, den Schriftverkehr und sämtliche Unterlagen der Gesellschaft zu nehmen.[222] Sie erhielten vom Vorstand alle sechs Monate eine Übersicht über die Aktiva und Passiva der Gesellschaft. Mindestens einen Monat vor der Generalversammlung erhielten sie darüber hinaus ein Verzeichnis des Inventars, den Entwurf der Bilanz und der Gewinn- und Verlustrechnung, sowie den Geschäftsbericht.[223] Über das Ergebnis ihrer Prüfung berichteten die Kommissare der Generalversammlung, der sie auch geeignete Beschlussvorschläge unterbreiteten.[224]

Die Satzung der Aktiengesellschaften konnte außerdem bestimmen, dass der Vorstand mit den Kommissaren einen gemeinsamen Rat (conseil général) bildete.[225] Die Aufgaben dieses „organisme extraordinaire“[226] wurden ebenfalls in der Satzung festgelegt. Sinn dieser Vorschriften war es, die Kommissare über den gemeinsamen Rat an der Verwaltung der Gesellschaft zu beteiligen.[227]

IV. Ungarn

Das ungarische Handelsgesetzbuch vom 18./19. Mai 1875 regelte das Aktienrecht in den §§ 147 bis 222.[228] Diese Vorschriften übernahmen zum großen Teil die aktienrechtlichen Bestimmungen des Allgemeinen Deutschen Handelsgesetzbuchs von 1861 in der Form, die sie durch die Aktienrechtsnovelle von

---

221 Artikel 54 Absatz 1 HGB 1873 lautete: „La surveillance de la société doit être confiée à un ou plusieurs commissaires, associés ou non“.

222 Artikel 55 Absatz 1 HGB 1873 bestimmte: „Les commissaires ont un droit illimité de surveillance et de contrôle sur toutes les opérations de la société. Ils peuvent prendre connaissance, sans déplacement, des livres, de la correspondance, des procès-verbaux et généralement de toutes les écritures de la société“. Absatz 3 bestimmte: „L'étendue et les effets de leur responsabilité sont déterminés d'après les règles générales du mandat“.

223 Artikel 55 Absatz 2 HGB 1873.

224 Artikel 62 Absatz 1, 3 und 4 HGB 1873.

225 Artikel 57 HGB 1873.

226 Dembour, p. 105.

227 Dembour, p. 105 f.; Sachs, S. 150.

228 Nachfolgend: HGB 1875.

1870 erhalten hatten. Im Hinblick auf die innere Organisation der Aktiengesellschaft wich das ungarische Handelsgesetzbuch allerdings von der Rechtslage in Deutschland ab.

Die ungarischen Aktiengesellschaften wurden von einer Direktion geleitet, deren Mitglieder die Generalversammlung für höchstens drei Jahre wählte.[229]

Über die Geschäftsführung der Direktion wachte ein Aufsichtskomitee mit mindestens drei Mitgliedern, die von der Generalversammlung ebenfalls für höchstens drei Jahre gewählt wurden.[230] Die Amtszeit der Komiteemitglieder und die Organisation des Aufsichtskomitees waren im Gesellschaftsvertrag festzulegen. Dem Komitee konnten sowohl Aktionäre der Gesellschaft als auch gesellschaftsfremde Dritte angehören.[231] Es war neben der Überwachung der Geschäftsführung in allen Zweigen der Verwaltung auch für die Prüfung der Jahresrechnungen, der Bilanz und des Vorschlags zur Gewinnverteilung, sowie zur Berichterstattung gegenüber der Generalversammlung zuständig. Andere Funktionen konnten dem Aufsichtskomitee nicht übertragen werden.[232]

V. Schweiz

Das schweizerische Obligationen- und Handelsrecht vom 14. Juni 1881 regelte das Recht der Aktiengesellschaft in den Artikeln 612 bis 675.[233]

Auch die schweizerische Aktiengesellschaft (Anonyme Gesellschaft) wurde von einem Vorstand (Verwaltung) geleitet, der aus einem oder mehreren Personen bestand. Sie wurden von der Generalversammlung für höchstens sechs Jahre gewählt. Wählbar waren nur Aktionäre der Gesellschaft.[234] Der Vorstand konnte nach Belieben Ausschüsse, Geschäftsführer, Bevollmächtigte und Direktoren ernennen, die nicht Aktionäre der Gesellschaft sein mussten und denen er Teile der Geschäftsführung und die Vertretung der Gesellschaft übertragen konnte.[235]

Die Generalversammlung wählte jedes Jahr zur Prüfung der Bilanz und der Rechnungslegung einen oder mehrere Revisoren, die nicht Mitglieder der Ge-

229 §§ 179, 183 HGB 1875.
230 §§ 179, 194 HGB 1875.
231 § 194 HGB 1875.
232 § 195 HGB 1875.
233 Nachfolgend: SOR 1881.
234 Artikel 649 SOR 1881.
235 Artikel 650, 651, 654 SOR 1881.

sellschaft zu sein brauchten.[236] Die Revisoren hatten das Recht, die Bücher und Belege der Gesellschaft einzusehen und den Kassenbestand festzustellen.[237] Den Aktionären blieb es vorbehalten, diese so genannte Kontrollstelle der Gesellschaft im Gesellschaftsvertrag anderweitig zu organisieren und ihre Befugnisse und Pflichten auszudehnen.[238] Für den Fall, dass der Gesellschaftsvertrag die Bildung eines Aufsichtsrats vorsah, konnten seine Mitglieder von der Generalversammlung für höchstens fünf Jahre gewählt werden.[239] Die Generalversammlung konnte außerdem jederzeit Kommissare oder Sachverständige ernennen, die die Geschäftsführung des Vorstands oder Teile derselben prüften.[240]

VI. Italien

In Italien unterlag die Aktiengesellschaft (società anonima) den Vorschriften des Codice di commercio vom 31. Oktober 1882.[241]

Die italienische Aktiengesellschaft wurde von einem Vorstand geleitet, dessen Mitglieder (mandatari temporanei, amministratori) die Generalversammlung wählte. Die Vorstandsmitglieder brauchten nicht Aktionäre der Gesellschaft zu sein.[242] Ihre Amtszeit betrug zwei Jahre, sofern keine andere Amtszeit im Gesellschaftsvertrag oder von der Generalversammlung festgelegt wurde. Zu den Aufgaben des Vorstands gehörte neben der Leitung der Gesellschaft auch die Ernennung der Gesellschaftsbeamten (impiegati).[243]

Die Geschäftsführung des Vorstands überwachten drei bis fünf Aufseher (sindaci), die zusammen mit zwei Stellvertretern von der jährlichen Generalver-

---

236 Artikel 659 SOR 1881.

237 Artikel 659 und 660 lauteten: „Die Generalversammlung bezeichnet einen oder mehrere Revisoren, welche nicht Mitglieder der Gesellschaft zu sein brauchen, mit dem Auftrage, der Generalversammlung einen Bericht über die Bilanz und die von der Verwaltung vorgelegten Rechnungen zu unterbreiten. Die Revisoren sind berechtigt, die Vorlage der Bücher und Belege zu begehren und den Kassenbestand festzustellen.“.

238 Artikel 662 SOR 1881.

239 Artikel 663 SOR 1881.

240 Artikel 661 SOR 1881.

241 Königliches Dekret vom 31. Oktober 1882, Gazetta Uffiziale del regno d'Italia vom 6. November 1882 (Nr. 259) (nachfolgend: Kodex). Der Kodex folgte dem italienischen Handelsgesetzbuch von 1865, das vom französischen Recht abgeleitet worden war und von vornherein nur ein Übergangsgesetz sein sollte. Das Recht der Aktiengesellschaft wurde vor allem in Titel IX, 1. Hauptstück, Abschnitt I bis VI des Kodex behandelt. Vgl. zur Geschichte und Systematik des Kodex Henrich/Cereghetti, S. 2.

242 Artikel 121 des Kodex.

243 Artikel 143 des Kodex.

sammlung gewählt wurden. Die Aufseher und ihre Stellvertreter brauchten nicht Aktionäre der Gesellschaft zu sein. Zu ihren Aufgaben gehörte neben der Überwachung der Geschäftsführung auch die Prüfung der Bilanz.[244] Die Aufgaben der Aufseher konkretisierte Artikel 184 Absatz 1 des Kodex. Danach gehörte es zu ihren Aufgaben unter anderem (a) in Gemeinschaft mit dem Vorstand die Form der Bilanz zu erstellen, (b) wenigstens alle drei Monate Einsicht in die Bücher der Gesellschaft zu nehmen, (c) mindestens alle drei Monate Kassenüberschläge zu machen, (d) sich wenigstens einmal im Monat anhand der Gesellschaftsbücher über die Depositen, Pfänder und Kautionen der Gesellschaft zu vergewissern, (e) die Bilanz zu prüfen, darüber Bericht zu erstatten und den Bericht mindestens 14 Tage vor der Generalversammlung zur Einsicht auszulegen, (f) in der ordentlichen Generalversammlung über die Lage der Gesellschaft und die Bilanz zu berichten, und (g) den Vorstand generell hinsichtlich der Erfüllung der ihm nach Gesetz und Satzung obliegenden Pflichten zu überwachen.[245] Die Aufseher konnten darüber hinaus vom Vorstand verlangen, jeden Monat einen Statusbericht über die Aktiva und Passiva der Gesellschaft aufzustellen.[246]

VII. Österreich

Nachdem in Österreich in der zweiten Hälfte des 19. Jahrhunderts mehrere Anläufe zur Reform des Aktienrechts gescheitert waren, trat dort am 22. September 1899 ein Aktienregulativ in kraft, das die Errichtung und Umbildung von Ak-

---

244 Artikel 183 Absatz 1 und 2 des Kodex lauteten: „In ogni assemblea ordinaria e in quella indicata nell'art. 134, si devono nominare tre o cinque sindaci e due supplenti per la sorveglianza delle operazioni sociali e per la revisione del bilancio. I sindaci possono esere soci o non soci e sono rieleggibili."

245 Artikel 184 Absatz 1 des Kodex lautete: "I sindaci devono: 1° stabilire d'accordo cogli amministratori della società, la forma dei bilanci e delle situazioni delle azioni; 2° esaminare almeno ogni trimestre i libri della società per conoscere le operazioni sociali e accertare la bontà del metodo di scrittura; 3°fare frequenti ed improvvisi riscontri di cassa non mai più lontani di un trimestre l'uno dall'altro; 4° riconoscere almeno una volta ogni mese, colla di qualunque specie depositati in pegno, cauzione o custodia presso la società; 5° verificare l'adempimento delle disposizioni del l'atto costitutivo e dello statuto, riguardianti le condizioni stabilite per l'intervento dei socii dell'assemblea; 6° rivedere il bilancio e farne relazione nel termine assegnato negli articoli 154 e 179; 7° sorvegliare le operazioni della liquidazione; 8° convocare, colle norme stabilite nell'art 155, l'assemblea straordinaria ed anche l'assemblea ordinaria in caso di omissione da parte degli amministratori; 9° intervenire a tutte le assemblee generali; 10° e in generale sorvegliare che le disposizioni della legge, dell'atto costitutivo e dello statuto siano adempiute dagli amministratori."

246 Artikel 177 des Kodex.

tiengesellschaften erleichtern sollte.[247] Das Aktienregulativ galt nur für Aktiengesellschaften aus Industrie und Handel, die nicht einem besonders geregelten Wirtschaftszweig angehörten. Vom Anwendungsbereich des Regulativs waren deswegen Gesellschaften ausgenommen, die im Bank-, Kredit- oder Versicherungswesen tätig waren, die Schifffahrtskanäle oder Eisenbahnen bauten oder betrieben, oder die sich mit der Dampfschifffahrt befassten. Ergänzend zu den Vorschriften des Aktienregulativs blieben die aktienrechtlichen Bestimmungen des Handelsgesetzbuchs von 1862 anwendbar.[248]

Die österreichischen Aktiengesellschaften wurden danach durch einen Vorstand geleitet, dessen Größe die Satzung festlegte. Die Mitglieder des Vorstands wurden von der Generalversammlung für höchstens fünf Jahre gewählt.[249] Zulässig war aber auch die Wahl durch ein anderes Organ, das seinerseits von der Generalversammlung gewählt wurde. Für die Geschäftsführung des Vorstands bestimmte das Regulativ, dass ihm „ein solcher Einfluss auf die innere Geschäftsgebarung zu wahren [sei], welcher mit seiner gesetzmäßigen Befugnis, die Gesellschaft nach außen zu vertreten, im Einklang steht. Insbesondere ist der Vorstand im Statut zur Entscheidung und Verfügung in allen Angelegenheiten zu berufen, welche nicht durch die Vorschriften des Handelsgesetzes oder des Statuts der Beschlussfassung der Generalversammlung vorbehalten oder durch besondere Statutenbestimmungen anderen gesellschaftlichen Organen zugewiesen sind“[250]. Die Satzung sollte den Vorstand im Übrigen zur Bildung eines Exekutivkomitees ermächtigen, dem er einzelne Leitungsaufgaben übertragen konnte.[251]

Für die Überwachung der Geschäftsführung schrieb das Aktienregulativ nur vor, dass jede Aktiengesellschaft über ein Organ zur Prüfung der Jahresrechnungen verfügen musste.[252] Diese Aufgabe sollte entweder von einem Aufsichtsrat oder von zwei Rechnungsrevisoren übernommen werden. Die Mitglieder des Aufsichtsrats bzw. die Rechnungsrevisoren wurden von der Generalversammlung für höchstens fünf Jahre gewählt.[253] Ob die Aufsichtsratsmitglieder

247 Verordnung der Ministerien des Innern, der Finanzen, des Handels und des Ackerbaus vom 20. September 1899, RGBl. Nr. 175 für 1899 (nachfolgend: Aktienregulativ). Das Aktienregulativ hielt an der Konzessionspflicht fest, verkürzte aber die Genehmigungszeiten.

248 Handelsgesetzbuch vom 17. Dezember 1862, RGBl. Nr. 1 für 1863 (nachfolgend: HGB 1862).

249 § 34 Aktienregulativ i.V.m. Artikel 227 HGB 1862.

250 § 34 Absatz 3 des Aktienregulativs.

251 § 36 Absatz 9 des Aktienregulativs.

252 § 37 Absatz 1 des Aktienregulativs.

253 §§ 37 Absatz 7, 39 Absatz 2, Nr. 3 des Aktienregulativs.

und die Revisoren Aktionäre der Gesellschaft sein mussten, sagte weder das Aktienregulativ noch das HGB von 1862. Die Tatsache, dass die Mitglieder des ersten Kontrollorgans in der konstituierenden Generalversammlung der Aktienzeichner gewählt wurden spricht dafür, dass jedenfalls die ersten Aufsichtsräte bzw. Revisoren Aktionäre der Gesellschaft waren. Mangels gegenteiliger Regelung im Gesetz ist aber davon auszugehen, dass alle späteren Kontrolleure nicht unbedingt Aktionäre der Gesellschaft sein mussten.[254]

Für den Fall, dass eine Aktiengesellschaft über einen Aufsichtsrat verfügte, musste dieser mindestens drei Mitglieder haben. Die Rechte und Pflichten des Aufsichtsrats bestimmten sich nach Artikel 225 HGB 1862. Danach hatte der Aufsichtsrat nicht nur die Geschäftsführung des Vorstands in allen Zweigen der Verwaltung zu überwachen, sondern auch die Jahresrechnungen, die Bilanzen und die Vorschläge zur Gewinnverteilung zu prüfen und darüber der Generalversammlung zu berichten. Darüber hinaus konnten dem Aufsichtsrat durch das Statut Zustimmungsvorbehalte für einzelne Geschäftsführungsmaßnahmen des Vorstands und auch die Bestellung des Vorstands selbst übertragen werden.[255]

Für den Fall, dass eine Aktiengesellschaft keinen Aufsichtsrat hatte, musste die Generalversammlung mindestens zwei Revisoren bestellen, die die Rechnungslegung der Gesellschaft prüften und der Generalversammlung darüber Bericht erstatteten.[256]

Nach § 36 des Aktienregulativs konnten die Aktiengesellschaften neben dem Vorstand noch einen Direktionsrat bilden, der die Aufgaben eines Verwaltungsrats wahrnahm. Dem Direktionsrat sollte die Entscheidung von „einzelnen, wichtigen, nicht zum Wirkungskreise der Generalversammlung gehörigen Angelegenheiten“[257] obliegen. Ihm konnten durch die Satzung auch Zustimmungs-

---

254 So im Ergebnis auch Bondi, in: Staub/Pisko, HGB, Art. 225, § 18.

255 § 37 Absatz 2 des Aktienregulativs lautete: „Wird ein Aufsichtsrat bestellt, so ist demselben jedenfalls der im Artikel 225 des Handelsgesetzbuches vorgesehene Wirkungskreis einzuräumen. Ferner kann im Statut bestimmt werden, dass unbeschadet der Vorschriften des Artikels 231, 2. Absatz des Handelsgesetzbuches die Zustimmung des Aufsichtsrates für einzelne im Statut zu bezeichnende Geschäfte erforderlich ist. Endlich kann der Aufsichtsrat im Statute mit der Bestellung des Vorstandes betraut werden. Der Aufsichtsrat muss mindestens drei Mitglieder haben.“

256 Artikel 37 Absatz 3 des Aktienregulativs lautete: „Besteht bei der Gesellschaft kein Aufsichtsrat, so sind Rechnungsrevisoren zu bestellen, welche die Jahresrechnungen und Bilanzen auf Grund der Einsichtnahme in die Bücher der Gesellschaft zu prüfen und darüber alljährlich der Generalversammlung der Aktionäre Bericht zu erstatten haben. Es sind mindestens zwei Rechnungsrevisoren zu bestellen.“

257 § 36 Satz 1 des Aktienregulativs.

vorbehalte für einzelne Geschäftsführungsmaßnahmen eingeräumt werden. Darüber hinaus konnte dem Direktionsrat die Wahl des Vorstands übertragen werden, sofern die Mitglieder des Direktionsrats ihrerseits von der Generalversammlung gewählt wurden.[258]

VIII. Vereinigte Staaten von Amerika

In den Vereinigten Staaten von Amerika gehörte das Aktienrecht zur Gesetzgebungskompetenz der Einzelstaaten. Der Bund konnte lediglich durch seine verfassungsmäßige Befugnis, den zwischenstaatlichen und auswärtigen Handel zu regulieren und die Bundesrechte durchzusetzen, Einfluss auf die Aktiengesellschaften nehmen.[259] Obwohl die Aktiengesellschaften deswegen in erster Linie dem Recht des Bundesstaates unterlagen, in dem sie gegründet wurden, entwickelte sich in den Vereinigten Staaten von Amerika die innere Organisation der Aktiengesellschaften verhältnismäßig einheitlich.

Die amerikanischen Aktiengesellschaften wurden durch einen Verwaltungsrat (board of directors) geleitet, dessen Größe die Aktionäre festlegten und dessen Mitglieder von der Generalversammlung gewählt wurden. Bei größeren Gesellschaften übernahm ein geschäftsführender Ausschuss des Verwaltungsrats (executive comittee) die Leitung der Gesellschaft.[260] Die Umsetzung der Verwaltungsratsbeschlüsse und die Erledigung des Tagesgeschäfts oblag Gesellschaftsbeamten (officers), die der Verwaltungsrat einstellte und entließ.[261] Die Stellung der Verwaltungsratsmitglieder und der Gesellschaftsbeamten waren nicht immer streng voneinander getrennt. Oftmals waren Gesellschaftsbeamte gleichzeitig Mitglieder des Verwaltungsrats oder Verwaltungsratsmitglieder beteiligten sich an der Erledigung des Tagesgeschäfts.[262]

Die Geschäftsführung der Gesellschaftsbeamten wurde durch den Verwaltungsrat überwacht. Sofern die Gesellschaften über einen geschäftsführenden Ausschuss des Verwaltungsrats verfügten, übernahmen dessen Mitglieder die Geschäftsführung der Gesellschaft, während die übrigen Mitglieder des Verwaltungsrats die Tätigkeit des geschäftsführenden Ausschusses überwachten.[263]

---

[258] § 36 Satz 1 und 3 des Aktienregulativs.

[259] So genannte Interstate Commerce Clause, Artikel I § 8 der Verfassung der USA.

[260] Vgl. z.B. section 27 New York General Corporation Law 1909 (Laws of 1909, chapter 28).

[261] Regelmäßig ein president, ein oder mehrere vice-presidents, treasurer und secretary. Vgl. z.B. section 60 New York Stock Corporation Law 1909 (Laws of 1909, chapter 61).

[262] Vgl. z.B. section 60 New York Stock Corporation Law 1909.

[263] Vgl. section 27 New York Stock Corporation Law 1909.

Zwar musste der Verwaltungsrat nach der Mehrheit der einzelstaatlichen Aktienrechte den Aktionären keine Bilanz oder Gewinn- und Verlustrechnung vorlegen[264], die Aktionäre hatten aber in allen Einzelstaaten das Recht, Einsicht in die Bücher der Gesellschaft zu nehmen und vom Verwaltungsrat Auskunft über die Lage der Gesellschaft oder über einzelne bedeutende Geschäftsvorgänge zu verlangen.[265] So bestimmte section 77 New York Stock Corporation Law 1909, dass jeder Aktionär, der mindestens drei Prozent der Anteile einer Gesellschaft hielt, berechtigt war, vom Finanzvorstand (treasurer) innerhalb von 30 Tagen die Vorlage einer Aufstellung von Aktiva und Passiva zu verlangen. Größere Gesellschaften übersandten daher ihren Aktionären in der Regel unaufgefordert einen jährlichen Bericht, der auch eine Bilanz, sowie eine Gewinn- und Verlustrechnung enthielt.[266] Dabei entsprach es gängiger Praxis, diese Unterlagen vor dem Versand von besonderen Revisoren überprüfen zu lassen. Bei diesen Revisoren handelte es sich, jedenfalls bei größeren Unternehmen, in der Regel um professionelle Buchprüfer oder Prüfungsfirmen, die einmal jährlich vom Verwaltungsrat mit der Prüfung der Rechnungsunterlagen beauftragt wurden.[267]

IX. Zusammenfassung und Stellungnahme

Die Aktiengesellschaften in Europa und den USA konnten am Ende des 19. Jahrhunderts in zwei Gruppen unterteilt werden:

1. Eingliedrige Verwaltung

Vor allem in England, aber auch in Frankreich, Belgien, in der Schweiz und in den Vereinigten Staaten von Amerika wurden die Aktiengesellschaften ausschließlich durch einen Verwaltungsrat (board of directors, conseil d'administration) geleitet. Die Umsetzung seiner Beschlüsse und die Ausführung des Tagesgeschäfts übernahmen Gesellschaftsbeamte (officers, managers, directeurs). Ihre Arbeit wurde durch den Verwaltungsrat überwacht, bei dem sich dadurch Leitungs- und Überwachungsfunktionen bündelten (eingliedrige oder monistische Verwaltung). Ein eigenständiges Überwachungsorgan existierte in diesen Ländern entweder gar nicht (Frankreich, Belgien, England und Vereinigten Staaten von Amerika) oder nur fakultativ (Schweiz).

---

264 Trumpler, S. 127 f. Erst die bundesstaatliche Gesetzgebung der dreißiger Jahre führte eine generelle Pflicht zur Aufstellung und Veröffentlichung von Bilanzen und Gewinn- und Verlustrechnungen ein.

265 Ballantine, p. 375 ff.; Trumpler, S. 71 ff.

266 Trumpler, S. 130 f.

267 Trumpler, S. 130 f.

2. Zweigliedrige Verwaltung

In Deutschland, Italien, Ungarn und auch in Österreich[268] waren die Leitungs- und Überwachungsfunktionen des Verwaltungsrats dagegen auf zwei Organe verteilt. In diesen Ländern übernahm ein Organ (Vorstand) die Leitung der Gesellschaft, während ein anderes Organ (Verwaltungs- oder Aufsichtsrat) für die Überwachung der Geschäftsführung zuständig war. Wie gezeigt wurde, war der Verwaltungsrat in diesen Fällen zwar nicht immer ein reines Überwachungsorgan, organisationsrechtlich haben sich seine ursprünglichen Funktionen aber im Laufe des 19. Jahrhunderts auf zwei Organe verteilt (zweigliedrige oder dualistische Verwaltung).

3. Externe Überwachung

Zusätzlich zu der gesellschaftsinternen Überwachung der Geschäftsführung durch die Mitglieder des Leitungsorgans (einheitliche Verwaltung) bzw. das Überwachungsorgan (zweigliedrige Verwaltung) kamen in den meisten der untersuchten Länder noch besondere, gesellschaftsexterne Revisoren zum Einsatz, die die Rechnungslegung der Gesellschaft prüften. Die Stellung dieser Revisoren war von Land zu Land unterschiedlich. Insgesamt lassen sich drei Konstellationen unterscheiden:

Die stärkste Stellung hatten die Revisoren in den Ländern, in denen die Aktiengesellschaften über eine eingliedrige Verwaltung verfügten. Hier existierte keine unabhängige gesellschaftsinterne Überwachung, so dass die Aktionäre für die Prüfung der Rechnungslegung auf gesellschaftsexterne Revisoren zurückgriffen.

In Deutschland, Italien und Ungarn, wo die Aktiengesellschaften über ein eigenständiges Überwachungsorgan verfügten, hatten die Revisoren in der Regel nur eine untergeordnete Bedeutung. Hier oblag die Prüfung der Rechnungslegung in erster Linie dem für die allgemeine Unternehmensüberwachung zuständigen Organ und war damit vor allem eine gesellschaftsinterne Angelegenheit. In Deutschland sah § 266 Absatz 1 HGB 1897 allerdings ausdrücklich vor, dass die Generalversammlung neben dem Aufsichtsrat auch noch besondere Revisoren zur Prüfung der Rechnungslegung bestellen konnte.

---

[268] Sofern sich die Aktionäre hier nach § 37 des Aktienregulativs für einen Aufsichtsrat entschieden.

Eine Sonderstellung nahmen die Revisoren in Österreich und in der Schweiz ein. In keinem der beiden Länder war die Bestellung eines bestimmten Überwachungsorgans vorgeschrieben.

In der Schweiz sah das Aktienrecht für den Regelfall die Bestellung besonderer Revisoren vor, die Aktionäre konnten hiervon aber in der Satzung zugunsten eines Aufsichtsrats abweichen. Es war auch nicht ausgeschlossen, dass in schweizerischen Aktiengesellschaften sowohl ein Aufsichtsrat als auch besondere Revisoren zum Einsatz kamen.[269] Hier hing die Bedeutung der Revisoren somit von der Ausgestaltung der Unternehmensüberwachung durch die Aktionäre ab.

Ähnlich war die Lage in Österreich. Hier bestand ausdrücklich Wahlfreiheit zwischen einem Aufsichtsrat und besonderen Revisoren.[270] Entschieden sich die Aktionäre für einen Aufsichtsrat, dann hatte er auch die Rechnungslegung zu prüfen. Eine Bestellung zusätzlicher Revisoren war vom Gesetz dann nicht mehr vorgesehen.[271] Entschieden sich die Aktionäre für die Bestellung von Revisoren, dann entfiel die Prüfung der Rechnungslegung durch den Aufsichtsrat zugunsten einer unabhängigen Revision. Auch in Österreich hing die Bedeutung der Revisoren somit von der Ausgestaltung der Unternehmensüberwachung durch die Aktionäre ab.

---

269 Vgl. Artikel 659 bis 663 SOR 1881.

270 Vgl. § 37 Absatz 1 des Aktienregulativs.

271 Das ergibt sich aus § 37 Absatz 2 bis 4 des Aktienregulativs.

2. Teil: Die Diskussion über den Aufsichtsrat und die Einführung der Pflichtprüfung ab Anfang des 20. Jahrhunderts

A. Die Zeit bis zum Ersten Weltkrieg

Als auf dem Höhepunkt einer Wirtschaftskrise in der Mitte des Jahres 1900 die Kasseler Trebertrocknungsgesellschaft und die Leipziger Bank zusammenbrachen, geriet vor allem der Aufsichtsrat in den Mittelpunkt der Kritik.[272] Man gab vor allem ihm die Schuld dafür, dass die Fehlentwicklungen in den Unternehmen vor der Krise nicht rechtzeitig erkannt und insbesondere die betrügerischen Bilanzmanipulationen bei der Trebergesellschaft und der Leipziger Bank nicht rechtzeitig entdeckt worden waren. In der Öffentlichkeit und in der juristischen Fachwelt mehrten sich deswegen die Stimmen, die eine Reform des Aufsichtsrats[273] oder sogar seine Abschaffung forderten.[274] Es wurde insbesondere diskutiert, ob die zweigliedrige Unternehmensverwaltung aus Vorstand und Aufsichtsrat nicht besser durch ein einheitliches Verwaltungsorgan nach englischem oder französischem Vorbild ersetzt werden sollte und ob sich auch für Deutschland eine obligatorische Revision der Rechnungslegung durch gesellschaftsfremde Revisoren empfahl.[275] Im Kern ging es bei der Diskussion darum, Wege zu einer Verbesserung der Unternehmenskontrolle zu finden. Dabei spielte die Frage nach dem weiteren Schicksal des Aufsichtsrats die zentrale Rolle.

---

272 Bauer, S. 15 ff.; Behrend, S 80; Graf v. Brockdorff, in: Annalen des Deutschen Reichs, 1902, S. 735 ff.; Eberstadt, S. 31; Falk, S. 167; Hecht, S. 17 ff.; Holtschmidt, S. 22 f.; Keyssner, S. 194; Loeb, in: Jahrbücher für Nationalökonomie und Statistik, 1902, S. 1 ff., Löwenfeld, S. 272 ff.; Molitor, S. 19 ff.; Oechelhaeuser, S. 68 f.; Pinner, DJZ 1902, S. 373 ff.; Rießer, in: Festgabe für Richard Koch, 1903, S. 293 ff.; Steinberg, S. 43; Stenglein, in: Der Gerichtssaal, 1902, S. 433 ff.; Stier-Somlo, ZHR 53 (1903), S. 20 ff. und Aufsichtsrat, S. 76 ff.; Strombeck, S. 55; Tscharmann, S. 8 ff.; Warschauer, in: Jahrbücher für Nationalökonomie und Statistik, 1904, S. 788 ff. und Aufsichtswesen, S. 5 ff.; Wiener, S. 30 f.

273 Bauer, S. 15 ff.; Behrend, S 80; Graf v. Brockdorff, in: Annalen des Deutschen Reichs, 1902, S. 735 ff.; Eberstadt, S. 31; Falk, S. 167; Hecht, S. 17 ff.; Loeb, in: Jahrbücher für Nationalökonomie und Statistik, 1902, S. 1, 19; Löwenfeld, S. 272 f.; Oechelhaeuser, S. 68; Rießer, in: Festgabe für Richard Koch, 1903, S. 293, 296 ff. und Verh. 28. DJT 1906, Band 3, S. 212, 216 f.; Steinberg, S. 43; Stenglein, in: Der Gerichtssaal, 1902, S. 433, 442 ff.; Stier-Somlo, ZHR 53 (1903), S. 20 ff. und Aufsichtsrat, S. 76 ff.; Tscharmann, S. 8 ff.; Warschauer, in: Jahrbücher für Nationalökonomie und Statistik, 1904, S. 788 ff. und Aufsichtswesen, S. 5 ff.; Wiener, S. 31 f.

274 Deutscher Oekonomist vom 28. September 1901; Keyssner, S. 194; Strombeck, S. 55; Vossische Zeitung Nr. 295 vom 27. Juli 1901.

275 So vor allem Behrend, S. 80; Löwenfeld, S. 272 f.; Wiener, S. 30 f.

I. Der Meinungsstand am Anfang des 20. Jahrhunderts

Eine Auswertung der umfangreichen gesellschaftsrechtlichen Literatur zur Aufsichtsratsfrage am Anfang des 20. Jahrhunderts ergibt, dass sich damals im Wesentlichen drei Auffassungen gegenüberstanden.[276]

1. Abschaffung des Aufsichtsrats

Einzelne waren vom Versagen des Aufsichtsrats so enttäuscht, dass sie seine Abschaffung forderten. Als Ersatz für den Aufsichtsrat wollten die Vertreter dieser Ansicht die Aktiengesellschaften entweder wieder der staatlichen Aufsicht unterstellen[277] oder die Publizitätspflichten der Gesellschaften und die Auskunftsrechte der Aktionäre soweit stärken, dass sich jeder Aktionär aus eigener Initiative ein Bild über die Lage seiner Gesellschaft verschaffen konnte[278]. Sofern die Aktionäre die Angelegenheiten der Gesellschaft von einem Aufsichtsrat überwachen lassen wollten, oder besondere Revisoren mit der Prüfung der Rechnungslegung beauftragen wollten, sollten sie entsprechende Regelungen in den Gesellschaftsvertrag aufnehmen.[279]

2. Umwandlung des Aufsichtsrats in ein Verwaltungsorgan und Einführung besonderer Revisoren

Nach anderer Ansicht hatte der Aufsichtsrat in der Krise von 1900 zwar als Überwachungsorgan versagt, sich aber als Mitverwaltungsorgan grundsätzlich bewährt. Deswegen sollte er entweder mit dem Vorstand zu einem einheitlichen Verwaltungsorgan verschmolzen[280] oder in einen Verwaltungsrat umgewandelt werden, der zusammen mit dem Vorstand die Geschicke der Gesellschaft leite-

---

276 Abweichende Einzelansichten vertraten Holtschmidt, S. 22 f. (Bestellung eines so genannten Inspektors als Vertrauensmann der Aktionäre, der von der Gesellschaft ausschließlich zur Vornahme von Überwachungshandlungen angestellt werden sollte), Molitor, S. 19 ff. (Bestellung eines zusätzlichen Aufsichtsratmitglieds, das ausschließlich für die Revision der Rechnungslegung verantwortlich sein sollte), sowie Küntzel, S. 84, 87, 97, 101 f. und Pinner, DJZ 1902, 373, 374 f., die eine Reform des Aufsichtsrats nicht für erforderlich hielten, sondern mehr Engagement von Seiten der Aktionäre forderten.

277 Deutscher Oekonomist vom 28. September 1901; Vossische Zeitung Nr. 295 vom 27. Juli 1901.

278 Keyssner, S. 194; Strombeck, S. 55.

279 Keyssner, S. 194; Strombeck, S. 55.

280 Oechelhaeuser, S. 68. Im Ergebnis lief das auch auf eine Abschaffung des Aufsichtsrats als Organ der Aktiengesellschaft hinaus. Jedoch sollten in dem einheitlichen Verwaltungsorgan nach englisch-amerikanischem Vorbild sowohl geschäftsführende als auch überwachende Mitglieder vertreten sein. Vgl. Oechelhaeuser, S. 68 f.

te[281]. Von seinen Überwachungsaufgaben sollte der Aufsichtsrat vollständig entbunden werden. An seine Stelle sollten besondere Revisoren nach dem Vorbild der französischen Kommissare oder der englischen Auditors treten.[282]

3. Erhalt und Reform des Aufsichtsrats

Die ganz überwiegende Mehrheit in der gesellschaftsrechtlichen Literatur wollte am Aufsichtsrat nicht nur als Verwaltungsorgan, sondern auch als Überwachungsorgan festhalten. Zwar hatte der Aufsichtsrat auch nach ihrer Ansicht in der Krise von 1900 versagt, die Existenz eines gesellschaftsinternen Kontrollorgans hielt aber die ganz überwiegende Mehrheit in der Literatur grundsätzlich für sinnvoll. Um die Unternehmensüberwachung zu verbessern sollten lediglich die Voraussetzungen für die Erfüllung der Überwachungspflichten des Aufsichtsrats verbessert werden.[283] Zu diesem Zweck entwickelten die Vertreter dieser Ansicht eine Vielzahl von Vorschlägen. Die wohl Bedeutendsten betrafen eine Aufteilung der Überwachungsaufgaben auf Dezernate[284] und die Einführung einer obligatorischen Revision der Rechnungslegung durch gesellschaftsexterne Revisoren. Dieser letzte Punkt war unter den Anhängern des Aufsichtsrats allerdings heftig umstritten.

a. Keine besonderen Revisoren

Einige Befürworter des Aufsichtsrats lehnten die Einführung einer externen Pflichtrevision der Rechnungslegung ab.[285] Ihre Argumente wurden noch bis in die dreißiger Jahre immer wieder gegen die Pflichtprüfung angeführt. Die Entwicklung in England habe gezeigt, dass auch gesellschaftsexterne Revisoren keine größere Sicherheit gegen betrügerische Machenschaften von Verwaltungsmitgliedern böten. Sie garantierten sogar eher weniger Schutz gegen Fehlentwicklungen in der Gesellschaft als der Aufsichtsrat, da die Revisoren dem

---

281 Behrend, S. 80; Löwenfeld, S. 272 f.; Wiener, S. 30 f.

282 Behrend, S. 80; Wiener, S. 31 f. Löwenfeld wollte die Prüfung der Rechnungslegung dagegen dem neuen Verwaltungsrat überlassen. Vgl. Löwenfeld, S. 275.

283 Bauer, S. 15 ff.; Graf v. Brockdorff, in: Annalen des Deutschen Reichs, 1902, S. 735 ff.; Eberstadt, S. 31; Falk, S. 167; Hecht, S. 17 ff.; Loeb, in: Jahrbücher für Nationalökonomie und Statistik, 1902, S. 1, 19; Rießer, in: Festgabe für Richard Koch, 1903, S. 293, 296 ff. und Verh. 28. DJT 1906, Band 3, S. 212, 216 f.; Steinberg, S. 43; Stenglein, in: Der Gerichtssaal, 1902, S. 433, 442 ff.; Stier-Somlo, ZHR 53 (1903), S. 20 ff. und Aufsichtsrat, S. 75 ff.; Tscharmann, S. 8 ff.; Warschauer, in: Jahrbücher für Nationalökonomie und Statistik, 1904, S. 788 ff. und Aufsichtsratswesen, S. 5 ff.

284 Vgl. insbesondere Warschauer, Aufsichtsratswesen, S. 19 ff.

285 Graf v. Brockdorff, in: Annalen des Deutschen Reichs, 1902, S. 735, 740; Hecht, S. 18 f.; Loeb, in: Jahrbücher für Nationalökonomie und Statistik, 1902, S. 1, 23 ff.; Warschauer, in: Jahrbücher für Nationalökonomie und Statistik, 1904, S. 788, 801.

Tagesgeschäft ferner stünden als die Aufsichtsratsmitglieder. Gesellschaftsexterne Revisoren könnten außerdem nur eine formelle Prüfung der Rechnungslegung auf ihre Übereinstimmung mit den Büchern und Belegen der Gesellschaft durchführen. Erforderlich sei aber eine materielle Kontrolle, ob bei der Geschäftsführung und insbesondere bei der Rechnungslegung alle gesetzlichen Vorschriften beachtet wurden. Dazu gehöre auch die Frage, ob zum Beispiel von den bilanziellen Wahlrechten in zweckmäßiger Weise Gebrauch gemacht wurde. Das dafür erforderliche Sonderwissen habe aber nur der eng mit dem Vorstand zusammenarbeitende Aufsichtsrat. Die externen Revisoren seien auch keine wirklich unabhängigen Prüfer, weil von der Generalversammlung regelmäßig diejenigen zu Revisoren gewählt würden, die der Vorstand zur Wahl vorschlage. Außerdem gebe es in Deutschland keine ausreichende Anzahl professioneller Revisoren und die wenigen, die es gebe, eigneten sich nicht als Regressobjekte, auf die die Aktionäre im Falle einer mangelhaften Prüfung zurückgreifen könnten. Schließlich verursache die externe Revision Zusatzkosten, die gerade für kleinere Gesellschaften eine erhebliche Belastung darstellten. Bei größeren Gesellschaften dagegen bestehe die Gefahr, dass die Revision das Tagesgeschäft störe. Die Rechnungslegung solle deswegen auch weiterhin durch den Aufsichtsrat, einen Ausschuss des Aufsichtsrats oder durch einzelne seiner Mitglieder (Delegierte) durchgeführt werden.[286]

b. Revisoren als Erfüllungsgehilfen des Aufsichtsrats

Andere Anhänger des Aufsichtsrats teilten die Auffassung Rießers, der im Jahr 1903 in einer wegweisenden Abhandlung mit dem Titel „Zur Aufsichtsratsfrage" vorgeschlagen hatte, die Prüfung der Rechnungslegung gesellschaftsexternen Revisoren zu übertragen.[287] Diese Revisoren sollten den Aufsichtsrat bei der Erfüllung seiner Prüfungspflichten unterstützen.[288]

Dieser Ansicht schlossen sich zahlreiche Aufsichtsratsanhänger an und stützten ihre Meinung bis in die dreißiger Jahre immer wieder mit den gleichen Argumenten.[289] Die Erfahrung habe gezeigt, dass der Aufsichtsrat für die Prüfung der Rechnungslegung nicht die erforderlichen Fachkenntnisse besitze. Er könne sie auch nicht haben, da er vor allem zum Zwecke der Interessenvertretung und

286 Graf v. Brockdorff, in: Annalen des Deutschen Reichs, 1902, S. 735, 740; Hecht, S. 18 f.; Loeb, in: Jahrbücher für Nationalökonomie und Statistik, 1902, S. 1, 23 ff.; Warschauer, in: Jahrbücher für Nationalökonomie und Statistik, 1904, S. 788, 801.

287 Rießer, in: Festgabe für Richard Koch, 1903, S. 293, 315 ff.

288 Rießer, in: Festgabe für Richard Koch, 1903, S. 293, 319.

289 Bauer, S. 20, 188; Falk, S. 167; Stenglein, in: Der Gerichtssaal, 1902, S. 433, 442 ff.; Stier-Somlo, ZHR 53 (1903), S. 20, 73 und Aufsichtsrat, S. 76 f.; wohl auch Hachenburg, Verh. 28. DJT 1906, S. 228, 231 f.

nicht der Vorstandskontrolle zusammengesetzt sei. Der Aufsichtsrat habe für eine eingehende Rechnungsprüfung auch keine Zeit, da er mit der Wahrnehmung seiner Verwaltungsaufgaben schon genügend ausgelastet sei. Die Prüfung der Rechnungslegung müsse deswegen gesellschaftsexternen Revisoren übertragen werden.[290]

Dabei dürfe aber nicht außer acht gelassen werden, dass die Kontrolle der Rechnungslegung in erster Linie eine gesellschaftsinterne Angelegenheit sei. Die Verantwortung für die Revision müsse deswegen beim Aufsichtsrat verbleiben. An der Verantwortung des Aufsichtsrats sei auch schon deswegen festzuhalten, weil mit den Aufsichtsratsmitgliedern bessere Regressobjekte zur Verfügung stünden. Die Revisoren sollten dem Aufsichtsrat die Erfüllung seiner Pflichten lediglich erleichtern, indem sie eine Vorprüfung durchführten.[291]

In welchem Maße der Aufsichtsrat durch diese Vorprüfung von seinen eigenen Prüfungspflichten befreit werden sollte, ließen die Vertreter dieser Ansicht allerdings offen. Auch Rießer umschrieb das Verhältnis zwischen externer Revision und Aufsichtsratsprüfung nur kurz. Nach seiner Ansicht sollte die Prüfung der Revisoren wegen der besonderen Fachkenntnisse der Revisoren auf dem Gebiet der Rechnungsprüfung gegenüber der Überwachung des Aufsichtsrats „in die erste Reihe“ treten können.[292]

c. Revisoren als zusätzliche unabhängige Prüfer

Für eine wesentlich unabhängigere Stellung der Revisoren sprachen sich die Delegierten des 28. Deutschen Juristentags aus, der 1906 in Kiel stattfand. Dort setzte sich die zweite Abteilung unter der Fragestellung „Empfiehlt es sich, die Verantwortlichkeit der Mitglieder des Aufsichtsrats einer Aktiengesellschaft genauer zu bestimmen?“ mit den zahlreichen Reformvorschlägen zur Unternehmensüberwachung auseinander.[293] Dazu gehörte auch die Frage, ob in

290 Bauer, S. 20, 188; Falk, S. 167; Rießer, in: Festgabe für Richard Koch, 1903, S. 293, 315 ff.; Stenglein, in: Der Gerichtssaal, 1902, S. 433, 442 ff.; Stier-Somlo, ZHR 53 (1903), S. 20, 73 und Aufsichtsrat, S. 76 f.; wohl auch Hachenburg, Verh. 28. DJT 1906, S. 228, 231 f

291 Bauer, S. 20, 188; Falk, S. 167; Stenglein, in: Der Gerichtssaal, 1902, S. 433, 442 ff.; Stier-Somlo, ZHR 53 (1903), S. 20, 73 und Aufsichtsrat, S. 76 f.; wohl auch Hachenburg, Verh. 28. DJT 1906, S. 228, 231 f.

292 Rießer, in: Festgabe für Richard Koch, 1903, S. 293, 316.

293 Verh. 28. DJT 1906, Band 1, S. 20 ff. und Band 3, S. 202 ff.

Deutschland eine externe Pflichtrevision nach ausländischem Vorbild eingeführt werden sollte.[294]

Sowohl der Gutachter Rehm, als auch der Referent Düringer befürworteten zunächst mit ähnlichen Argumenten wie zuvor Rießer die Einführung einer externen Pflichtrevision.[295] Nach ihrer Ansicht sollten die Revisoren allerdings nicht Erfüllungsgehilfen des Aufsichtsrats sein, sondern als unabhängige Prüfer zusätzlich zum Aufsichtsrat tätig werden. Ihre abweichende Ansicht begründeten Rehm und Düringer vor allem damit, dass eine wirklich objektive Kontrolle der Rechnungslegung nur durch eine von der Gesellschaft unabhängige Instanz erfolgen könne. Der Aufsichtsrat sei für diese Aufgabe nicht geeignet, weil er durch seine Beteiligung an der Geschäftsführung befangen sei und zum Kontrolleur seiner eigenen Verwaltungstätigkeit würde.[296] Di e Rechnungslegung dürfe auch nicht von Angestellten der Gesellschaft geprüft werden, weil diese ebenfalls voreingenommen seien. Diese Aufgabe müsse vielmehr auf gesellschaftsexterne Revisoren übertragen werden. Diese Revisoren dürften nicht als Erfüllungsgehilfen des Aufsichtsrats tätig werden, weil sie sonst nur eine Pflicht des Aufsichtsrats erfüllen würden und als Gehilfen seiner Einflussnahme unterlägen. Um die Unabhängigkeit der Revisoren von der Verwaltung sicherzustellen, dürften sie auch nicht vom Aufsichtsrat, sondern müssten von der Generalversammlung gewählt werden.[297]

Im Hinblick auf die Frage, welche Gesellschaften prüfungspflichtig sein sollten, wie oft die Rechnungslegung geprüft werden sollten und welchen Umfang die Prüfung der Revisoren haben sollte, gingen die Ansichten von Düringer und Rehm allerdings auseinander. Während Rehm eine Überprüfung der gesamten Rechnungslegung aller Aktiengesellschaften im Abstand von mindestens zwei Jahren forderte[298], trat Düringer für eine jährliche, auf die Bilanz beschränkte

294 Die Abschaffung des Aufsichtsrats, seine Umwandlung in einen Verwaltungsrat oder seine Verschmelzung mit dem Vorstand zu einem einheitlichen Verwaltungsorgan stand auf dem Juristentag nicht zur Diskussion. Vielmehr gingen alle Teilnehmer wegen der vorgegebenen Fragestellung davon aus, dass der Aufsichtsrat als Kontrollorgan erhalten bleiben sollte und diskutierten lediglich Möglichkeiten zur Verbesserung seiner Überwachungstätigkeit.

295 Düringer, Verh. 28. DJT 1906, Band 3, S. 202, 209 ff.; Rehm, Verh. 28. DJT 1906, Band 1, S. 20, 28 ff. Rehm formulierte am Ende seines Gutachtens einen Gesetzesvorschlag für die Pflichtprüfung (§§ 239a bis e HGB). Vgl. Rehm, a.a.O., S. 39 f.

296 Rehm, Verh. 28. DJT 1906, Band 1, S. 20, 28.

297 Düringer, Verh. 28. DJT 1906, Band 3, S. 202, 211; Rehm, Verh. 28. DJT 1906, Band 1, S. 20, 29 f.

298 Rehm, Verh. 28. DJT 1906, Band 1, S. 20, 28 f.

Prüfung ein, die nur für Aktiengesellschaften mit einem Grundkapital von mindestens einer Million Mark verpflichtend werden sollte.[299]

Nach einer längeren Diskussion schloss sich die Mehrheit der zweiten Abteilung des Juristentages der Ansicht Düringers an und fasste antragsgemäß folgenden Beschluss: „Für größere Aktiengesellschaften mit einem Grundkapital von mindestens 1 Million Mark empfiehlt sich die obligatorische Einführung jährlicher Bilanzrevisionen durch besondere, von der Generalversammlung zu wählende, von der Gesellschaft unabhängige Sachverständige, welche für die sorgfältige Ausführung ihrer Pflichten verantwortlich zu machen sind“[300].

II. Zusammenfassung und Stellungnahme

Der Zusammenbruch der Trebergesellschaft und der Leipziger Bank hatte die deutschen Aktiengesellschaften im Sommer des Jahres 1900 in eine tiefe Organisationskrise gestürzt. Die Tatsache, dass eine verhältnismäßig leichte Wirtschaftskrise eine grundlegende Diskussion über die innere Organisation der Aktiengesellschaft und die Existenzberechtigung des Aufsichtsrats auslösen konnte, zeigt, wie wenig gefestigt die innere Organisation der Aktiengesellschaft auch 30 Jahre nach Einführung des Aufsichtsrats noch war.

1. Aufsichtsrat

Die ganz überwiegende Mehrheit in der juristischen Literatur sprach sich am Anfang des 20. Jahrhunderts für die Beibehaltung des Aufsichtsrats als Organ der Aktiengesellschaft aus. Zu seinen Aufgaben sollte nach ganz überwiegender Meinung neben der Mitverwaltung der Aktiengesellschaft auch die Überwachung ihrer Geschäftsführung gehören. Daraus ist zu schließen, dass sich der Aufsichtsrat trotz aller Kritik in den ersten 30 Jahren seines Bestehens nicht nur in seiner Funktion als Verwaltungsorgan, sondern auch als Überwachungsorgan grundsätzlich bewährt hatte. Das gilt jedenfalls insoweit, als ein einheitliches Verwaltungsorgan englischen, amerikanischen oder französischen Zuschnitts nach herrschender Meinung keine vorzugswürdige Alternative war.

---

299 Düringer, Verh. 28. DJT 1906, Band 3, S. 202, 211. Die Einführung einer Pflichtrevision für größere Gesellschaften empfahl auch Rießer in seinem Co-Referat, ohne auf weitere Einzelheiten einzugehen. Seine abweichende Vorstellung von der Stellung der Revisoren kam auf dem Juristentag allerdings nicht zur Sprache. Vgl. Rießer, Verh. 28. DJT 1906, Band 3, S. 212, 219.

300 Verh. 28. DJT 1906, Band 3, S. 233 (Beschluss Nr. 3).

2. Pflichtprüfung

Anfang des 20. Jahrhunderts herrschte sowohl bei den Gegnern als auch bei den Befürwortern des Aufsichtsrats nahezu Einigkeit darüber, dass die Rechnungslegung der Aktiengesellschaften in Zukunft durch gesellschaftsexterne Revisoren geprüft werden sollte. Bei denjenigen, die den Vorstand und den Aufsichtsrat durch ein einheitliches Verwaltungsorgan ersetzen wollten, ergab sich die Forderung nach Einführung einer externen Revision vor allem aus den englischen oder amerikanischen Vorbildern. Aber auch diejenigen, die den Aufsichtsrat als Überwachungsorgan erhalten wollten, sprachen sich ganz überwiegend für eine zusätzliche externe Pflichtprüfung der Rechnungslegung aus.

Bemerkenswert ist, dass sich kaum jemand in der juristischen Fachliteratur oder auf dem Juristentag zu Einzelheiten der externen Revision äußerte. Wichtige Fragen, wie zum Beispiel, wer die externen Prüfer bestellen sollte, welche persönlichen und fachlichen Qualifikationen die Revisoren haben sollten, wer ihren Prüfbericht erhalten sollte und welche Konsequenzen die Pflichtrevision für die Überwachungspflichten des Aufsichtsrats haben sollte, wurden höchstens am Rande behandelt.[301]

Man darf allerdings nicht vergessen, dass die Diskussion über die Einführung einer externen Pflichtrevision zu dieser Zeit gerade erst begann. Zunächst stand die grundsätzliche Frage im Vordergrund, ob überhaupt an der zweigliedrigen Verwaltungsorganisation aus Vorstand und Aufsichtsrat festgehalten werden sollte und ob sich die Einführung einer externen Revision für deutsche Aktiengesellschaften generell empfahl. Die Zeit war daher noch nicht gekommen, um über Detailfragen der Pflichtprüfung zu diskutieren.

Dementsprechend zeichneten sich unter den Anhängern der externen Revision am Anfang des 20. Jahrhunderts auch erst die Grundzüge ihrer unterschiedlichen Sichtweisen über das Verhältnis zwischen Aufsichtsrat und Revisoren ab. Während einige die Revisoren als Erfüllungsgehilfen des Aufsichtsrats sahen, traten andere für eine unabhängige Revision zusätzlich zur Aufsichtsratsprüfung ein. Bereits in diesem frühen Stadium war also erkennbar, dass es bei einer Beibehaltung des Aufsichtsrats und der Einführung einer externen Pflichtrevision im Kern um die Frage gehen würde, wie die Zuständigkeit und Verantwor-

[301] Nur Hachenburg wies in der Diskussion auf dem 28. Deutschen Juristentag 1906 darauf hin, dass unklar sei, inwieweit die Pflichtprüfung den Aufsichtsrat von seinen Prüfungspflichten entlaste. Vgl. Hachenburg, Verh. 28. DJT 1906, Band 3, S. 231.

tung für die Prüfung der Rechnungslegung zwischen Aufsichtsrat und Revisoren verteilt würde.

Unmittelbare Konsequenzen zog der Gesetzgeber aus der Diskussion über den Aufsichtsrat und die Einführung der Pflichtprüfung nicht. Damit entsprach er der Einschätzung des 28. Deutschen Juristentags, wonach „ein dringliches Bedürfnis zu einem sofortigen gesetzlichen Eingreifen (...) nicht anzuerkennen, sondern eine weitere Klärung der vielfach stark voneinander abweichenden Ansichten und Reformvorschläge abzuwarten“[302] war.

B. Der Erste Weltkrieg

Die weitere Diskussion über den Aufsichtsrat und die Pflichtprüfung wurde zunächst durch den Ersten Weltkrieg unterbrochen. Der Krieg führte zu einigen Änderungen im Aktienrecht, die nach der Niederlage von 1918 mehrheitlich wieder rückgängig gemacht wurden.[303]

Von bleibendem Einfluss auf die weitere Entwicklung der Aktiengesellschaften blieb die gegen Kriegsende entstandene Lehre vom „Unternehmen an sich“. Sie erlangte vor allem durch Walter Rathenaus Schrift „Vom Aktienwesen“[304] Bekanntheit. Nach dieser Lehre sollten die Aktiengesellschaften zukünftig nicht mehr nur den äußeren Rahmen für die Verfolgung von Individualinteressen bilden, sondern ein Rechtsgut besonderer Art sein, das auch übergeordnete Aufgaben vor allem gesellschaftspolitischer Art wahrnahm.[305]

Da die Geschäftsführung des Vorstands durch eine unabhängige Revision in besonderem Maße kontrolliert wurde und weil durch die Übermittlung der Prüfungsergebnisse an die Generalversammlung die Angelegenheiten der Gesellschaft allen Aktionären und der Öffentlichkeit offen gelegt wurden, lag die Einführung einer externen Pflichtrevision grundsätzlich im Interesse der Anhänger dieser Lehre.

---

302 Verh. 28. DJT 1906, Band 3, S. 233 (Beschluss Nr. 1).

303 Vgl. zur Entwicklung des Aktienrechts während des Ersten Weltkriegs vor allem Hachenburg, in: Düringer/Hachenburg, Handelsgesetzbuch, Einleitung I, S. 5 bis 14 und Klausing, S. 25 f.

304 Rathenau, Vom Aktienwesen, Berlin 1917.

305 Rathenau, S. 12 ff.

C. Die Zeit bis zum Entwurf von 1930

I. Vom Kriegsende bis zum 34. Deutschen Juristentag 1926

In der Nachkriegszeit konzentrierte sich die politische und juristische Arbeit zunächst auf den Wiederaufbau des Landes.[306] Deutschland hatte durch den Krieg einen großen Teil seines Volksvermögens eingebüßt. Der Vertrag von Versailles mit seinen enormen Reparationsverpflichtungen und die zerrüttete Währung führten Deutschland in die Inflation. Schon bald nach Kriegsende kam es deswegen zu einem Ausverkauf deutscher Unternehmen an die Siegermächte.[307] Aber auch innerhalb Deutschlands wechselten Aktienpakete wegen der größer werdenden Not und der zunehmenden Börsenspekulation immer öfter die Hände. Dadurch sahen sich die Unternehmensverwaltungen häufig in ihren Stellungen bedroht. Aus diesem Grund veranlassten sie die Ausgabe von Mehrstimmaktien an „zuverlässige" Aktionäre und die Ausgabe von sogenannten Vorratsaktien, die gegen Einzahlung von 25 Prozent des Nominalwertes von Bankenkonsortien und befreundeten Aktionären übernommen wurden. Nicht selten wurden diese Vorratsaktien sogar auf Rechnung der Gesellschaft gehalten.[308]

Als nach der Goldbilanzverordnung vom 23. Dezember 1923[309] die Inflation und damit die Gefahr der „äußeren und inneren Überfremdung" nachließ, wandte sich die juristische Diskussion gegen die Mehrheits- und Vorratsaktien, weil sie das Stimmrecht der Aktionäre verwässerten. Aus dem gleichen Grund wurde auch das Depotstimmrecht der Banken kritisiert.[310]

Zu den schärfsten Kritikern der Verwaltungsherrschaft wurde in dieser Zeit eine Gruppe von Reformern, die für die Wiederherstellung der „Demokratie der Aktionäre" eintrat. Diese Gruppe forderte, dass die drei Grundrechte der Aktionäre durch eine Aktienrechtsreform wiederhergestellt werden sollten: das Recht auf Mitbestimmung, das Recht auf Information und das Recht auf Erhaltung des ungeschmälerten Anteils am Vermögen und Ertrag der Gesellschaft.[311]

---

306 Hachenburg, in: Düringer/Hachenburg, Handelsrecht, Einleitung I, S. 14 bis 39; Klausing, S. 26 bis 43.
307 Hachenburg, in: Düringer/Hachenburg, Handelsrecht, Einleitung I, S. 15 ff.
308 Hachenburg, in: Düringer/Hachenburg, Handelsrecht, Einleitung I, S. 15 ff.
309 Verordnung über Goldbilanzen vom 23. Dezember 1923, RGBl. 1923 I, 1253 ff.
310 Klausing, S. 29 ff.
311 Welter, S. 68.

Da eine unabhängige Prüfung der Rechnungslegung wichtige und zuverlässige Informationen über die Lage der Gesellschaft lieferte und darüber hinaus eine zuverlässige Berechnung von Vermögen und Ertrag ermöglichte, lag die Einführung einer externen Pflichtrevision auch im Interesse dieser Reformgruppe.

Mit der Überwindung der Inflation rückte die Frage in den Vordergrund, wie der Wirtschaft am besten ausländisches Kapital für den Wiederaufbau zugeführt werden konnte. Aus diesem Grund befasste sich der 33. Deutsche Juristentag 1924 in Heidelberg mit dem Thema „Empfehlen sich Änderungen der Gesetzgebung zur Erleichterung der Kapitalbeschaffung durch Aktiengesellschaften?“[312]. Da vor allem Investoren aus England und den USA angelockt werden sollten, wurde gleichzeitig erwogen, das deutsche Aktienrecht dem englisch-amerikanischen Recht anzunähern. So wurde dem 34. Deutschen Juristentag 1926 in Köln die Frage vorgelegt: „Soll bei einer zukünftigen Reform des Aktienrechts eine Annäherung an das englisch-amerikanische Recht in grundlegenden Fragen stattfinden?“[313].

II. Der 34. Deutsche Juristentag 1926

Zu den grundlegenden Fragen des Aktienrechts gehörte unter anderem die Frage, wie die Aktiengesellschaften künftig geführt werden sollten. Aus diesem Grund beschäftigte sich der 34. Deutsche Juristentag auch damit, ob die zweigliedrige Unternehmensverwaltung aus Vorstand und Aufsichtsrat durch ein einheitliches Organ nach englischem oder amerikanischem Vorbild abgelöst werden sollte. Damit verbunden war die Frage, ob in Deutschland auch eine externe Pflichtrevision der Rechnungslegung eingeführt werden sollte.

1. Aufsichtsrat

Sowohl der Gutachter Lehmann als auch die Berichterstatter Heymann, Pinner und Solmssen wollten an der zweigliedrigen Unternehmensverwaltung aus Vorstand und Aufsichtsrat festhalten.[314] Die Zweiteilung führe zu einer klaren Aufgabenverteilung innerhalb der Aktiengesellschaft. Außerdem habe sich der Aufsichtsrat vor allem in den Krisenjahren der Nachkriegszeit als Berater des Vor-

---

312 Verh. 33. DJT 1925, S. 385 ff.

313 Verh. 34. DJT 1926, Band 1, S. 258 ff. und Band 2, S. 611 ff.

314 Lehmann, Verh. 34. DJT 1926, Band 1, S. 258, 298 f.; Heymann, Verh. 34. DJT 1926, Band 2, S. 614 f. (Leitsätze), 742, 744; Pinner, Verh. 34. DJT 1926, Band 2, S. 611 f. (Leitsätze), 615, 645 f.; Solmssen, Verh. 34. DJT 1926, Band 2, S. 613 f. (Leitsätze), 678, 727 ff.

stands bewährt.[315] Das einstufige Verwaltungsmodell Englands weise demgegenüber erhebliche Schwächen auf. Insbesondere könne die Haftung der Verwaltungsmitglieder in einem einheitlichen Verwaltungsorgan nicht befriedigend gelöst werden. Wegen der rechtlichen Gleichstellung aller Verwaltungsratsmitglieder unterlägen in England die geschäftsführenden Direktoren dem gleichen Haftungsmaßstab wie diejenigen, die nur die Aufsicht führten. Deswegen sei die Haftung der geschäftsführenden Direktoren in England auf ein inakzeptables Mindestmaß herabgesunken.[316] Die Einführung eines einheitlichen Verwaltungsorgans für deutsche Aktiengesellschaften sei vor diesem Hintergrund nicht zu empfehlen.[317]

2. Pflichtprüfung

Während zwischen den Referenten des Juristentages Einigkeit darüber bestand, dass der Aufsichtsrat als Organ der Gesellschaft erhalten bleiben sollte, bestanden zwischen ihnen aber erhebliche Differenzen darüber, welche Aufgaben der Aufsichtsrat zukünftig wahrnehmen sollte und ob es empfehlenswert sei, zusätzlich zur Aufsichtsratsüberwachung noch eine externe Pflichtprüfung der Rechnungslegung einzuführen.

a. Mindermeinung

Nach Ansicht Pinners war der Aufsichtsrat in erster Linie ein Verwaltungsorgan. Seine Mitglieder würden nach dem Gesichtspunkt ausgewählt, ob sie der Gesellschaft durch ihre Beziehungen nützlich sein könnten, nicht aber, ob sie in der Lage seien, den Betrieb zu kontrollieren. Der Aufsichtsrat sei daher schon von seiner personellen Zusammensetzung her nicht in der Lage, seine gesetzlichen Überwachungspflichten zu erfüllen. Deswegen müsse er von seinen Überwachungspflichten vollständig entbunden werden. Da andererseits ein kon-

---

315 Lehmann, Verh. 34. DJT 1926, Band 1, S. 258, 299, 301; Heymann, Verh. 34. DJT 1926, Band 2, S. 742, 744; Pinner, Verh. 34. DJT 1926, Band 2, S. 615, 644 f.; Solmssen, Verh. 34. DJT 1926, Band 2, S. 678, 730 f.

316 Lehmann führte dafür in seinem Gutachten das Beispiel der englischen City Equitable Fire Insurance Company Limited an, deren Direktoren und Wirtschaftsprüfer von der Haftung für betrügerische Handlungen eines der Direktoren in vollem Umfang frei gesprochen worden waren. Vgl. Lehmann, Verh. 34. DJT 1926, Band 1, S. 258, 290. Auf dieses Beispiel bezogen sich auch Heymann, Verh. 34. DJT 1926, Band 2, S. 742, 744 und Pinner, Verh. 34. DJT 1926, Band 2, S. 615, 641 und 645 f.

317 Lehmann, Verh. 34. DJT 1926, Band 1, S. 258, 298 f.; Heymann, Verh. 34. DJT 1926, Band 2, S. 742, 744; Pinner, Verh. 34. DJT 1926, Band 2, S. 615, 645 f.; Solmssen, Verh. 34. DJT 1926, Band 2, S. 678, 740. Vgl. auch den Beschluss der vierten Abteilung des DJT, Verh. 34. DJT 1926, Band 2, S. 798 (Beschluss Nr. 2).

trollierendes Element in der Unternehmensorganisation unverzichtbar sei, solle die Überwachung der Geschäftsführung nach englischem Vorbild externen Revisoren übertragen werden.[318] Die Revisoren sollten durch die Generalversammlung gewählt werden und ihre Aufgaben und Kontrollrechte sollten im Gesetz festgelegt sein. Die Revisoren hätten nicht nur eine formelle, sondern auch eine materielle Prüfung der Bücher vorzunehmen und sollten für ihre Prüfung zur Verantwortung gezogen werden können. Die neu gegründeten Treuhand- und Revisionsgesellschaften bildeten in Deutschland bereits einen entsprechenden Berufsstand heran, der in Zukunft Qualitätsstandards, wie man sie aus England kenne, gewährleiste.[319]

b. Herrschende Meinung

Im Gegensatz zu Pinner plädierten Lehmann, Heymann und Solmssen für den Erhalt des Aufsichtsrats als Überwachungsorgan.[320] Der Aufsichtsrat veranlasse den Vorstand schon kraft seiner bloße Existenz („in being“[321]) zu einer sorgfältigen Geschäftsführung. Seine Überwachungsaufgaben werde der Aufsichtsrat in Zukunft schon deswegen besser erfüllen, weil man die Aufgaben innerhalb des Aufsichtsrats zunehmend aufteile. Die Einführung einer externen Pflichtrevision sei abzulehnen.[322] Die Revisoren könnten nur eine formelle Prüfung der Rechnungslegung auf ihre Übereinstimmung mit den Büchern und Belegen der Gesellschaft bewirken, während nach außen der Anschein entstehe, dass sie eine materielle Prüfung durchführten, die auch die Richtigkeit der Bilanzansätze mit einbeziehe. Es müsse im Übrigen allein dem Aufsichtsrat überlassen bleiben, wie er seine Überwachungspflichten erfülle. Wenn er für die Prüfung der Rechnungslegung besondere Revisoren heranziehen wolle, dann habe er diese Revisoren in eigener Verantwortung auszuwählen. Die Revisoren sollten ausschließlich im Auftrag des Aufsichtsrats und zu seiner Unterstützung tätig werden. Es empfehle sich allerdings, Revisionsgesellschaften mit der Prüfung zu beauftragen, weil diese in der Regel einen hohen Prüfungsstandard gewährleisteten. Die Prüfungsgesellschaften sollten ihren Bericht dem Aufsichtsrat erstatten, der wiederum der Generalversammlung über die Prüfung der Rechnungslegung zu berichten habe. Dabei müsse der Aufsichtsrat zu dem Bericht der Prü-

---

318 Pinner, Verh. 34. DJT 1926, Band 2, S. 612 (2. Leitsatz) und S. 615, 649 ff.

319 Pinner, Verh. 34. DJT 1926, Band 2, S. 615, 652.

320 Lehmann, Verh. 34. DJT 1926, Band 1, S. 258, 300; Heymann, Verh. 34. DJT 1926, Band 2, S. 742, 744; Solmssen, Verh. 34. DJT 1926, Band 2, S. 678, 729 ff.

321 Die Referenten bezogen sich auf das von Rathenau gebrauchte Bild von der englischen Flotte, die schon kraft ihrer Existenz eine abschreckende Wirkung entfalte. Vgl. Rathenau, S. 17.

322 Lehmann, Verh. 34. DJT 1926, Band 1, S. 258, 320; Heymann, Verh. 34. DJT 1926, Band 2, S. 742, 745 f.; Solmssen, Verh. 34. DJT 1926, Band 2, S. 678, 733 f.

fer Stellung nehmen und könne die Ansichten der Revisionsgesellschaften entweder akzeptieren oder verwerfen.[323]

3. Ergebnis

Die ganz überwiegende Mehrheit des Juristentages folgte der Auffassung von Lehmann, Heymann und Solmssen und lehnte sowohl die Einführung eines einheitlichen Verwaltungsorgans nach englisch-amerikanischem Vorbild als auch die Einführung einer externen Pflichtprüfung ab. Dementsprechend lautete der Beschluss des Juristentages: „Die Vorschriften des englisch-amerikanischen Rechts sind zur Übertragung auf deutsche Verhältnisse nicht geeignet und, wenn auch zu beachten, jedenfalls im Allgemeinen nicht nachzuahmen"[324].

Darüber, ob das Aktienrecht generell reformbedürftig war, gingen die Ansichten auf dem Juristentag allerdings weit auseinander. Während Pinner eine umfassende Reform des Aktienrechts forderte[325], sprachen sich andere Referenten für ein kleineres Korrekturgesetz aus[326] und einer dritten Meinung zufolge sollte der Gesetzgeber vor einem Tätigwerden die weitere Entwicklung abwarten[327]. Diese Uneinigkeit spiegelt sich auch in den Beschlüssen des Juristentages wider. Während nach dem ersten Beschluss der vierten Abteilung eine allgemeine Reform des Aktienrechts nicht erforderlich war und auch kein Anlass bestand, Maßnahmen zur Vorbereitung einer solchen Reform einzuleiten[328], ersuchte die Abteilung mit einem anderen Beschluss die Ständige Deputation des Juristentages um die Bildung einer Kommission, die untersuchen sollte, ob eine Reform des deutschen Aktienrechts möglicherweise doch erforderlich war.[329]

III. Die vom 34. Deutschen Juristentag eingesetzte Kommission

Diese aus 17 Mitgliedern bestehende Juristentagskommission unter dem Vorsitz von Max Hachenburg tagte erstmals am 4. Dezember 1926.[330] Sie bildete acht

---

323 Lehmann, Verh. 34. DJT 1926, Band 1, S. 258, 323; Heymann, Verh. 34. DJT 1926, Band 2, S. 742, 746; Solmssen, Verh. 34. DJT 1926, Band 2, S. 678, 734.

324 Verh. 34. DJT 1926, Band 2, S. 798 (Beschluss Nr. 2).

325 Pinner, Verh. 34. DJT 1926, Band 2, S. 615, 618 f., 621.

326 Heymann, Verh. 34. DJT 1926, Band 2, S. 742 und Solmssen, Verh. 34. DJT 1926, Band 2, S. 678, 729.

327 Schlegelberger, Verh. 34. DJT 1926, Band 2, S. 781.

328 Verh. 34. DJT 1926, Band 2, S. 797 (Beschluss Nr. 1).

329 Dieser Kommission sollten auch Personen angehören können, die nicht Mitglieder des Juristentages waren. Vgl. Verh. 34. DJT 1926, Band 2, S. 798 (Beschluss Nr. 3).

330 Kommissionsbericht, S. 1. Eine Liste der Kommissionsmitglieder befindet sich am Anfang des Berichts. Der Kommission wurde vielfach vorgeworfen, dass ihr zu wenige re-

Unterkommissionen, von denen sich die III. Unterkommission mit der „Organisation der Verwaltung der Aktiengesellschaft (Vorstand und Aufsichtsrat, Haftung und Kontrolle)“ befasste.[331] Die Berichte der Unterkommissionen wurden von der Gesamtkommission in insgesamt drei Sitzungen am 17. Dezember 1927, 9./10. März und 3./4. Mai 1928 erörtert.[332] Den Erörterungen wohnten Vertreter des Reichsjustizministeriums, des Reichsfinanzministeriums und des Reichswirtschaftsministeriums als Zuhörer bei.[333] Die Gesamtkommission veröffentlichte ihren Bericht schließlich am 5. Mai 1928.[334]

1. Aufsichtsrat

Die Mehrheit der Juristentagskommission teilte die Auffassung des 34. Deutschen Juristentags, dass sich die Zweiteilung der Unternehmensspitze in Vorstand und Aufsichtsrat bewährt habe und dass der Aufsichtsrat nicht nur als Mitverwaltungsorgan, sondern auch als Überwachungsorgan erhalten bleiben solle.[335] Zwar liege ein Schwerpunkt der Aufsichtsratstätigkeit in der Mitverwaltung, jedoch gehöre auch die Überwachung der Geschäftsführung nach wie vor zu seinen wesentlichen Aufgaben. Es liege daher keine Veranlassung vor, von dem bewährten System der Zweiteilung abzugehen.[336]

Nach Ansicht der Kommission sollten aber die Voraussetzungen für die Überwachungstätigkeit des Aufsichtsrats verbessert werden. Weil der Aufsichtsrat mit der Prüfung der Rechnungslegung zeitlich und fachlich überfordert sei, solle eine Bestimmung in das Handelsgesetzbuch aufgenommen werden, wonach sich der Aufsichtsrat von der Haftung für die Rechnungsprüfung befreien könne, indem er die Prüfung auf externe Revisoren übertrage. Entscheide sich der

---

formfreundliche Kräfte angehörten und wirkliche Reformvorschläge deswegen von vornherein keine Chance gehabt hätten. Vgl. Vermerk über einen Vortrag, den Prof. Nussbaum am 7. November 1928 in der Vereinigung für Aktienrecht hielt, Akte RJM, BArch 30.01/2936, Bl. 263; Schreiben an Ministerialdirektor Schlegelberger im RJM, Akte RJM, BArch 30.01/2878, Bl. 84 (Absender unleserlich); Antwort der Universität München auf den Fragebogen des RJM, Akte RJM, BArch 30.01/3009, Bl. 22a.

331 Der Bericht der III. Unterkommission befindet sich in der Akte RJM, BArch 30.01/2936, Bl. 50 ff.

332 Die maschinenschriftlichen Protokolle der Sitzungen der Gesamtkommission und der Unterkommissionen befinden sich der Akte RJM, BArch 30.01/2936.

333 Kommissionsbericht, S. 3.

334 Bericht der durch den 34. Juristentag zur Prüfung einer Reform des Aktienrechts eingesetzten Kommission, herausgegeben von der Ständigen Deputation des Deutschen Juristentages, Mannheim/Berlin/Leipzig 1928 (Kommissionsbericht).

335 Kommissionsbericht, S. 21.

336 Kommissionsbericht, S. 21.

Aufsichtsrat für ein solches Vorgehen, dann solle er nur noch für die Auswahl der Revisoren haften.[337]

Mit diesem Vorschlag wich die Juristentagskommission in einem wichtigen Punkt von der herrschenden Meinung auf dem Juristentag ab. Dort hatte die Mehrheit der Referenten ebenfalls die Ansicht vertreten, dass sich der Aufsichtsrat zur Erfüllung seiner Prüfungspflichten der Hilfe besonderer Revisoren bedienen könnte.[338] Diese Revisoren sollten als Erfüllungsgehilfen des Aufsichtsrats tätig werden. Das bedeutete, dass sich die Prüfungspflichten des Aufsichtsrats aus §§ 246 Absatz 1, 249 Absatz 1 HGB 1897 in eine Pflicht zur sorgfältigen Auswahl und Überwachung der Revisoren (culpa in eligendo et custodiendo) verwandelten. Der Aufsichtsrat musste also geeignete Prüfer aussuchen, ihre Arbeit überwachen und sich mit ihrem Bericht auseinandersetzen. In Zweifelsfällen musste er einzelnen Fragen auch selbst nachgehen. Im Ergebnis blieb der Aufsichtsrat nach dieser Ansicht in vollem Umfang für die Prüfung der Rechnungslegung verantwortlich.

Nach Ansicht der Juristentagskommission sollte sich der Aufsichtsrat dagegen künftig durch die Beauftragung externer Revisoren weitestgehend von der Verantwortung für die Prüfung der Rechnungslegung befreien können. Entschied er sich für die Beauftragung externer Revisoren, dann sollte er nur noch für deren sorgfältige Auswahl haften (culpa in eligendo). Die Haftung für die Überwachung der Prüfer und die Verantwortung für das Prüfungsergebnis (culpa in custodiendo) sollten entfallen. Hinter dem Vorschlag der Juristentagskommission steckte vermutlich die Überlegung, dass eine Überwachung der Revisoren und eine Kontrolle ihres Prüfungsberichts wegen des vermuteten Sachverstands der Revisoren überflüssig waren. In diesem Fall konnte der Aufsichtsrat auch von seiner Verantwortung für die Arbeit der Revisoren befreit werden.

An der gesetzlichen Zuständigkeit des Aufsichtsrats für die Prüfung der Rechnungslegung änderte sich nach dem Vorschlag der Juristentagskommission allerdings nichts. § 246 Absatz 1, Satz 3 HGB 1897, der die Prüfung der Rechnungslegung dem Aufsichtsrat als Teil seiner Überwachungspflichten zuwies, blieb von dem Vorschlag unberührt. Durch die Ergänzung der §§ 246, 249 HGB 1897 sollte lediglich verbindlich festgestellt werden, dass der Aufsichtsrat seine

---

[337] Kommissionsbericht, S. 21 f. Diese Ansicht wurde auch auf der gemeinsamen Sitzung der Rechtsausschüsse des RDI und des DIHT am 29. November 1928 befürwortet. Vgl. Akte RWM, BArch 31.01/17554, Bl. 282. Einen gleich lautenden Vorschlag hatte am Anfang des Jahrhunderts bereits Stenglein gemacht. Vgl. Stenglein, in: Der Gerichtssaal, 60. Band 1902, S. 433, 444.

[338] Siehe oben C.II.2.b.

Prüfungspflichten aus § 246 Absatz 1, Satz 3 HGB 1897 mit der nach § 249 Absatz 1 HGB 1897 gebotenen Sorgfalt erfüllte, wenn er geeignete Revisoren auswählte. Der Aufsichtsrat sollte in diesem Fall lediglich mit gesetzlicher Wirkung von seiner Haftung nach §§ 246, 249 HGB 1897 frei werden.

Bei dem Vorschlag der Juristentagskommission handelte es somit nur um eine haftungsrechtliche Erleichterung und nicht um eine organisationsrechtliche Umverteilung der Prüfungszuständigkeit vom Aufsichtsrat auf externe Revisoren. Das ergibt sich auch aus dem erklärenden Nachsatz zu der Empfehlung der Kommission. Danach war durch die Ergänzung des § 246 bzw. § 249 HGB 1897 lediglich „eine bereits bestehende und bewährte Praxis gesetzlich festzulegen“[339].

2. Pflichtprüfung

Die Einführung einer externen Pflichtrevision lehnte die Kommission des Juristentages ab.[340] Externe Revisoren könnten nur eine formelle Prüfung der Bücher auf ihre Übereinstimmung mit den Rechnungen und Belegen der Gesellschaft durchführen. Eine materielle Prüfung der Bilanz könnten die Revisoren nicht bewirken, weil die Richtigkeit der Bilanz wesentlich von der Richtigkeit der Inventur abhänge. Die Inventur werde aber nur an wenigen Stichtagen im Jahr durchgeführt, weswegen die Revisoren schon aus praktischen Gründen außerstande seien, deren Aufnahme zu überwachen.[341] Eine materielle Prüfung der Bilanz, die sich nicht auf eine Kontrolle der Bücher beschränke, würde außerdem zu lange dauern und die Gesellschaften zu sehr belasten, zumal gleichzeitig auch noch die Steuerrevisionen der Finanzämter durchgeführt würden.[342] Im Übrigen gebe es in Deutschland noch keine genügende Anzahl ausgebildeter Revisoren.[343]

---

339 Kommissionsbericht, S. 22.

340 Kommissionsbericht, S. 23. Anders allerdings noch die III. Unterkommission, die die Einführung einer externen Pflichtprüfung gefordert hatte. Vgl. den Bericht über das Ergebnis der Arbeiten der III. Kommission (Organisation der Verwaltung der Aktiengesellschaft, insbesondere Vorstand und Aufsichtsrat, Haftung und Kontrolle), S. 13 ff. Der Bericht befindet sich in der Akte RJM, BArch 30.01/2936, Bl. 50 ff.

341 Kommissionsbericht, S. 23.

342 Kommissionsbericht, S. 23. Erörtert wurde aber die Möglichkeit, die jährliche Revision durch die Finanzämter mit der externen Rechnungsprüfung zu verbinden. Vgl. Kommissionsbericht, S. 23.

343 Kommissionsbericht, S. 23.

3. Ergebnis

Auch die Juristentagskommission hielt eine Reform des Aktienrechts „an Haupt und Gliedern“ oder ein sofortiges Tätigwerden des Gesetzgebers nicht für erforderlich und empfahl, zunächst die weitere Entwicklung abzuwarten.[344]

IV. Der Enquête-Ausschuss

Nahezu gleichzeitig mit der Juristentagskommission befasste sich auch der Ausschuss zur Untersuchung der Erzeugungs- und Absatzbedingungen der deutschen Wirtschaft, der so genannte Enquête-Ausschuss, mit der Reform des Aktienrechts. Der Enquête-Ausschuss war am 15. April 1926 durch Gesetz geschaffen worden, um ein umfassendes Bild von den gesamtwirtschaftlichen Verhältnissen in Deutschland zu erarbeiten.[345] Der Ausschuss bestand aus 35 Mitgliedern und hatte fünf Unterausschüsse: für allgemeine Wirtschaftsstruktur, Landwirtschaft, Industrie/Handel/Handwerk, Arbeitsleistung, sowie Geld-, Kredit- und Finanzwesen.[346] Im Unterausschuss für allgemeine Wirtschaftsstruktur beschäftigte sich die 3. Arbeitsgruppe im ersten Teil ihrer Untersuchungen mit den „Wandlungen in den Rechtsformen der Einzelunternehmungen und Konzerne“.[347] Insgesamt hörte die 3. Arbeitsgruppe fünf Gutachter an und befragte 41 Sachverständige aus der Wirtschaft. Die Ergebnisse dieser Untersuchungen veröffentlichte die Arbeitsgruppe im Mai 1928.[348]

Die 3. Arbeitsgruppe untersuchte vor allem, wie sich die fortschreitende Konzernierung auf die Aktiengesellschaften auswirkte, welche aktienrechtlichen Probleme sich daraus ergaben und welche Folgerungen der Gesetzgeber daraus ziehen sollte. Die Arbeitsgruppe nahm aber auch zu anderen Problemen des Aktienrechts Stellung.[349] Dazu gehörte unter anderem die Frage, wie die Aktienge-

344 Kommissionsbericht, S. 6.

345 RGBl. 1926 I, 195 f.

346 Eine Liste der Mitglieder des Enquête-Ausschusses befindet im Gesamtbericht, S. 123 ff.

347 Eine Liste der Mitglieder des I. Unterausschusses und der 3. Arbeitsgruppe befindet sich im Gesamtbericht, S. 130 f.

348 Ausschussbericht, S. 5 ff. (Gutachten) und S. 159 ff. (Protokolle der Befragungen). Die unveröffentlichten Protokolle einzelner Beratungen der 3. Arbeitsgruppe befinden sich in der Akte RJM, BArch 30.01/2877. Zusätzlich zu dem Ausschussbericht veröffentlichte die 3. Arbeitsgruppe im Jahr 1930 noch einen Generalbericht. Zu einem zusammenfassenden Schlussbericht des Enquête-Ausschusses kam es aufgrund seiner vorzeitigen Auflösung durch den Reichswirtschaftsminister am 21. Mai 1931 nicht mehr.

349 So ausdrücklich der Ausschussbericht, S. 2.

sellschaften künftig verwaltet werden sollten und ob für sie eine externe Pflichtrevision der Rechnungslegung eingeführt werden sollte.[350]

1. Aufsichtsrat

Wie schon der Deutsche Juristentag und die Juristentagskommission sprach sich auch der Enquête-Ausschuss gegen die Einführung eines einheitlichen Verwaltungsorgans nach englischem oder amerikanischem Vorbild aus.[351] Wie das englische Vorbild zeige, führe die Vereinigung von geschäftsführenden und kontrollierenden Personen in einem Organ zu Haftungsschwierigkeiten. Diese Haftungsprobleme könnten durch eine Aufteilung der Verwaltung in ein Exekutiv- und ein Kontrollorgan vermieden werden. Ein Organ zwischen Generalversammlung und Vorstand verleihe der Gesellschaft darüber hinaus eine gewisse Stabilität, weil dann nicht allein die Generalversammlung dem Vorstand übergeordnet sei.[352]

Der Aufsichtsrat war nach Auffassung des Enquête-Ausschusses zwar in erster Linie ein Verwaltungsorgan, er sollte aber in beschränktem Maße auch ein Kontrollorgan bleiben.[353] Zwar könne der Aufsichtsrat seine Kontrollfunktion nicht mehr so ausführen, wie dies der Gesetzgeber ursprünglich vorgesehen habe, er wirke aber schon kraft seiner Existenz als Kontrollinstanz („in being"). Ein Vorstand, der einen Aufsichtsrat über sich wisse, habe gewisse Hemmungen und werde insbesondere absichtliche Schädigungen der Gesellschaft nur schwerer vornehmen als ohne eine solche übergeordnete Instanz. Der Aufsichtsrat könne zur Erfüllung seiner Überwachungspflichten außerdem sachverständige Dritte heranziehen. So könne er zum Beispiel mit der Buchprüfung Treuhandgesellschaften beauftragen und erfülle seine diesbezüglichen Überwachungspflichten, wenn er eine zuverlässige Gesellschaft oder einen zuverlässigen Einzelrevisor mit dieser Aufgabe betraue.[354]

---

350 Zu diesem Problemkreis äußerte sich in erster Linie Geiler in seinem Gutachten über „Die wirtschaftlichen Strukturwandlungen und die Reform des Aktienrechts". Vgl. Ausschussbericht, S. 52 ff.

351 Ausschussbericht, S. 64 f. und Generalbericht, S. 56.

352 Ausschussbericht, S. 65.

353 Ausschussbericht, S. 65.

354 Ausschussbericht, S. 65.

2. Pflichtprüfung

Die Einführung einer externen Pflichtrevision lehnte der Enquête-Ausschuss allerdings ab.[355] Die Revisoren könnten nur eine formelle Prüfung der Bücher vornehmen, obwohl sie nach außen den Anschein erweckten, als fände auch eine materielle Kontrolle der Rechnungslegung statt. Im Übrigen könne man die externen Revisoren nicht haftbar machen, wenn sie Betrügereien des Vorstands nicht aufdeckten. Das habe sich bei der City Equitable Gesellschaft in England gezeigt.[356]

3. Ergebnis

Auch der Enquête-Ausschuss riet von einem Tätigwerden des Gesetzgebers in der Aufsichtsratsfrage ab. Wenn man den Aufsichtsrat in erster Linie als Verwaltungsorgan und in beschränktem Maße auch als Kontrollorgan beibehalte und wenn sich der Aufsichtsrat auch weiterhin zur Erfüllung seiner Kontrollpflichten der Hilfe sachverständiger Dritter bediene, dann bestehe zu einem Eingriff in die Verwaltungsorganisation der Aktiengesellschaft keine Veranlassung.[357]

V. Zwischenergebnis

Betrachtet man die aktienrechtliche Diskussion der zwanziger Jahre, dann stellt man zunächst fest, dass die Abschaffung des Aufsichtsrats nicht mehr ernsthaft diskutiert wurde. Auch die Doppelrolle des Aufsichtsrats als Verwaltungs- und Überwachungsorgan war nahezu unumstritten. Das ist umso bemerkenswerter, als die Wirtschaftskrise Anfang der zwanziger Jahre deutlich stärker ausfiel als die Krise um 1900. Daraus ist zu schließen, dass sich die Zweiteilung der Verwaltung in Vorstand und Aufsichtsrat vor allem in der Nachkriegszeit weiter bewährt hatte und dass sich die innere Organisation der Aktiengesellschaft gegenüber dem Anfang des Jahrhunderts deutlich gefestigt hatte.

Vor allem die Stellung des Aufsichtsrats als Überwachungsorgan war gegen Ende der zwanziger Jahre wesentlich gefestigter als noch zu Beginn des 20. Jahrhunderts. Das zeigt sich besonders bei der Frage der externen Revision. Während sich Anfang des Jahrhunderts noch die ganz überwiegende Mehrheit für die Einführung einer unabhängigen Pflichtrevision der Rechnungslegung ausgesprochen hatte, wurde eine solche Revision nun fast einstimmig abge-

355 Ausschussbericht, S. 66 und Generalbericht, S. 62.
356 Ausschussbericht, S. 66.
357 Ausschussbericht, S. 66.

lehnt. Externe Revisoren sollten nicht einmal mehr als Erfüllungsgehilfen des Aufsichtsrats verbindlich vorgeschrieben werden. Vielmehr sollte es nach ganz herrschender Meinung ausschließlich im pflichtgemäßen Ermessen des Aufsichtsrats stehen, ob er zur Erfüllung seiner Prüfungspflichten besondere Revisoren zur Hilfe nehmen wollte oder nicht. In der Frage der externen Revision hatten sich die Mehrheiten im Vergleich zum Anfang des Jahrhunderts somit genau umgekehrt.

VI. Die Fragebogenaktion des Reichsjustizministeriums

Das Reichsjustizministerium stand einer Reform des Aktienrechts zunächst abwartend gegenüber. Noch auf dem Kölner Juristentag 1926 war der zuständige Ministerialdirektor im Reichsjustizministerium, Schlegelberger, dem Antrag Pinners, die Regierung möge eine Kommission zur Prüfung einer Aktienrechtsreform einsetzen[358], entschieden entgegengetreten[359]. Daraufhin war diese Aufgabe auf die Ständige Deputation des Deutschen Juristentages abgeschoben worden.[360]

Während die Juristentagskommission über die Reform des Aktienrechts beriet, begann aber auch das Reichsjustizministerium mit den Vorarbeiten für eine Aktienrechtsreform. Kernstück dieser Vorarbeiten war eine Fragebogenaktion, bei der mit Hilfe eines umfangreichen Fragebogens die Meinungen aller am Aktienrecht interessierten Kreise zum geltenden Aktienrecht und den hierzu diskutierten Reformvorschlägen eingeholt werden sollten. Diese Fragebogenaktion ist bis heute nicht umfassend wissenschaftlich aufgearbeitet worden, obwohl sie neben den Vorarbeiten des 34. Deutschen Juristentages, der Juristentagskommission und des Enquête-Ausschusses die wichtigste Quelle für die folgende Aktienrechtsreform darstellt, an deren Ende das Aktiengesetz von 1937 steht.

1. Die Vorbereitung der Fragebogenaktion

Nach einem internen Vermerk in den Akten des Reichsjustizministeriums traf das Ministerium erste Vorbereitungen für eine Reform des Aktienrechts bereits im November 1927.[361] Zu dieser Zeit stellte das Reichsjustizministerium ein erstes „Arbeitsprogramm" für die Vorbereitung einer Aktienrechtsreform auf. Danach sollten von der zuständigen Abteilung III des Reichsjustizministeriums zunächst die Aktienrechte der europäischen Länder und der Vereinigten Staaten

[358] Pinner, Verh. 34. DJT 1926, Band 2, S. 611.
[359] Schlegelberger, Verh. 34. DJT 1926, Band 2, S. 781 f.
[360] Verh. 34. DJT 1926, Band 2, S. 787, 798.
[361] Akte RJM, BArch 30.01/2878, Bl. 7 ff.

auf der Grundlage eines von Landgerichtsrat Schmölder im Reichsjustizministerium gefertigten Schemas „bearbeitet und rechtsvergleichend geprüft" werden.[362] Das Schema Schmölders bestand aus drei Teilen: Der erste Teil listete die wichtigsten aktienrechtlichen Reformfragen in der Systematik des Handelsgesetzbuchs auf, der zweite Teil enthielt rechtsvergleichende Tabellen und der dritte Teil enthielt einen wirtschaftsrechtlichen Fragebogen.[363]

Aus dem Schema ergibt sich, dass das Reichsjustizministerium von vornherein eine Überprüfung des gesamten Aktienrechts beabsichtigte und sich nicht auf eine Überprüfung der aktuellen Reformfragen beschränken wollte. Die Leitung der Arbeiten wurde Ministerialrat Quassowski im Reichsjustizministerium übertragen.

Nachdem die Juristentagskommission im Mai 1928 ihren Bericht vorgelegt hatte, stellte das Reichsjustizministerium am 23. Oktober 1928 unter dem Justizminister Koch-Weser einen neuen „Arbeitsplan für die Reform des Aktienrechts" auf.[364] Dieser Arbeitsplan orientierte sich in seiner Gliederung an den Untersuchungen der Juristentagskommission.[365] Gegenstand des Arbeitsplans war die „Durcharbeitung des Rechtsstoffes mit dem Ziel der Aufstellung eines Entwurfs"[366]. Auch der neue Arbeitsplan zielte auf eine Überprüfung des gesamten Aktienrechts. Die Federführung sollten Schmölder und Quassowski übernehmen.[367]

---

362 Akte RJM, BArch 30.01/2878, Bl. 7.

363 Vgl. die Akten RJM, BArch 30.01/2877, Bl. 147 ff. und BArch 30.01/2878, Bl. 7 ff. Die innere Organisation der Aktiengesellschaft („Kompetenzabgrenzung der verschiedenen Organe (Kompetenz der Generalversammlung im Verhältnis zur laufenden Geschäftsführung; System der laufenden Geschäftsführung; das deutsche System im einzelnen; Anhang: sonstige Bevollmächtigte)") wurde im Schema Schmölders unter § 6 behandelt.

364 Akte RJM, BArch 30.01/2878, Bl. 76 f.

365 Entsprechend der Aufteilung des Rechtsstoffs durch die Juristentagskommission bestand der neue Arbeitsplan aus 8 Teilen: 1. Gründung der Aktiengesellschaft, 2. Kapitalbasis der Aktiengesellschaft, 3. Organisation der Verwaltung der Aktiengesellschaft, 4. Generalversammlung und Stimmrecht, 5. Schutz der Aktionäre und des Unternehmens. Maß der Auskunftspflicht und Publizität, 6. Bilanz nebst Gewinn- und Verlustrechnung, Gewinnverteilung, 7. Einwirkung der wirtschaftlichen Konzentration auf das Aktienrecht und 8. Aktiengesellschaft und öffentliche Hand. Vgl. Akte RJM, BArch 30.01/2878, Bl. 76 f.

366 Akte RJM, BArch 30.01/2878, Bl. 76.

367 Akte RJM, BArch 30.01/2878, Bl. 76. Ein zweiter Teil des Arbeitsplans betraf die Rechtsangleichung mit Österreich. Für die Bearbeitung dieses Teils waren Quassowski und Assessor Ullmann, der ebenfalls der Abteilung III des Reichsjustizministeriums angehörte, verantwortlich. Vgl. Akte RJM, BArch 30.01/2878, Bl. 76 f.

Der neue Arbeitsplan wurde am 23. Januar 1929 mit dem zuständigen Abteilungsleiter im Reichswirtschaftsministerium, Ministerialdirektor Schäffer, besprochen.[368] Dabei wurde zwischen dem Reichsjustizministerium und dem Reichswirtschaftsministerum Einvernehmen darüber erzielt, dass eine generelle Erörterung des gesamten Rechtsstoffes erforderlich sei und eine Beschränkung auf die aktuellen aktienrechtlichen Fragen sich nicht empfehle.[369] In einer Aufzeichnung über einen Vortrag vom 28. Januar 1929 hielt das Reichsjustizministerium fest, dass es „das wichtigste Ergebnis der Besprechung mit dem Reichswirtschaftsministerium war, dass das Reichswirtschaftsministerium sich den Standpunkt des Reichsjustizministeriums in der Frage der Notwendigkeit einer generellen Erörterung des gesamten Rechtsstoffes zu eigen gemacht hat. Eine solche Gesamterörterung ist vor allem deswegen wichtig, weil die Fragen untereinander zu eng zusammenhängen und daher eine Loslösung einzelner aktueller Fragen bedenklich erscheint“[370]. Gleichzeitig waren sich die Vertreter des Reichsjustizministeriums und des Reichswirtschaftsministeriums darüber einig, dass „das deutsche Aktienrecht ganz ausgezeichnet, eine Reform an Haupt und Gliedern somit nicht erforderlich sei“. Vielmehr hatten die beiden Ministerien drei Grundprobleme identifiziert, die im Zusammenhang aller aktienrechtlichen Vorschriften betrachtet und gelöst werden sollten. Das erste Problem betraf den Schutz der Aktionäre gegen eine Verfälschung des Mehrheitswillens durch eine Verwaltung, die sich vor allem mit Hilfe von Stimmrechts- und Vorratsaktien die Herrschaft in der Gesellschaft sicherte. Hier waren sich die Vertreter von Reichsjustizministerium und Reichswirtschaftsministerium einig, dass man „der Entwicklung der Machtverhältnisse innerhalb der Aktiengesellschaft im Allgemeinen ihren Lauf lassen müsse“. Es gelte aber „bestehenden Missbräuchen entgegenzuwirken und eine gesteigerte Kontrolle und Publizität einzuführen“. Das zweite Problem betraf den Einfluss der wirtschaftlichen Konzentration auf das Aktienrecht und das dritte Problem war die Kapitalbildung und Kapitalbeschaffung von Aktiengesellschaften.[371]

Auch über die Vorgehensweise, die zur Lösung dieser drei Probleme führen sollte, waren sich die Vertreter des Reichsjustizministeriums und des Reichswirtschaftsministeriums einig.[372] Danach sollte der in acht Teile gegliederte Rechtsstoff, der von den Sachbearbeitern des Reichsjustizministeriums anhand der bisher in Literatur und Praxis gemachten Reformvorschläge durchgearbeitet

---

368 Vgl. den Vermerk über diese Besprechung in der Akte RJM, BArch 30.01/2937, Bl. 7 und den korrespondierenden Vermerk in der Akte RWM, BArch 31.01/17554, Bl. 244 f.

369 Akte RJM, BArch 30.01/2937, Bl. 7; Akte RWM, BArch 31.01/17554, Bl. 244.

370 Akte RJM, BArch 30.01/2937, Bl. 10 ff.

371 Akte RWM, BArch 31.01/17554, Bl. 244.

372 Akte RJM, BArch 30.01/2937, Bl. 7 und Akte RWM, BArch 31.01/17554, Bl. 244 f.

und in Fragen aufgelöst worden war, zusammen mit einem weiteren Teil, der das Recht der Kommanditgesellschaft auf Aktien betraf, möglichst weiten Kreisen vorgelegt werden, die von einer Reform des Aktienrechts betroffen sein würden. Vor Versendung des Fragebogens sollte dem Reichswirtschaftsministerium noch die Möglichkeit zur Stellungnahme gegeben und auch die Handelspresse informiert werden, „um von vornherein die Methodik der Fragebogen klarzustellen“[373]. Eine feste Kommission für die Ausarbeitung des Fragebogens wollte das Reichsjustizministerium aber nicht bilden, um sich die Möglichkeit offen zu halten, nach freiem Ermessen geeignete Spezialisten für die Erstellung einzelner Fragebogenteile heranzuziehen.[374]

Ein unmittelbarer Einfluss der Handelspresse auf das Zustandekommen des Fragebogens lässt sich anhand des Aktenmaterials des Reichsjustizministeriums und Reichswirtschaftsministeriums nicht feststellen. Nach einem Vermerk aus dem Reichsjustizministerium fand eine Pressekonferenz „über Ziele und Methoden der Reform des Aktienrechts“ erst am 7. März 1929, also zwei Tage nach Versendung der ersten Fragebogen, statt.[375] Auch das Reichswirtschaftsministerium und das Reichsfinanzministerium, das für die Fragen zur Rechnungslegung konsultiert wurde, hatten nach der Aktenlage keine wesentlichen Änderungswünsche gegenüber dem Entwurf des Justizministeriums. Der Fragebogen war somit in erster Linie ein Werk der Abteilung III des Reichsjustizministeriums, die unter der Leitung von Ministerialdirektor Schlegelberger stand. Die verantwortlichen Bearbeiter waren, neben Schlegelberger selbst, vor allem Ministerialrat Quassowski, Landgerichtsrat Schmölder und Assessor Ullmann.

2. Der Fragebogen

Der Fragebogen des Reichsjustizministeriums bestand aus 9 Teilen mit insgesamt 720 Fragen.[376] Die neun Teile betrafen: I. Gründung der Aktiengesellschaft, II. Kapitalbasis der Aktiengesellschaft, III. Organisation der Verwaltung der Aktiengesellschaft, IV. Generalversammlung und Stimmrecht, V. Schutz der Aktionäre und des Unternehmens. Maß der Auskunftspflicht und Publizität, VI. Bilanz nebst Gewinn- und Verlustrechnung, Gewinnverteilung, VII. Einwirkung der wirtschaftlichen Konzentration auf das Aktienrecht, VIII. Aktien-

---

373 Akte RJM, BArch 30.01/2937, Bl. 7.

374 Akte RJM, BArch 30.01/2937, Bl. 7 und Bl. 14.

375 Akte RJM, BArch 30.01/2937, Bl. 20.

376 Wegen der Unterteilung der Fragen in zahlreiche Unterfragen wurde der Fragebogen von Kritikern auch spöttisch als „Fragebogen der tausend Fragen“ bezeichnet. Vgl. z.B. Nussbaum, ZfH 1929, 179, 180 und die Antwort der Rechts- und Staatswissenschaftlichen Fakultät der Universität Königsberg i.Pr. auf den Fragebogen des Reichsjustizministeriums, Akte RJM, BArch 30.01/3009, Bl. 6.

gesellschaft und öffentliche Hand und IX. Kommanditgesellschaften auf Aktien.

In einem begleitenden Aufsatz erklärte Schmölder, die Form eines Fragebogens sei gewählt worden, um die geplante Aktienrechtsreform auf eine möglichst breite Basis zu stellen und allen Beteiligten schon in einem frühen Stadium die Gelegenheit zu geben, ihre Vorstellungen und Anregungen zu allen Fragen des Aktienrechts ausführlich darzulegen.[377] Von einem Referentenentwurf habe das Reichsjustizministerium abgesehen, weil ein solcher Entwurf die inneren Absichten der Regierung zu früh aufgedeckt und damit die Diskussion von vornherein in eine bestimmte Richtung gelenkt hätte. Die Fragebogenaktion ermögliche es dagegen, alle Fragen des Aktienrechts in größtmöglicher Sachlichkeit zu behandeln.[378] Um wirklich alle aktienrechtlichen Probleme zu berücksichtigen, seien in den Fragebogen neben den Beratungen und Vorschlägen der Juristentagskommission und des Enquête-Ausschusses auch die wichtigsten Vorschläge der Wirtschaftspresse und der Fachliteratur, die Beratungen der letzten fünf Juristentage, sowie die Regelungen des ausländischen Rechts eingeflossen.[379]

Da die Ausarbeitung der einzelnen Fragebogenteile sehr aufwendig war, das Reichsjustizministerium aber die Reform des Aktienrechts angesichts der schlechten Wirtschaftslage zügig vorantreiben wollte, kamen Reichsjustizministerium und Reichswirtschaftsministerium überein, die einzelnen Teile des Fragebogens etappenweise zu verschicken.[380] Nach dem Entwurf eines Verteilungsplans sollten ursprünglich 1.000 Fragebogen gedruckt werden, die in etwa wie folgt verwendet werden sollten.[381]

Pressevertreter (60 bis 80 Teilnehmer): 150 Stück
Ressorts (Reich und Preußen) je 10: 150 Stück
Länderressorts: 36 Stück
Zentralverband des Deutschen Bank- und Bankiergewerbes, Reichsverband der Deutschen Industrie und Deutscher Industrie- und Handelstag: 150 Stück

---

377 Schmölder, JW 1929, 1338.

378 Schmölder, JW 1929, 1338 f. Auch in der Aufzeichnung des Reichsjustizministeriums zu einem Vortrag vom 28. Januar 1929 wird ausdrücklich erwähnt, dass bei der Erörterung des Fragebogens mit der Presse zu vermeiden sei, dass besondere Probleme als wichtig in den Vordergrund gestellt werden, weil „andernfalls der neutrale Standpunkt, der in den Fragebogen zur Geltung kommt, verlassen wird". Vgl. Akte RJM, BArch 30.01/2937, Bl. 13 f.

379 Schmölder, JW 1929, 1338, 1339 f.

380 Akte RJM, BArch 30.01/2937, Bl. 13.

381 Akte RJM, BArch 30.01/3005, Bl. 17.

Sonstige Spitzenorganisationen je 10: 190 Stück
Verbände und Vereinigungen je 5: 155 Stück
Zeitschriften, Ständige Deputation etc.: 14 Stück
Amtsgebrauch: 100 Stück
Dispositionsfonds für spätere Anforderungen: 100 Stück

Der Fragebogen wurde am 5. März 1929 (Teile I bis IV) und 6. Juni 1929 (Teile V bis IX) verschickt.[382] Der tatsächliche Verteiler ergibt sich aus den beiden Anschreiben des Reichsjustizministeriums.[383] Danach wurde der Fragebogen wie folgt versandt: An insgesamt 13 Ministerien und Ressorts des Reichs und Preußens[384], an 17 Landesregierungen oder zuständige Ressorts der Länder[385], an 24 Spitzenorganisationen und Verbände[386], an die 23 juristischen Fakultäten an den deutschen Universitäten[387], an 3 Rechtsvereinigungen[388], an die Ständige

---

382 Der Fragebogen wurde nicht veröffentlicht. Er ist jedoch unter anderem in der Antwort des Deutschen Anwaltvereins mit abgedruckt. Vgl. DAV, Druckschrift Nr. 20, S. 6 ff. (Teile I bis IV) und Druckschrift Nr. 22, S. 3 ff. (Teile V bis IX).

383 Akte RJM, BArch 30.01/3005, Bl. 19 ff. und Bl. 180 ff.

384 Auswärtiges Amt, Reichsarbeitsministerium, Reichsbankdirektorium, Reichsministerium für Ernährung und Landwirtschaft, Reichsfinanzministerium, Reichsinnenministerium, Reichswirtschaftsministerium, Preußisches Finanzministerium, Preußisches Ministerium für Handel und Gewerbe, Preußisches Innenministerium, Preußisches Justizministerium, Preußisches Ministerium für Landwirtschaft, Domänen und Forsten und Preußisches Ministerium für Volkswohlfahrt.

385 Anhaltinisches Staatsministerium, Badisches Staatsministerium, Bayerisches Staatsministerium des Äußeren, Landesregierung in Braunschweig, Senat der freien Hansestadt Bremen, Senat der freien und Hansestadt Hamburg, Hessisches Staatsministerium, Lippisches Landespräsidium, Senat der freien Hansestadt Lübeck, Mecklenburgisches Staatsministerium, Mecklenburg-Schwerinsches Staatsministerium, Oldenburger Staatsministerium, Sächsisches Ministerium der auswärtigen Angelegenheiten, Schaumburg-Lippische Landesregierung, Thüringisches Staatsministerium, Landesdirektor von Waldeck (nur Teile I bis IV), Württembergisches Staatsministerium.

386 Allgemeiner Deutscher Gewerkschaftsbund, Centralverband des Deutschen Bank- und Bankiersgewerbes, Deutscher Anwaltverein, Deutscher Gewerkschaftsbund, Deutscher Industrie- und Handelstag, Deutscher Notarverein, Deutscher Richterbund, Gewerkschaftsring deutscher Arbeiter-, Angestellten- und Beamtenverbände, Hansabund für Gewerbe, Hauptgemeinschaft des Deutschen Einzelhandels, Preußischer Richterverein, Reichsbund Deutscher Treuhand Aktiengesellschaften, Reichsverband des Deutschen Groß- und Überseehandels, Reichsverband des Deutschen Handwerks, Reichsverband der Deutschen Industrie, Reichsverband der Deutschen Presse, Reichsverband der Privatversicherung, Handel und Industrie, Republikanischer Richterbund, Verband Deutscher Bücherrevisoren, Verband Deutscher Reeder, Vereinigung Deutscher Handelsredakteure, Verein Deutscher Treuhand- und Revisionsgesellschaften e.V., Verein Deutscher Zeitungsverleger und Verein Hamburger Reeder.

387 Juristische Fakultäten der Universitäten Berlin, Bonn, Breslau, Erlangen, Frankfurt a.M., Freiburg, Gießen, Göttingen, Greifswald, Halle, Hamburg, Heidelberg, Jena, Kiel, Köln,

Deputation des Deutschen Juristentages, an 9 juristische bzw. volkswirtschaftliche Fachzeitschriften[389] und schließlich an das Bundesministerium der Justiz in Wien[390]. Eine große Anzahl weiterer Fragebogen wurde auf Anforderung an interessierte Dritte verschickt.[391]

3. Die Antworten auf den Fragebogen

Die Antworten, die auf den Fragebogen des Reichsjustizministeriums eingingen, befinden sich heute im archivierten Aktenbestand des Reichsjustizministeriums, BArch 30.01/3008 bis 3015, 3015/1 bis 3021, 3021/1, 3022, 3022/1 und 3023. Die Antworten wurden nie vollständig veröffentlicht. Nur wenige Stellungnahmen wurden von den Autoren selbständig[392] oder in einschlägigen Fachzeitschriften[393] publiziert. Nachfolgend wird deswegen zunächst der Bestand der Antworten in den Akten des Reichsjustizministeriums aufgenommen. Anschließend werden diese Antworten im Hinblick auf die Verwaltungsorganisation der Aktiengesellschaft und die Einführung der Pflichtrevision ausgewertet, wobei der Schwerpunkt der Betrachtung auf dem Verhältnis von Aufsichtsrat und Revisoren liegt.

a. Bestandsaufnahme

In den Akten des Reichsjustizministeriums befinden sich heute, gemessen an dem Verteiler des Reichsjustizministeriums und den zahlreichen Anforderungs-

---

Königsberg i.Pr., Leipzig, Marburg, München, Münster, Rostock, Tübingen und Würzburg.

388 Internationale Vereinigung für vergleichende Rechtswissenschaft und Volkswirtschaftslehre e.V., Juristische Arbeitsgemeinschaft für Gesetzgebungsfragen und Vereinigung für Aktienrecht.

389 Die Bank, Deutsche Juristenzeitung, Deutscher Volkswirt, Hanseatische Rechts- und Gerichtszeitschrift, Juristische Rundschau, Juristische Wochenschrift, Leipziger Zeitschrift für Deutsches Recht, Magazin der Wirtschaft und Zentralblatt für Handelsrecht.

390 Hierzu enthält die Akte des Reichsjustizministeriums zwar nur den Entwurf eines Anschreibens (BArch 30.01/3005, Bl. 34), aber bereits im Arbeitsplan vom 23. Oktober 1928 wird die Rechtsangleichung mit Österreich ausdrücklich als eigenständiger Punkt der Aktienrechtsreform erwähnt. Vgl. Akte RJM, BArch 30.01/2878, Bl. 76. Aus einem Vermerk in den Akten des Reichsjustizministeriums ergibt sich außerdem, dass schon zu einem sehr frühen Zeitpunkt beabsichtigt war, den Fragebogen auch an die Österreichischen Regierungsstellen zu schicken. Vgl. Akte RJM, BArch 30.01/2937, Bl. 10 ff.

391 Die entsprechenden Anforderungsschreiben befinden sich in den Akten RJM, BArch 30.01/3005 und 30.01/3006.

392 So z.B. vom DAV, Druckschriften Nr. 20 und 22, Leipzig 1929 und vom VDB, Zur Reform des Aktienrechts, Leipzig 1930.

393 So z.B. vom RDI, Die Wirtschaft und das Recht 1930, Heft 1.

schreiben, nur verhältnismäßig wenige Antworten auf den Fragebogen. Denkbar ist, dass nicht alle Antworten, die das Reichsjustizministerium erhielt, auch zu den Akten genommen und mit ihnen archiviert wurden. Dagegen spricht allerdings, dass in den Akten nicht nur alle wesentlichen Antworten vorhanden sind, auf die in der weiteren Reformdiskussion erkennbar Bezug genommen wurde, sondern auch viele Antworten, die nur wenig oder kaum aussagekräftig sind. Weil außerdem auch Dokumente von deutlich untergeordneter Bedeutung, wie zum Beispiel die Anforderungsschreiben Dritter für den Fragebogen, aufbewahrt wurden, ist davon auszugehen, dass alle Antworten, die das Reichsjustizministerium erhielt und deren Inhalt es für die Aufstellung eines Entwurfs zumindest für nützlich hielt, auch zu den Akten gelangten und mit ihnen archiviert wurden. Aus der Tatsache, dass dennoch nur eine verhältnismäßig geringe Anzahl von Antworten überliefert ist, muss man daher schließen, dass von vornherein nur wenige Empfänger den Fragebogen überhaupt beantworteten.

(1) Anzahl und Herkunft der Antworten

Im einzelnen befinden sich in den Akten des Reichsjustizministeriums folgende Antworten:

Von den Ministerien und Ressorts des Reichs bzw. Preußens liegen sehr kurze Antworten nur vom Auswärtigen Amt und vom Reichsarbeitsministerium vor. Die Zurückhaltung der übrigen Ministerien und Ressorts ist möglicherweise darauf zurück zu führen, dass ihr Geschäftsbereich durch die Aktienrechtsreform nicht berührt wurde und sie im späteren Gesetzgebungsverfahren ohnehin noch Gelegenheit hatten, sich zu dem Referentenentwurf zu äußern.

Von den Ländern äußerten sich nach der Aktenlage nur Hamburg, Sachsen und Thüringen zu dem Fragebogen.[394] Die Zurückhaltung der übrigen Landesregierungen ist vermutlich darauf zurückzuführen, dass sie noch in den Beratungen des Referentenentwurfs und im Gesetzgebungsverfahren Gelegenheit hatten, zu den Reformfragen Stellung zu nehmen.

Antworten gingen außerdem von folgenden Spitzenorganisationen und Verbänden ein: Allgemeiner Deutscher Gewerkschaftsbund (ADGB) und Allgemeiner Freier Angestelltenbund (AFA), Centralverband des Deutschen Bank- und Bankiersgewerbes (Centralverband), Deutscher Anwaltverein (DAV), Deutscher Industrie- und Handelstag (DIHT), Deutscher Notarverein (DNV), Preußischer

394 Aus Sachsen liegen zwei Antworten vor: Von der Sächsischen Staatsbank, Akte RJM, BArch 30.01/3009, Bl. 83 und vom Sächsischen Ministerium der Justiz, Akte RJM, BArch 30.01/3021/1.

Richterverein (PRV), Reichsbund Deutscher Treuhand-Aktiengesellschaften (RDTA), Reichsverband der Deutschen Industrie (RDI), Reichsverband der Privatversicherung (RdP) und Verband Deutscher Bücherrevisoren (VDB). Obwohl damit nur knapp die Hälfte der angeschriebenen Spitzenorganisationen und Verbände antwortete, liegen mit den Stellungnahmen der größten Gewerkschaften und Arbeitgeberverbände, der Banken, der Standesorganisation der Rechtsanwälte, sowie der Zusammenschlüsse der Revisionsgesellschaften und Einzelrevisoren Meinungsäußerungen von allen wichtigen gesellschaftlichen Kräften und Berufsorganisationen vor, die von der geplanten Aktienrechtsreform unmittelbar betroffen waren. Die Tatsache, dass insbesondere von Seiten des Groß- und Einzelhandels und des Handwerks keine Antworten auf den Fragebogen eingingen, ist vermutlich darauf zurück zu führen, dass ihre Verbände entweder nicht über die nötigen Ressourcen für eine qualifizierte Bearbeitung des umfangreichen Fragebogens verfügten oder dass die meisten Verbandsmitglieder durch die Reform des Aktienrechts nicht betroffen waren, weil sie in der Rechtsform der Gesellschaft mit beschränkter Haftung (GmbH) oder als Personengesellschaft organisiert waren.

Kurze, allgemein gehaltene Antwortschreiben erhielt das Reichsjustizministerium von den juristischen Fakultäten der Universitäten Königsberg i.Pr., Leipzig und München. Der geringe Rücklauf von den Universitäten ist vermutlich darauf zurück zu führen, dass den juristischen Fakultäten für eine akademische Bearbeitung der 720 Einzelfragen und ihrer Unterfragen zu wenig Zeit (eine Antwort war bis zum 15. Oktober 1929 erbeten worden) und zu geringe finanzielle und personelle Mittel zur Verfügung standen.

Nach der Aktenlage antworteten weder die Internationale Vereinigung für vergleichende Rechtswissenschaft und Volkswirtschaftslehre, die Juristische Arbeitsgemeinschaft für Gesetzgebungsfragen, die Vereinigung für Aktienrecht, die Ständige Deputation des Deutschen Juristentages, eine der neun angeschriebenen Fachzeitschriften, oder das Bundesministerium der Justiz in Wien. Während die Ständige Deputation des Juristentages schon im Jahr vor der Fragebogenaktion eine qualifizierte Stellungnahme zur Aktienrechtsreform abgegeben hatte, sahen die anderen Einrichtungen möglicherweise deswegen von einer Beantwortung des Fragebogens ab, weil sie entweder kein eigenes Interesse an einer Stellungnahme hatten, weil sie bereits an anderer Stelle zu der Frage der Aktienrechtsreform Stellung genommen hatten, oder weil ihnen die erforderlichen Mittel fehlten, um in der vorgegebenen Zeit qualifizierte Antworten auf die vielen Fragen des Fragebogens zu erstellen.

Dafür befinden sich in den Akten des Reichsjustizministeriums Antworten von folgenden Personen und Vereinigungen, die das Reichsjustizministerium nicht in seinen ursprünglichen Verteiler aufgenommen hatte und die den Fragebogen nachträglich entweder beim Reichsjustizministerium angefordert oder auf andere Weise erhalten haben müssen: Aktionärsverein in Wien (Aktionärsverein), Frankfurter Zeitung (FZ), Genossenschaft der Bücherrevisoren in Wien (GdB), Rechtsanwalt Hallier aus Hamburg, Treuhandverband, Vereinigung Berliner Handelsredakteure (VBH) und Zentralverband Österreichischer Aktiengesellschaften (ZÖA).

(2) Umfang der Bearbeitung

Zunächst fällt auf, dass etwa die Hälfte der Bearbeiter ein kommentiertes Fragebogenformular zurückschickte, während die andere Hälfte entweder ein separates Antwortschreiben oder eine selbständige Bearbeitung in anderer Form zurücksandte.

Bemerkenswert ist auch, dass kein einziger Bearbeiter sämtliche 720 Fragen und die dazu gehörigen Unterfragen beantwortete. Die Mehrzahl der Bearbeiter konzentrierte sich vielmehr auf die Beantwortung der grundsätzlichen Fragen. Solche Grundsatzfragen waren in der Regel einzelnen Fragebogenabschnitten vorangestellt und wurden durch nachfolgende, speziellere Fragen konkretisiert. In Teil III des Fragebogens lautete die erste Frage zum Beispiel: „Ist die Zweiteilung in Vorstand und Aufsichtsrat beizubehalten oder ist es zweckmäßiger, nach dem Vorbilde anderer Staaten die Verwaltung der Aktiengesellschaft in einem Organ zusammenzufassen (...)?“[395]. Die Fragen 2 bis 13 befassten sich dann in erster Linie mit den Argumenten, die in der Reformdiskussion für die eine oder andere Meinung angeführt worden waren. Im Abschnitt über die Pflichtprüfung lautete die erste Frage: „Ist es zweckmäßig, selbst bei grundsätzlicher Beibehaltung des Aufsichtsrats mit obligatorischer Wirkung Einrichtungen zu treffen, die eine periodische Kontrolle der Verwaltung gewährleisten?“[396]. Nach dieser etwas umständlich formulierten Frage, ob in Deutschland eine Pflichtprüfung der Rechnungslegung eingeführt werden sollte, beschäftigten sich die folgenden 12 Fragen im Wesentlichen damit, wie nach Ansicht der Bearbeiter eine solche Pflichtprüfung ausgestaltet werden sollte.

Es ist aber nicht nur auffällig, dass viele Bearbeiter nur die grundsätzlichen Fragen beantworteten, sondern auch, dass sie die Mehrzahl ihrer Antworten sehr kurz hielten. Teilweise veranlasst durch die Art der Fragestellung, be-

---

395 Fragebogen III, Kapitel 1, Abschnitt A, Frage 1.
396 Fragebogen III, Kapitel 2, Abschnitt C, Frage 59.

schränkten sich viele Bearbeiter auf ein einfaches „Ja“ oder „Nein“ oder auf eine Kommentierung mit wenigen Worten.

Ausführlichere Antworten, die deutlich seltener waren, bezogen sich oftmals nicht auf eine konkrete Frage, sondern betrafen pauschal mehrere Fragen oder einen ganzen Fragebogenabschnitt. Solche ausführlicheren Antworten finden sich gelegentlich auf den zurückgereichten Fragebogenformularen, in der Mehrzahl und schon aus Platzgründen aber vor allem in den selbständigen Bearbeitungen.

Unter den beim Reichsjustizministerium eingegangenen Antworten befinden sich auch einige besonders umfangreiche und qualifizierte Bearbeitungen. Auch diese Bearbeitungen beantworteten allerdings nicht alle 720 Einzelfragen und die dazu gehörigen Unterfragen, sondern behandelten die zugrunde liegenden aktienrechtlichen Probleme im Zusammenhang. Hervorzuheben sind die Beiträge des Centralverbands, des DAV, des DIHT, des RDI, des VDB und des ADGB. Ihnen allen ist gemeinsam, dass sie von großen Organisationen stammen, die über die erforderlichen finanziellen, personellen und fachlichen Mittel verfügten, um sich mit den Reformvorschlägen ausführlich auseinanderzusetzen. Gleichzeitig handelte es sich um die Spitzenorganisationen und Berufsverbände, deren Mitglieder von der Reform des Aktienrechts am stärksten betroffen waren.

(3) Die bedeutendsten Antworten

Die wohl ausführlichste Bearbeitung des Fragebogens stammt vom Deutschen Anwaltverein.[397] Dieser überwies die Bearbeitung des Fragebogens seinem Ausschuss I für Zivil- und Handelsrecht. Da die Aufgabe besonders aufwendig erschien, wurde der Ausschuss von sechs auf 17 Mitglieder erweitert. Dabei legte der Deutsche Anwaltverein Wert darauf, dass auch Rechtsanwälte beteiligt wurden, die nicht der Juristentagskommission angehört hatten. Im Übrigen wurde darauf geachtet, dass in dem Ausschuss möglichst verschiedene Reformrichtungen zu Wort kamen und auch das „regionale Moment“ nicht unberücksichtigt blieb.[398] Insgesamt war der Deutsche Anwaltverein um eine ausgewogene Bearbeitung des Fragebogens bemüht.

---

397 DAV, Akte RJM, BArch 30.01/3017, Bl. 110 f. Die Antwort des DAV wurde auch in der Schriftenreihe des DAV veröffentlicht. Vgl. DAV, Druckschriften Nr. 20 und 22, Leipzig 1929.

398 DAV, S. 3 f. Hier befindet sich auch eine Liste der Ausschussmitglieder.

Besonders ausführlich war auch die Bearbeitung des Fragebogens durch den Centralverband des Deutschen Bank- und Bankiergewerbes e.V.[399] Die Fragen wurden von einer Kommission aus Mitgliedern des Verbandsvorstandes, Vertretern der Vereinigung Berliner Banken und Bankiers, der Interessengemeinschaft der Berliner Privatbankfirmen, des Provinzbankausschusses des Centralverbandes, eines Sonderausschusses für Hypothekenbankwesen, sowie einigen Sachverständigen bearbeitet.[400] Da sich die Kommission nicht zu einer einheitlichen Stellungnahme durchringen konnte, erfolgte die Beantwortung der Fragen durch Referate und Co-Referate einzelner Kommissionsmitglieder. Dabei wurde die Verteilung der Referate so gehandhabt, dass zu jedem Fragebogenteil möglichst immer ein Vertreter der extremsten Vorstellungen zu Wort kam.[401]

Der Bericht des Deutschen Industrie- und Handelstages wurde von einer internen Kommission auf der Grundlage von Stellungnahmen einer größeren Anzahl von Industrie- und Handelskammern erarbeitet.[402] Diese Stellungnahmen wurden zunächst in internen Verhandlungen der Kammern unter Beteiligung und Berücksichtigung möglichst aller Gruppen der Industrie, des Handels und des Bankwesens erarbeitet. Anschließend wurden die gesammelten Stellungnahmen von einer Kommission des Deutschen Industrie- und Handelstages mit sachkundigen Vertretern der genannten Wirtschaftsgruppen beraten. Soweit die Kommission dabei zu einer anderen Auffassung kam als die Kammern, wurden die gegenüberstehenden Meinungen gewürdigt und gegeneinander abgewogen. Das Ergebnis ihrer Beratungen fasste die Kommission in einem Bericht zusammen, den sie dem Hauptausschuss des Deutschen Industrie- und Handelstages übermittelte. Der Hauptausschuss würdigte diesen Bericht in seiner Sitzung vom 30. Januar 1930 und verabschiedete ihn schließlich als offizielle Antwort des Deutschen Industrie- und Handelstages auf den Fragebogen.[403]

Auch der Reichsverband der Deutschen Industrie setzte sich mit den Fragen des Reichsjustizministeriums sehr eingehend auseinander.[404] Wegen der besonderen Bedeutung, die die Umgestaltung des Aktienrechts für die Industrie hatte, setzte das Präsidium des Reichsverbandes für die Bearbeitung des Fragebogens einen Sachverständigenausschuss ein, dem Vertreter des Präsidiums, des Vorstandes und des Rechtsausschusses des Reichsverbandes der Deutschen Industrie ange-

399 Centralverband, Akte RJM, BArch 30.01/3011.

400 Für eine Liste der Kommissionsmitglieder vgl. Centralverband, S. 1.

401 Anschreiben mit dem der Centralverband seinen Bericht dem RJM übersandte, Akte RJM, BArch 30.01/3009, Bl. 4.

402 DIHT, Akte RJM, BArch 30.01/3018.

403 DIHT, S. 1.

404 RDI, Akte RJM, BArch 30.01/3017. Die Antwort des RDI wurde auch veröffentlicht in: Die Wirtschaft und das Recht 1930, Heft 1.

hörten. Bei der Auswahl der übrigen Mitglieder wurde darauf geachtet, dass sie nicht nur über persönlichen Sachverstand verfügten, sondern auch Unternehmen aller Größenordnungen, die Rohstoff- und die verarbeitende Industrie, sowie die verschiedensten Industriegebiete in gleicher Weise repräsentierten.[405] Nach der ersten Sitzung des Gesamtausschusses am 24. Mai 1929, bei der ein Arbeitsplan entworfen wurde, bereiteten einzelne Ausschussmitglieder die Beantwortung der Fragebogenteile durch Referate und Co-Referate vor. Die Ergebnisse dieser Vorarbeiten wurden in Sitzungen am 1. und 2., sowie am 6. und 7. November 1929 durch den Gesamtausschuss beraten. Die Ergebnisse dieser Beratungen fasste der Gesamtausschuss in ihren Grundzügen in einem Begleitbericht zusammen, der vom Vorstand und vom Rechtsausschuss des Reichsverbandes der Deutschen Industrie genehmigt wurde. Hinzu kamen neun Einzelberichte zu den Fragebogenteilen, in denen die Einzelfragen noch einmal ausführlich auf der Grundlage der Referate und Co-Referate beantwortet wurden. Während die meisten Fragen einheitlich beantwortet werden konnten, wurden bei einzelnen umstrittenen Fragen auch abweichende Mindermeinungen zum Ausdruck gebracht. Vor ihrer Veröffentlichung wurden der Begleitbericht und die Einzelberichte noch einmal von einem dreiköpfigen Redaktionsausschuss überarbeitet.[406]

Eine besonders qualifizierte Stellungnahme erarbeitete auch der Verband Deutscher Bücherrevisoren. Sie wurde von einem Präsidialausschuss aus 5 Mitgliedern angefertigt, die als beeidigte oder behördlich geprüfte kaufmännische Sachverständige über Erfahrung bei der Beratung von Aktiengesellschaften unterschiedlicher Größe und Wirtschaftszweige, sowie bei der Buch- und Bilanzrevision verfügten.[407]

Besonders hervorzuheben sind schließlich die Beiträge der Gewerkschaften, die als Vertreter der Arbeitnehmer ein besonderes Interesse daran hatten, auf die Reform des Aktienrechts Einfluss zu nehmen. Von den drei angeschriebenen Gewerkschaften äußerte sich nach der Aktenlage allerdings lediglich der Allgemeine Deutsche Gewerkschaftsbund in einer gemeinsamen Stellungnahme mit dem Allgemeinen Freien Angestelltenbund.[408]

---

405 Für eine Aufzählung der Ausschussmitglieder vgl. RDI, S. 2.

406 RDI, S. 2.

407 VDB, Akte RJM, BArch 30.01/3009, Bl. 35 (Grundsätzliche Stellungnahme) und Akte RJM, BArch 30.01/3017, Bl. 188 (Antworten auf den Fragebogen). Die Antwort des VDB wurde auch veröffentlicht. Vgl. VDB, Zur Reform des Aktienrechts, Leipzig 1930. Für eine Liste der Mitglieder des Präsidialausschusses vgl. VDB, Bl. 1.

408 ADGB/AFA, Akte RJM, BArch 30.01/3014. Die Antwort der Gewerkschaften wurde auch veröffentlicht. Vgl. ADGB, Gewerkschaftszeitung 1930, S. 193 f. und AFA, Die Angestelltenbewegung 1928-1931, S. 73 ff.

b. Auswertung

Die Fragen, wie die Verwaltung der Aktiengesellschaft zukünftig organisiert werden sollte und ob auch in Deutschland eine Pflichtrevision der Rechnungslegung eingeführt werden sollte, wurden im dritten Teil des Fragebogens behandelt.

(1) Aufsichtsrat

Im ersten Kapitel wurde unter der Überschrift „Grundsätzliche Fragen" zunächst danach gefragt, ob an der zweigliedrigen Verwaltung der Aktiengesellschaft festgehalten werden sollte. Die Frage lautete: „Ist die Zweiteilung in Vorstand und Aufsichtsrat beizubehalten oder ist es zweckmäßiger, nach dem Vorbilde anderer Staaten die Verwaltung der Aktiengesellschaft in einem Organ zusammenzufassen (board of directors, conseil d'administration, Verwaltungsrat)?"[409]

Die Auswertung der Antworten auf diese Frage ergibt, dass sich alle Bearbeiter des Fragebogens für eine Beibehaltung der zweigliedrigen Verwaltung aus Vorstand und Aufsichtsrat aussprachen. Kein einziger Bearbeiter plädierte für eine einheitliche Unternehmensverwaltung nach ausländischem Vorbild. Darüber hinaus sahen alle Bearbeiter den Aufsichtsrat nicht nur als Mitverwaltungsorgan, sondern vor allem auch als Überwachungsorgan. Dabei wiederholten sie die bereits bekannten Argumente aus den Vorjahren.

(2) Pflichtprüfung

Die Frage, ob in Deutschland bei grundsätzlicher Beibehaltung des Aufsichtsrats eine Pflichtrevision der Rechnungslegung eingeführt werden sollte, wurde im zweiten Kapitel unter der Überschrift „Änderungsmöglichkeiten bei grundsätzlicher Beibehaltung des deutschen Systems" behandelt. Die Ausgangsfrage war so formuliert, dass sie den Bearbeitern für die Beantwortung einen möglichst weiten Spielraum ließ. Sie lautete: „Ist es zweckmäßig, selbst bei grundsätzlicher Beibehaltung des Aufsichtsrats mit obligatorischer Wirkung Einrichtungen zu treffen, die eine periodische Kontrolle der Verwaltung gewährleisten?"[410].

Die Auswertung der Antworten auf diese Frage ergibt, dass zwischen den Bearbeitern des Fragebogens im Hinblick auf die Einführung einer Pflichtrevision erhebliche Meinungsunterschiede bestanden. Die Antworten kann man in drei

---

409 Fragebogen III, Frage 1.
410 Fragebogen III, Frage 59.

Gruppen unterteilen: Eine Gruppe befürwortete die sofortige Einführung einer Pflichtrevision[411], eine andere Gruppe wollte die Pflichtrevision erst zu einem späteren Zeitpunkt einführen[412] und eine dritte Gruppe sprach sich generell gegen die Einführung einer Pflichtrevision aus[413].

(3) Das Verhältnis von Aufsichtsrat und Revisoren

Die Frage, ob für die Rechnungslegung der Aktiengesellschaft eine Pflichtrevision eingeführt werden sollte, kann aber nicht isoliert betrachtet werden. Denn hinter den Antworten auf diese Frage verbargen sich grundsätzlich unterschiedliche Vorstellungen darüber, welche Aufgaben der Aufsichtsrat und die Revisoren künftig bei der Unternehmensüberwachung und der Prüfung der Rechnungslegung übernehmen sollten.

Um zu verstehen, wie die Bearbeiter des Fragebogens über die zukünftige Aufgabenverteilung zwischen Aufsichtsrat und Revisoren dachten, ist es erforderlich, neben den grundsätzlichen Fragen über die Beibehaltung des Aufsichtsrats als Überwachungsorgan und die Einführung einer Pflichtrevision[414] auch die Detailfragen über die künftige Arbeit des Aufsichtsrats und der Revisoren zu untersuchen[415]. Die unterschiedlichen Standpunkte der Bearbeiter spiegeln sich dabei insbesondere in ihren Vorstellungen darüber wider, wer die Revisoren wählen sollte, wer ihren Prüfbericht erhalten sollte, welche Bedeutung die externe Revision für die Prüfungspflichten des Aufsichtsrats haben sollte und wer die Verantwortung für die externe Revision tragen sollte.[416] Erst eine Gesamtbetrachtung der Antworten auf diese Fragen vermittelt einen Eindruck davon, wie der jeweilige Bearbeiter eines Fragebogens über das Verhältnis von Aufsichtsrat und Revisoren dachte.

Die Auswertung der Fragebogen unter dieser erweiterten Fragestellung ergibt folgendes Ergebnis:

---

411 ADGB/AFA, S. 6; Aktionärsverein, Antwort auf Frage 59; Centralverband, S. 43 f. (Hartmann) und S. 54 f. (Hoffmann); DIHT, Einleitung, S. 6 f. und Antworten auf Fragen 59 bis 61; GdB, Antwort auf Frage 59; Hallier, Antwort auf Frage 59; RDTA, Antwort auf Fragen 59 und 60; Treuhandverband, Antwort auf Fragen 59 und 64; VDB, Bl. 188; VBH, Antwort auf Frage 59.

412 DAV, S. 89, 98 ff., 103 f., 109 ff.; DNV, Bl. 42; FZ, S. 5; RDI, Begleitbericht, S. 8 ff.; Sächsische Staatsbank, Bl. 83 f.

413 Hamburg, Antwort auf Frage 59; RdP, Antwort auf Frage 59; Thüringen, Antwort auf Frage 59.

414 Fragebogen III, Fragen 1 und 59.

415 Fragebogen III, Fragen 27 bis 36, 38 bis 44 und 46 (Aufsichtsrat) und 60 bis 70 (Pflichtprüfung).

416 Fragebogen III, Fragen 66, 68, 33 und 46.

(a) Reformgegner

Nach Ansicht aller großen Wirtschaftsverbände sollte in erster Linie der Aufsichtsrat für die Prüfung der Rechnungslegung zuständig und verantwortlich bleiben.[417]

Der Reichsverband der Privatversicherung sprach sich dafür aus, dass der Aufsichtsrat auch weiterhin nach pflichtgemäßem Ermessen entscheiden sollte, ob er zur Erfüllung seiner gesetzlichen Prüfungspflichten externe Revisoren heranziehen wollte. Maßstab hierfür sollte allein die Sorgfalt eines ordentlichen Geschäftsmannes nach § 249 Absatz 1 HGB 1897 sein.[418]

Die Vertreter der anderen Wirtschaftsverbände waren dagegen der Ansicht, dass die „Sorgfalt eines ordentlichen Geschäftsmannes“ nach § 249 Absatz 1 HGB 1897 im Hinblick auf die Prüfung der Rechnungslegung zwingend die Beauftragung externer Revisoren erforderte. Aus diesem Grund wollten sie dem Aufsichtsrat die Beauftragung solcher Revisoren zur gesetzlichen Pflicht machen. Die Verantwortung des Aufsichtsrats für die Prüfung der Rechnungslegung sollte davon aber unberührt bleiben.[419]

Auch die meisten Wirtschaftsverbände traten somit für eine Pflichtrevision der Rechnungslegung ein, jedoch unter alleiniger Regie und Verantwortung des Aufsichtsrats. Der Aufsichtsrat sollte auch weiterhin in eigener Verantwortung die Prüfer auswählen, sowie den Zeitpunkt und den Umfang ihrer Prüfung bestimmen. Als Auftraggeber sollte der Aufsichtsrat nach Abschluss der Prüfung den Bericht der Revisoren zur freien Verfügung erhalten. Er konnte sich dann in seinem Bericht an die Generalversammlung den Ausführungen des Prüfberichts anschließen oder sie verwerfen.

Nach fast einstimmiger Ansicht der Wirtschaftsverbände sollten die externen Revisoren somit bloße Erfüllungsgehilfen des Aufsichtsrats sein, deren Unterstützung der Aufsichtsrat von Gesetzes wegen in Anspruch nehmen musste.

---

417 Vgl. hierzu und zum Folgenden Centralverband, S. 43 f. (Hartmann) und S. 49 f., 54 ff. (Hoffmann); DIHT, Einleitung, S. 6 f. und Antworten auf die Fragen 34, 46 und 59 bis 63; RDI, Begleitbericht, S. 8 ff.; RdP, Antworten auf die Fragen 40, 46 und 59. Im Sinne der Wirtschaftsverbände auch Hamburg, Antwort auf Frage 59, Thüringen, Antwort auf Frage 59 und Treuhandverband, Antworten auf Fragen 46, 59 und 68.

418 Vgl. RdP, Antworten auf Fragen 40, 46 und 59. In diesem Sinne auch Hamburg, Antwort auf Frage 59 und Thüringen, Antwort auf Frage 59.

419 Vgl. Centralverband, S. 41 f. (Hartmann) und S. 54 f. (Hoffmann); DIHT, Antwort auf Fragen 59 bis 61; RDI, Begleitbericht, S. 8 f. In diesem Sinne auch Treuhandverband, Antworten auf Fragen 46 und 59.

(b) Gemäßigte Reformer

Die Standesvertretungen der Rechtsanwälte und Notare, der Reichsbund Deutscher Treuhand-Aktiengesellschaften und Teile der Handelspresse wollten dem Aufsichtsrat dagegen die Zuständigkeit und Verantwortung für die Prüfung der Rechnungslegung entziehen. Nach ihrer Ansicht sollte die Rechnungsprüfung externen Revisoren nach dem Vorbild der englischen Chartered Accountants übertragen werden, die von der Verwaltung der Gesellschaft unabhängig waren und die Überwachung des Aufsichtsrats auf dem Gebiet der Rechnungslegung ersetzten.[420]

Da eine ausreichende Anzahl ausgebildeter Revisoren nach Ansicht dieser Gruppe zum Zeitpunkt der Fragebogenaktion noch nicht zur Verfügung stand, sollte die Pflichtprüfung nach ihrer Meinung aber erst zu einem späteren Zeitpunkt eingeführt werden. Für die Übergangszeit sollte der Aufsichtsrat für die Prüfung der Rechnungslegung zuständig und verantwortlich bleiben. Er sollte sich aber nach dem Vorschlag der Juristentagskommission von der Haftung für die Rechnungsprüfung befreien können, indem er besondere Revisoren mit dieser Aufgabe beauftragte. Wenn der Aufsichtsrat sich für diesen Weg entschied, dann sollte er die Revisoren selbst auswählen und als Auftraggeber auch ihren Bericht erhalten. Nach dem Studium des Berichts sollte der Aufsichtsrat entscheiden, ob er den Bericht übernehmen und an die Stelle seines eigenen Berichts an die Generalversammlung treten lassen wollte. In diesem Fall sollte der Aufsichtsrat von der Haftung für die Rechnungsprüfung frei werden und nur noch für die sorgfältige Auswahl der Prüfer haften. Andererseits konnte er den Bericht aber auch nur zur Kenntnis nehmen und der Generalversammlung über seine eigene Prüfung der Rechnungslegung berichten. In diesem Fall blieb der Aufsichtsrat für die Prüfung der Rechnungslegung uneingeschränkt verantwortlich.

Sobald eine genügende Anzahl zuverlässiger Revisoren zur Verfügung stehen würde, sollte dem Aufsichtsrat die Zuständigkeit und Verantwortung für die Prüfung der Rechnungslegung entzogen werden. Diese Aufgabe sollte dann von gesellschaftsexternen Revisoren wahrgenommen werden.[421] Um die Unabhängigkeit der Revisoren zu sichern, sollten die Revisoren von diesem Zeitpunkt an von der Generalversammlung gewählt werden. Der Bericht der Revisoren sollte sich dann auch nicht mehr allein an den Aufsichtsrat, sondern zugleich an den

420 Vgl. hierzu und zum Folgenden DAV, S. 89, 98, 103 f. und 109 ff.; DNV, Bl. 42; FZ, S. 5; RDTA, Antworten auf Fragen 46 und 59 ff.; Sächsische Staatsbank, Bl. 83 f.

421 DAV, S. 89, 98, 103 f. und 109 ff.; DNV, Bl. 42; FZ, S. 5; RDTA, Antworten auf Fragen 46 und 59 ff. In diesem Sinne auch Sächsische Staatsbank, Bl. 83 f.

Vorstand der Gesellschaft richten. Die Generalversammlung sollte nur über das Ergebnis der Revision informiert werden. Für ihre Prüfung sollten die Revisoren der Gesellschaft unmittelbar verantwortlich sein.

(c) Radikale Reformer

Die Gewerkschaften, aber auch Teile der Handelspresse sprachen sich für die sofortige Einführung einer externen Pflichtprüfung durch unabhängige Revisoren aus. Nach Ansicht der Gewerkschaften und einiger Autoren der Handelspresse sollten die externen Revisoren den Aufsichtsrat bei der Prüfung der Rechnungslegung ersetzen.[422] Den radikalen Reformern schlossen sich im Ergebnis auch die Interessenorganisationen der Buchprüfer an.[423] Nach Ansicht beider Gruppen existierte bereits eine ausreichende Anzahl ausgebildeter Revisoren oder würde bei Einführung der Pflichtprüfung jedenfalls in kürzester Zeit entstehen. Die Mehrheit der radikalen Reformer sprach sich dafür aus, die Revisoren vom Aufsichtsrat wählen zu lassen, weil man ihm als Überwachungsorgan den erforderlichen Sachverstand zubilligte. Der Aufsichtsrat sollte auch den Prüfbericht erhalten, weil er ihn zur Erfüllung seiner sonstigen Überwachungspflichten studieren sollte. Trotz dieser Einbeziehung des Aufsichtsrats in den Revisionsprozess sollten die externen Revisoren aber nicht Erfüllungsgehilfen des Aufsichtsrats, sondern von der Verwaltung unabhängige Prüfer mit eigenem gesetzlichen Überwachungsauftrag sein.

Nach Ansicht der Gewerkschaften sollte zusätzlich zu einer externen Pflichtprüfung noch ein Aktienamt eingerichtet werden, das die Einhaltung der Publizitätsvorschriften durch die Aktiengesellschaften im staatlichen Auftrag überwachen und im Zweifel korrigierend eingreifen sollte.[424]

4. Zusammenfassung und Stellungnahme

Als das Reichsjustizministerium gegen Ende des Jahres 1928 seinen Arbeitsplan zur Vorbereitung einer Aktienrechtsreform aufstellte, wiesen erste Vorboten bereits auf die Weltwirtschaftskrise hin. Das zögerliche Verhalten der Reichsregierung auf dem Deutschen Juristentag 1926 und das lange Abwarten bis zum Beginn eigener Vorbereitungen erweist sich damit im Nachhinein als unglücklich.

---

422 Vgl. hierzu und zum Folgenden ADGB/AFA, S. 6 und VBH, Antworten auf Fragen 31 und 59 bis 70.

423 GdB, Antworten auf Fragen 33, 59 bis 70; VDB, Bl. 188. In diesem Sinne auch Hallier, Antworten auf Fragen 59 bis 70 und Aktionärsverein, Antworten auf Fragen 46 und 59 bis 70.

424 ADGB/AFA, S. 6.

Die Vorgehensweise, nämlich die identifizierten Grundprobleme[425] nicht isoliert, sondern im aktienrechtlichen Gesamtzusammenhang zu betrachten und unter Beteiligung aller betroffenen Kreise einer koordinierten Lösung zuzuführen, war dagegen richtig. Auch wenn diese Vorgehensweise angesichts der sich verschlechternden Wirtschaftslage nicht unproblematisch war, weil sie einen erheblichen Arbeits- und Zeitaufwand erforderte, war sie die einzig Richtige, wenn man kein unkoordiniertes und umstrittenes Flickwerk produzieren wollte.

a. Die Fragebogenaktion

Die vom Reichsjustizministerium gewählte Fragebogenmethode erscheint jedoch fragwürdig. Mit den Vorarbeiten der Juristentage, der Juristentagskommission und des Enquête-Ausschusses, den ausführlichen Erörterungen in der Handelspresse und der Fachliteratur, sowie den bekannten Regelungen des Auslands standen so umfangreiche Materialien zur Verfügung, dass das Reichsjustizministerium daraus ohne weiteres einen ersten Gesetzesentwurf hätte erarbeiten können. Die Sammlung von weiterem Material durch eine Fragebogenaktion, deren Vorbereitung und Durchführung ein Jahr dauerte, erscheint vor diesem Hintergrund nur beschränkt sinnvoll und die Befürchtung, dass durch einen Referentenentwurf die Weichen für eine zukünftige Reform zu früh in eine bestimmte Richtung gestellt worden wären[426], erscheint übervorsichtig.

Durch das Bestreben, möglichst alle Vorarbeiten, Reformvorschläge und ausländischen Regelungen zu berücksichtigen, fiel der Fragebogen viel zu umfangreich und detailliert aus. Allein die innere Organisation der Aktiengesellschaft wurde in Teil III des Fragebogens mit 70 Fragen behandelt. Das erschwerte eine konzentrierte und zusammenhängende Bearbeitung der zugrunde liegenden aktienrechtlichen Probleme erheblich. Der geringe Rücklauf, die Tatsache, dass sich viele Autoren auf die Bearbeitung weniger Grundsatzfragen beschränkten, ihre Antworten sehr kurz fassten und eher zu pauschalen Formulierungen neigten, anstatt einzelne Fragen konkret zu beantworten, zeigt, dass kaum einer der Empfänger die Zeit hatte oder die Neigung verspürte, sich mit der ganzen Fülle von 720 Einzelfragen und ihren Unterfragen zu beschäftigen. Auch dürften viele Empfänger von vornherein nicht über die notwendigen finanziellen, personellen und fachlichen Ressourcen verfügt haben, um die größtenteils sehr juristisch formulierten Fragen zu beantworten. Eine qualifizierte Beantwortung war ohnehin nur möglich, wenn man die aktienrechtliche Diskussion seit Anfang des

425 Schutz der Aktionäre vor einer Verfälschung des Mehrheitswillens, Steigerung der Publizität und Kontrolle, zunehmende Konzernierung, Kapitalbeschaffung und Kapitalbildung. Vgl. oben C.VI.1.

426 Schmölder, JW 1929, 1338 f.

20. Jahrhunderts im Detail verfolgt hatte. Der Fragebogen war daher von vornherein nur wenig geeignet, eine aussagekräftige Stellungnahme von allen gesellschaftlichen Gruppen einzuholen, die von einer Änderung des Aktienrechts betroffen waren.

Dem Entwurf des Verteilungsplans des Reichsjustizministeriums ist zu entnehmen, dass das Reichsjustizministerium vor allem Wert auf die Meinung der drei großen Wirtschaftsverbände (Centralverband, Reichsverband der Deutschen Industrie und Deutscher Industrie- und Handelstag) legte. Sie erhielten nach dem Entwurf insgesamt 150 Druckexemplare, während für alle anderen Spitzenorganisationen nur jeweils 10 Exemplare und für die sonstigen Verbände und Vereinigungen nur jeweils 5 Exemplare vorgesehen waren. Das erscheint insofern sinnvoll, als die Aktienrechtsreform vor allem die Interessen der Mitglieder der Wirtschaftsverbände betraf und die drei genannten Verbände die größten Wirtschaftsunternehmen repräsentierten. Wie ihre Antworten zeigen, verfügten die Wirtschaftsverbände auch über die personellen und fachlichen Ressourcen, die eine ausführliche Bearbeitung des Fragebogens ermöglichten. Andererseits erscheinen die Wirtschaftsverbände aber bei der Verteilung der Fragebogen immer noch überrepräsentiert, wenn man bedenkt, dass die drei angeschriebenen Gewerkschaften (Allgemeiner Deutscher Gewerkschaftsbund, Deutscher Gewerkschaftsbund und Gewerkschaftsring deutscher Arbeiter-, Angestellten- und Beamtenverbände) als Vertreter der Arbeitnehmer in dem Entwurf des Verteilers nicht einmal erwähnt werden und damit als „sonstige Spitzenorganisationen" nur jeweils 10 Druckexemplare des Fragebogens erhielten. Auch insofern konnte die Fragebogenaktion nur schwerlich zu einem ausgewogenen Meinungsbild aller an der Aktiengesellschaft beteiligten Kreise führen.

Auffällig ist auch, dass an die Handelspresse besonders viele Fragebogen verteilt wurden. Sie erhielt nach dem Entwurf des Verteilers immerhin 15% aller gedruckten Exemplare. Man könnte annehmen, dass sich das Reichsjustizministerium von der Einbindung der Handelspresse eine stärkere Verbreitung seines Fragebogens erhoffte, wahrscheinlicher erscheint aber, dass das Reichsjustiz

ministerium Wert auf die Meinung der Handelsredakteure legte, die in der Weimarer Republik besonders lebhaft an der aktienrechtlichen Diskussion teilnahmen.

b. Aufsichtsrat

Wertet man die Antworten auf den Fragebogen im Hinblick auf den Aufsichtsrat aus, dann bestätigt sich, dass die Stellung des Aufsichtsrats am Ende der zwanziger Jahre unangefochten war. Das galt sowohl für seine Funktion als Mitverwaltungsorgan, als auch als für seine Aufgabe als Überwachungsorgan.

c. Pflichtprüfung

Etwas differenzierter war die Lage im Hinblick auf die Pflichtprüfung. Hier zeigt die Auswertung der Fragebogen, dass sich am Ende der zwanziger Jahre im Wesentlichen zwei Lager gebildet hatten. Einerseits die Wirtschaftsverbände, die sich dem 34. Deutschen Juristentag, der Juristentagskommission und dem Enquête-Ausschuss anschlossen und nach deren Ansicht der Aufsichtsrat für die Prüfung der Rechnungslegung zuständig und verantwortlich bleiben sollte. Andererseits die reformfreundlichen Kräfte, die dem Aufsichtsrat die Zuständigkeit und Verantwortung für die Rechnungsprüfung entziehen und sie durch eine unabhängige Revision nach englisch-amerikanischem Vorbild ersetzen wollten.

Die Einstellung der Wirtschaftsverbände erklärt sich daraus, dass die Vorstände und Aufsichtsräte kein Interesse daran haben konnten, ihre durch Stimmrechts- und Vorratsaktien gewonnene Vorherrschaft in der Aktiengesellschaft durch Einführung einer unabhängigen Revision und die damit verbundene Erhöhung der Publizität wieder aufzugeben. Die Wirtschaftsverbände traten deswegen für eine Stärkung des Aufsichtsrats als Überwachungsorgan ein. Für die Ansicht der Wirtschaftsverbände sprach, dass die Wirtschaft durch die Aktienrechtsreform nicht geschwächt, sondern gestärkt werden sollte. Außerdem hatten die Verbände die Unterstützung des Deutschen Juristentages, der Juristentagskommission und des Enquête-Ausschusses.

Die reformfreundlichen Kräfte dagegen traten für den Abbau der Verwaltungsherrschaft, für mehr Publizität und eine Stärkung der Aktionärsrechte ein. Die Einführung einer unabhängigen Pflichtrevision war dafür ein besonders geeignetes Mittel. Für die reformfreundlichen Kräfte sprach, dass man die Vorherrschaft der Verwaltungen nicht als Stärke, sondern als Schwäche der deutschen Aktiengesellschaften erkannt hatte. Darüber hinaus sprach für sie die Lehre „vom Unternehmen an sich“, wonach die Gemeinwohlbindung der Aktiengesellschaften mehr Kontrolle und Publizität erforderte. Schließlich lag die Einführung der Pflichtrevision auch im Interesse derjenigen, die für eine Stärkung der Aktionärsrechte eintraten, da eine ordnungsgemäße Rechnungslegung und -prüfung Voraussetzung für die Wahrnehmung aller wesentlichen Vermögens- und Verwaltungsrechte durch die Aktionäre war.

Die weitergehende Forderung der Gewerkschaften, neben den externen Revisoren noch ein Aktienamt mit umfassenden Eingriffsbefugnissen zu schaffen, war dagegen zu keiner Zeit mehrheitsfähig. Obwohl die Gewerkschaften nicht in Zweifel zogen, dass es sich bei der Aktiengesellschaft um eine Einrichtung des Privatrechts handelte, hätte die Umsetzung ihrer Forderung einen Schritt zurück in Richtung staatlicher Überwachung bedeutet, die erst durch die Reform von 1870 erfolgreich beseitigt worden war.

d. Organisationsrechtliche Konsequenzen

Die unterschiedlichen Standpunkte über die zukünftige Rolle des Aufsichtsrats und der Revisoren bei der Prüfung der Rechnungslegung hatten nicht nur Bedeutung für die gesetzliche Pflichtenverteilung zwischen diesen beiden Kontrollstellen. Die Frage, wer zukünftig für die Prüfung der Rechnungslegung zuständig und verantwortlich sein sollte, hatte auch Konsequenzen für die Organisationsstruktur der Aktiengesellschaft.

Überträgt man die Ansicht der Wirtschaftsverbände auf die organisationsrechtliche Ebene, dann blieb die dreigliedrige Organisationsstruktur der Aktiengesellschaft erhalten. Nach dieser Ansicht sollte die Aktiengesellschaft auch weiterhin über eine Generalversammlung als Willensbildungsorgan, den Vorstand als Ausführungsorgan und den Aufsichtsrat als Überwachungsorgan verfügen. Die externen Revisoren sollten dagegen kein eigenständiges Gesellschaftsorgan bilden. Sie waren nach dieser Ansicht lediglich Erfüllungsgehilfen des Aufsichtsrats, der auch weiterhin in vollem Umfang für die Prüfung der Rechnungslegung zuständig und verantwortlich bleiben sollte. Nach dieser Ansicht blieb die Aktiengesellschaft daher eine geschlossene dreigliedrige Einheit.

Folgt man der Ansicht der gemäßigten Reformer, dann sollte die Aktiengesellschaft nur noch bis zur Heranbildung einer ausreichenden Zahl geeigneter Revisoren eine geschlossene Einheit bleiben. Mit der Einführung der Pflichtrevision sollte dem Aufsichtsrat die Zuständigkeit und Verantwortung für die Prüfung der Rechnungslegung zugunsten von gesellschaftsexternen Revisoren entzogen werden. Dadurch wurde eine der Kernzuständigkeiten der Aktionärsgemeinschaft, die Prüfung der Rechnungslegung, dem Verfügungsbereich der Aktionäre entzogen und auf eine gesellschaftsexterne Stelle übertragen. Dadurch wurde die Einheit der Aktiengesellschaft durchbrochen.

Noch weitergehende Konsequenzen hätte die Umsetzung der Forderungen der Gewerkschaften gehabt. Folgte man ihnen, dann sollte nicht nur die Organisation der Aktiengesellschaft als geschlossene Einheit durchbrochen werden, sondern der Aktiengesellschaft sollte darüber hinaus durch die Einführung eines Aktienamtes mit Überwachungs- und Eingriffsbefugnissen auch ein Teil ihres Selbstbestimmungsrechts genommen werden.

D. Vom Entwurf I bis zur Notverordnung vom 19. September 1931

I. Der interne Vorentwurf des Reichsjustizministeriums

Nach dem Abschluss der Fragebogenaktion im Oktober 1929[427] begann das Reichsjustizministerium unter Beteiligung des Reichswirtschaftsministeriums, des Reichsfinanzministeriums und des preußischen Handelsministeriums, den Entwurf für ein neues Aktiengesetz vorzubereiten.[428] Zu diesem Zweck erstellte das Reichsjustizministerium zunächst eine interne Arbeitsvorlage in Form eines Vorentwurfs, der in seiner Gliederung dem Fragebogen folgte und eine Änderung und Ergänzung der bestehenden Vorschriften des Handelsgesetzbuchs vorsah.[429] Die neun Teile des Vorentwurfs übersandte das Reichsjustizministerium dem Reichswirtschaftsministerium, dem Reichsfinanzministerium und dem preußischen Handelsministerium zwischen Anfang Februar und Ende April 1930.

Im Mai 1930 wurde der Vorentwurf von Vertretern der beteiligten Ministerien in mehreren Sitzungen beraten.[430] Dabei sollten nach Vorstellung des Reichsjustizministeriums noch nicht bis ins Detail gehende Antworten zu allen Reformfragen gefunden werden, sondern die Ministerien sollten sich zunächst nur in grundlegenden Fragen auf eine gemeinsame Linie verständigen, um der Öffentlichkeit einen ersten Gesetzesentwurf als Diskussionsgrundlage vorlegen zu

---

427 Das Reichsjustizministerium hatte um Rücksendung der Fragebogen bis zum 15. Oktober 1929 gebeten. Vgl. die Anschreiben des Reichsjustizministeriums vom 5. März und 6. Juni 1929, Akte RJM, BArch 30.01/3005, Bl. 19 ff. und Bl. 180 ff.

428 Vgl. hierzu und zum Folgenden die Akten RJM, BArch 30.01/2937, 2938 und 2941, sowie die Akte RWM, BArch 31.01/17555.

429 Ein eigener Entwurf mit Begründung, der auf den 2. Januar 1930 datiert ist, wurde dem Reichsjustizministerium von Prof. Schmalenbach vorgelegt. Der Schwerpunkt dieses Entwurfs lag auf dem Bilanzrecht. Er hatte auf die Reform der Unternehmensverwaltung und die Einführung der Pflichtprüfung keinen erkennbaren Einfluss. Ein maschinenschriftliches Exemplar des Entwurfs befindet sich in der Akte RJM, BArch 30.01/2938, Bl. 7 ff.

430 Vgl. Akte RJM, BArch 30.01/2941, Bl. 130 ff. und Akte RWM, BArch 31.01/17555, Bl. 280 ff.

können.[431] Reichswirtschaftsgerichtsrat Bernard vom Reichswirtschaftsministerium hielt in einem Gesprächsvermerk fest, „diese Veröffentlichung sei nicht so gedacht, dass das Reichsjustizministerium sich selbst oder gar mitbeteiligte Ressorts auf den Entwurf irgendwie festlegen wolle; die Veröffentlichung solle vielmehr nur die Bedeutung haben, den Entwurf zur öffentlichen Diskussion zu stellen, um durch die zu erwartende Kritik weiteres Material für die Aufstellung eines endgültigen, mit den Ressorts in üblicher Weise zu beratenden und alsdann an die gesetzgebenden Körperschaften zu leitenden Entwurfs zu sammeln“[432]. In dieser Besprechung wurde zwischen dem Reichsjustizministerium und dem Reichswirtschaftsministerium erstmals auch Einvernehmen darüber erzielt, dass die Bestimmungen über die Aktiengesellschaft aus dem Handelsgesetzbuch heraus genommen und in einem eigenständigen Aktiengesetz geregelt werden sollten.[433]

Teil III des Vorentwurfs, der Vorschriften zur Reform des Aufsichtsrats und zur Einführung einer unabhängigen Pflichtprüfung enthielt, wurde von den Vertretern der Ministerien am 5. Mai 1930 beraten. Dabei äußerten das Reichswirtschaftsministerium, das Reichsfinanzministerium und das preußische Handelsministerium einige redaktionelle Änderungswünsche. Inhaltlich hatten sie gegen den Entwurf des Reichsjustizministeriums keine wesentlichen Einwände.[434]

Im Anschluss an die Beratungen der Ministerien wurden einzelne Teile des Vorentwurfs im Reichsjustizministerium noch einmal überarbeitet und teilweise in die Form eines zweiten Vorentwurfs gebracht.[435] Mit Schreiben vom 2. Juni und 21. Juni 1930 erklärten der Reichsfinanzminister und der Reichswirtschaftsminister schließlich, dass sie mit der Veröffentlichung des Vorentwurfs als Ressortentwurf des Reichsjustizministeriums einverstanden waren.[436]

---

431 Vgl. den Vermerk über eine Besprechung im Reichswirtschaftsministerium vom 25. April 1930 in der Akte RJM, BArch 30.01/2941, Bl. 127 und den Vermerk über dieselbe Besprechung in der Akte RWM, BArch 31.01/17555, Bl. 280 f.

432 Vermerk über die Besprechung im Reichswirtschaftsministerium vom 25. April 1930, Akte RWM, BArch 31.01/17555, Bl. 280.

433 Vermerk über die Besprechung im Reichswirtschaftsministerium vom 25. April 1930, Akte RWM, BArch 31.01/17555, Bl. 281.

434 Vermerk über die Besprechung vom 5. Mai 1930, Akte RWM, BArch 31.01/17555, Bl. 292 ff.

435 Ein zweiter Vorentwurf für Teil VI (Bilanz und Gewinn- und Verlustrechnung) befindet sich in der Akte RWM, BArch 31.01/17555, Bl. 344 ff. Nach der Aktenlage wurde für Teil III (Organisation der Verwaltung der Aktiengesellschaft) kein zweiter Vorentwurf erstellt.

436 Vgl. Akte RJM, BArch 30.01/2941, Bl. 166 (RFM) bzw. Bl. 253 ff. (RWM). Letzte Änderungsvorschläge im Schreiben des Reichswirtschaftsministers wurden fast ausnahmslos

II. Der Entwurf des Reichsjustizministeriums von 1930

Daraufhin versandte das Reichsjustizministerium den Entwurf am 15. August 1930 an die Spitzenverbände und veröffentlichte ihn am 16. August 1930 als „Entwurf eines Gesetzes über Aktiengesellschaften und Kommanditgesellschaften auf Aktien".[437] Dem Entwurf waren „Erläuternde Bemerkungen" beigefügt, die die Vorstellungen und Erwartungen der Redaktoren Schlegelberger, Quassowski, Schmölder und Ullmann darlegten.[438] Gleichzeitig erschien eine kommentierende Aufsatzreihe der Redaktoren in der Juristischen Wochenschrift.[439]

1. Aufsichtsrat

Der Entwurf hielt an der Zweiteilung der Verwaltung in Vorstand und Aufsichtsrat fest.[440] Nach § 79 Absatz 1, Satz 1 des Entwurfs hatte der Aufsichtsrat weiterhin die Geschäftsführung des Vorstands zu überwachen. § 79 Absatz 5 des Entwurfs übernahm die Bestimmung des § 246 Absatz 3 HGB 1897. Danach konnten die Aktionäre dem Aufsichtsrat im Gesellschaftsvertrag weitere Aufgaben zuweisen. Damit fand auch die Mitverwaltungsfunktion des Aufsichtsrats im Entwurf des Reichsjustizministeriums Berücksichtigung.

2. Pflichtprüfung

§ 118 Absatz 1 des Entwurfs sah die Einführung einer unabhängigen Pflichtprüfung für alle Aktiengesellschaften vor.[441] Da aber nach Ansicht des Reichsjustizministeriums noch nicht genügend Revisoren zur Verfügung standen, sollte der Zeitpunkt des Inkrafttretens der §§ 118 ff. durch die Reichsregierung bestimmt werden.[442] Für die Übergangszeit sollte die Regierung einstweilige Bestimmungen über die Prüfung der Rechnungslegung erlassen können.[443]

---

in den Entwurf übernommen. Dabei handelte es sich vor allem um sprachliche und systematische Änderungen.

437 Entwurf eines Gesetzes über Aktiengesellschaften und Kommanditgesellschaften auf Aktien, hrsg. vom Reichsjustizministerium, Berlin 1930. So genannter Entwurf I.

438 Entwurf I, S. 93 ff.

439 Schlegelberger, JW 1930, 2617 f.; Quassowski, JW 1930, 2618 ff.; Schmölder, JW 1930, 2623 ff. und Ullmann, JW 1930, 2633 ff.

440 §§ 61 Absatz 1, 74 Absatz 1 Entwurf I.

441 So auch schon Artikel XI, § a Absatz 1 des Vorentwurfs zu Teil III.

442 Artikel 1, Absatz 2 des Entwurfs eines Einführungsgesetzes. So auch schon Abschnitt XI, § i des Vorentwurfs zu Teil III.

443 § 125 Absatz 1, Nr. 3 Entwurf I. So bereits Abschnitt XI, § k Absatz 1, Nr. 3 des Vorentwurfs zu Teil III.

Nach dem Entwurf oblag die Auswahl und Bestellung der Revisoren der Generalversammlung.[444] Ihren Prüfbericht übergaben die Revisoren dem Vorstand, der ihn an den Aufsichtsrat weiterleitete.[445] Der Vorstand berichtete in der Generalversammlung über das abschließende Ergebnis der Revision.[446] Für die gewissenhafte und unparteiische Durchführung der Rechnungsprüfung waren die Revisoren unmittelbar der Gesellschaft verantwortlich.[447]

3. Zwischenergebnis

Mit der Beibehaltung der zweigliedrigen Unternehmensverwaltung entsprach das Reichsjustizministerium der mittlerweile einhelligen Meinung in Literatur und Praxis.

Dagegen wandte es sich mit dem Vorschlag, eine unabhängige Pflichtprüfung für alle Aktiengesellschaften einzuführen, gegen die Empfehlungen des Deutschen Juristentages, der Juristentagskommission, des Enquête-Ausschusses und zahlreicher Wirtschaftsverbände. Bei der Ausgestaltung der Pflichtprüfung folgte das Reichsjustizministerium ebenfalls nicht den Forderungen der Wirtschaftsverbände sondern den gemäßigten Reformern unter Führung des Deutschen Anwaltvereins. Das zeigt sich vor allem daran, dass das Reichsjustizministerium umfangreiche Vorkehrungen zur Sicherung der Unabhängigkeit der Revisoren gegen eine Einflussnahme von Vorstand und Aufsichtsrat traf. So sollten die Prüfer entgegen den Forderungen der Wirtschaftsverbände nicht vom Aufsichtsrat, sondern von der Generalversammlung ausgewählt und bestellt werden.[448] Der Prüfbericht sollte sich nicht allein an den Aufsichtsrat, sondern gemeinsam an Vorstand und Aufsichtsrat richten. Darüber hinaus war er in einer verkürzten Form auch für die Generalversammlung bestimmt.[449] Außerdem sollten die Revisoren nicht dem Aufsichtsrat, sondern der Gesellschaft für ihre Prüfung verantwortlich sein.[450] Schließlich folgte das Reichsjustizministerium

---

444 § 119 Absatz 1 Entwurf I. So bereits Abschnitt XI, § b Absatz 1 des Vorentwurfs zu Teil III.

445 § 122 Absatz 2, Satz 2 Entwurf I. So bereits Abschnitt XI, § e Absatz 3 des Vorentwurfs zu Teil III.

446 § 122 Absatz 3 Entwurf I. So bereits Abschnitt XI, § e Absatz 4 des Vorentwurfs zu Teil III.

447 § 124 Entwurf I. Diese Vorschrift wurde erst im Anschluss an die Beratungen mit den Ministerien eingefügt. Außerdem wurde dem Entwurf noch eine Bestimmung hinzugefügt, die die Reichsregierung ermächtigte, kleinere Gesellschaften von der Prüfungspflicht auszunehmen. Vgl. § 197 Nr. 3 Entwurf I.

448 DAV, S. 111.

449 DAV, S. 113 f.

450 DAV, S. 113.

auch der Anregung des Deutschen Anwaltvereins, die Pflichtprüfung erst nach einer Übergangsphase einzuführen, während der die erforderliche Anzahl von Revisoren ausgebildet wurde.[451]

Nach dem Entwurf I waren die Pflichtprüfer somit keine Erfüllungsgehilfen des Aufsichtsrats, sondern unabhängige Prüfer, die zusätzlich zum Aufsichtsrat tätig wurden.

4. Beibehaltung der Prüfungspflicht des Aufsichtsrats

In einem wesentlichen Punkt wich der Entwurf I aber von den Forderungen der reformfreundlichen Kräfte ab. Obwohl nach ihrer Ansicht die Pflichtprüfung die Überwachung des Aufsichtsrats auf dem Gebiet der Rechnungslegung ersetzen sollte[452], hielt der Entwurf an der Pflicht des Aufsichtsrats, die Rechnungslegung zu prüfen, fest. Nach § 79 Absatz 1, Satz 2 Entwurf I hatte der Aufsichtsrat auch weiterhin "die Jahresrechnungen, die Bilanzen und die Vorschläge zur Gewinnverteilung zu prüfen"[453]. Dadurch entstand die ungewöhnliche Situation, dass nach dem Wortlaut des Entwurfs zwei Stellen für die gleiche Prüfung zuständig waren.

a. Aufteilung der Prüfungspflichten

Denkbar ist zunächst, dass das Reichsjustizministerium mit dem Festhalten an der Prüfungspflicht des Aufsichtsrats das Ziel verfolgte, die Prüfung der Rechnungslegung zwischen Aufsichtsrat und Revisoren aufzuteilen.

Die Prüfung der Revisoren bestand im Wesentlichen aus einer formellen Überprüfung der Rechnungslegung auf ihre rechnerische Übereinstimmung mit den Büchern und Belegen der Gesellschaft, sowie einer materiellen Prüfung, ob bei der Aufstellung der Bilanz, der Gewinn- und Verlustrechnung und des Geschäftsberichts die Grundsätze ordnungsmäßiger Buchführung und die einschlägigen gesetzlichen Vorschriften eingehalten worden waren (formelle und materielle Rechtmäßigkeitsprüfung).

Die wirtschaftliche Zweckmäßigkeit der Rechnungslegung, ob also zum Beispiel von den bilanziellen Wahlrechten im Hinblick auf die Geschäftspolitik der

---

[451] DAV, S. 89, 98 und 109.

[452] DAV, S. 98 und 103 f.

[453] So auch schon Abschnitt VIII, § 246 Absatz 1 des Vorentwurfs zu Teil III. Hier liegt der Entstehungszeitpunkt für den noch heute geltenden gesetzlichen Prüfungsdualismus von Aufsichtsrat und Abschlussprüfern.

Gesellschaft in vernünftiger Weise Gebrauch gemacht worden war, gehörte dagegen nicht zur Prüfung der Revisoren. Eine solche Zweckmäßigkeitsprüfung konnte nur der Aufsichtsrat durchführen, der durch seinen engen Kontakt zum Vorstand und seine Beteiligung an der Geschäftsführung über das erforderliche Sonderwissen verfügte.

Es ist daher denkbar, dass das Reichsjustizministerium die Prüfung der Rechnungslegung so aufteilen wollte, dass die Revisoren ausschließlich die formelle und materielle Rechtmäßigkeit der Rechnungslegung prüften, während sich der Aufsichtsrat auf die Überprüfung der Zweckmäßigkeit beschränkte. Für eine solche Aufteilung spricht, dass der Deutsche Anwaltverein, der eigentlich für eine Ablösung der Aufsichtsratsprüfung durch die externe Revision plädiert hatte, auch darauf hingewiesen hatte, dass bei der Einführung einer Pflichtrevision die Überwachungspflicht des Aufsichtsrats nur soweit entfallen konnte, wie an seine Stelle externe Revisoren traten.[454] Für eine Aufteilung der Prüfungspflichten spricht außerdem, dass eine vollumfängliche Prüfung der Rechnungslegung durch Aufsichtsrat und Revisoren „zwecklose Doppelarbeit" war.[455]

b. Ungeteilte Prüfungspflichten

Gegen eine Aufteilung der Prüfungspflichten sprechen allerdings die folgenden Ausführungen Schmölders in seinem erläuternden Aufsatz zum Entwurf I: „Die laufende Überwachung der Geschäfte [durch den Aufsichtsrat] begreift wie bisher auch die Prüfung der Jahresrechnungen, der Bilanz und der Vorschläge zur Gewinnverteilung ein. Denn auch nach Einführung der Pflichtrevision kann auf die unter eigener Verantwortung vorzunehmende Bilanzprüfung des Aufsichtsrats grundsätzlich nicht verzichtet werden. Die Pflichtrevision ersetzt nicht die Aufsichtsfunktion des Aufsichtsrats, sie ergänzt sie nur. (...) Auch die Möglichkeit einer Abwälzung der Haftung auf die Bilanzprüfer in deren Eigenart als Rechnungsprüfer bleibt ausgeschlossen. Freilich wird und soll die Pflichtrevision dem Aufsichtsrat die Erfüllung der ihm in Bezug auf die Bilanzprüfung obliegenden Pflichten erleichtern. In der Regel wird er seiner Sorgfaltspflicht bereits Genüge tun, wenn er den Prüfungsbericht sachgemäß und kritisch auswertet, ohne sich selbst an den Einzelheiten der Prüfung zu beteiligen. Es kommt hier ganz auf die Natur und die Verhältnisse der einzelnen Gesellschaft an"[456].

---

454 DAV, S. 98.
455 DAV, S. 98.
456 Schmölder, JW 1930, 2623, 2626.

c. Ergebnis

Der Aufsichtsrat sollte nach der Absicht des Reichsjustizministeriums somit trotz Einführung der Pflichtrevision in vollem Umfang für die Prüfung der Rechnungslegung zuständig und verantwortlich bleiben. Zu seinen Pflichten sollte insbesondere auch weiterhin die Prüfung der formellen und materiellen Rechtmäßigkeit der Rechnungslegung gehören, die auch von den Revisoren überprüft wurde.

5. Verhältnis von Aufsichtsrats- und Pflichtprüfung

Damit steht fest, dass nach dem Entwurf des Reichsjustizministeriums zwei Stellen für die gleiche Prüfung zuständig waren. Es stellt sich somit die Frage, ob zwischen der Prüfung der Revisoren und der Prüfung des Aufsichtsrats eine Beziehung bestand.

Folgt man allein dem Wortlaut des Entwurfs, dann sieht es so aus, als ob die beiden Prüfungen beziehungslos nebeneinander stehen sollten. Der Entwurf enthält insbesondere keinen Hinweis darauf, dass die Pflichtrevision den Aufsichtsrat bei der Erfüllung seiner Prüfungspflichten unterstützen sollte. Es fehlt auch jede Angabe dazu, ob die Revision zeitlich vor der Aufsichtsratsprüfung stattfinden sollte oder ob der Aufsichtsrat den Bericht der Revisoren vor seiner Prüfung der Rechnungslegung erhalten sollte. Beides hätte für eine Unterstützung des Aufsichtsrats durch die Revisoren gesprochen. Der Entwurf I gibt aber nicht einmal Auskunft darüber, ob der Aufsichtsrat den Bericht überhaupt erhielt, bevor er in der Generalversammlung über seine Prüfung der Rechnungslegung berichtete. Nach dem Wortlaut des Entwurfs kam es somit zu einer vollumfänglichen Doppelprüfung der Rechnungslegung durch den Aufsichtsrat und die Revisoren.

Die erläuternden Bemerkungen zum Entwurf vermitteln sogar den Eindruck, dass die Pflichtrevision die Überwachung des Aufsichtsrats auf dem Gebiet der Rechnungslegung ersetzen sollte. Dort heißt es: „Im Zusammenhang mit der Einführung der Bilanzprüfung durch unabhängige Sachverständige kann der Aufgabenkreis für den Aufsichtsrat unbedenklich eingeschränkt und jedenfalls das Erfordernis, dass sich die Aufsicht auf „alle Zweige der Verwaltung" erstrecken müsse, fallen gelassen werden"[457]. Die erläuternden Bemerkungen sprechen somit ausdrücklich gegen eine Beziehung zwischen Aufsichtsratsprüfung und Revision.

---

457 Entwurf I, S. 100.

Einen konkreten Hinweis darauf, dass zwischen der Aufsichtsratsprüfung und der Pflichtrevision eine Beziehung bestand, gab allerdings Schmölder in seinem erläuternden Aufsatz zum Entwurf I. Darin bestätigt er zunächst, dass die selbständige Prüfungspflicht des Aufsichtsrats neben der Pflichtrevision bestehen bleiben sollte und erläutert dann, dass die Pflichtrevision dem Aufsichtsrat die Erfüllung seiner Überwachungspflichten im Hinblick auf die Rechnungslegung erleichtern sollte. Diese Erleichterung sollte soweit gehen, dass sich der Aufsichtsrat zur Erfüllung seiner Prüfungspflichten aus § 246 Absatz 1, Satz 3 HGB 1897 künftig in der Regel auf eine kritische Auswertung des Prüfberichts beschränken konnte, ohne sich selbst an den Einzelheiten der Prüfung zu beteiligen.[458]

6. Zusammenfassung und Stellungnahme

Während die Wirtschaftsverbände dafür eingetreten waren, dass der Aufsichtsrat für die Prüfung der Rechnungslegung zuständig und verantwortlich bleiben sollte und eine unabhängige Pflichtrevision abgelehnt hatten, hatten die reformfreundlichen Kräfte dafür plädiert, dem Aufsichtsrat die Zuständigkeit für die Rechnungsprüfung zu entziehen und sie unabhängigen Revisoren zu übertragen.

Der Entwurf des Reichsjustizministeriums hielt an der Zuständigkeit des Aufsichtsrats für die Rechnungsprüfung fest (§ 79 Absatz 1, Satz 2 Entwurf I), sah aber gleichzeitig auch die Einführung einer unabhängigen Pflichtprüfung vor (§ 118 Absatz 1 Entwurf I). Damit hatte das Reichsjustizministerium in seinem Entwurf sowohl die Hauptforderung der Wirtschaftsverbände als auch die Hauptforderung der reformfreundlichen Kräfte umgesetzt.

Dadurch entstand die ungewöhnliche Situation, dass zwei Stellen für die gleiche Prüfung zuständig wurden. Darüber, in welchem Verhältnis die Prüfung des Aufsichtsrats und die Prüfung der Revisoren standen, äußerte sich das Reichsjustizministerium aber weder im Entwurf selbst, noch in den erläuternden Bemerkungen.

Dabei ist allerdings zu berücksichtigen, dass der Entwurf I ganz unter dem Eindruck der Einführung einer Pflichtprüfung stand. Dahinter trat sogar die Tatsache, dass auch der Aufsichtsrat weiterhin für die Prüfung der Rechnungslegung zuständig war, zurück. Diese Tatsache wurde nicht einmal in den erläuternden Bemerkungen erwähnt. Erst Schmölder wies darauf in seinen ergänzenden Erläuterungen in der Juristischen Wochenschrift hin.[459] Das ist bemerkenswert,

458 Schmölder, JW 1930, 2623, 2626.
459 Schmölder, JW 1930, 2623, 2626.

weil die Befürworter der Pflichtprüfung den Aufsichtsrat regelmäßig von seiner Prüfungspflicht befreien wollten und die Aufrechterhaltung seiner Prüfungspflicht im Entwurf I deswegen keineswegs selbstverständlich war.

Gegenüber diesen grundsätzlichen Erwägungen war die Frage, ob und gegebenenfalls in welchem Verhältnis die Aufsichtsratsprüfung und die Pflichtrevision zueinander standen, von untergeordneter Bedeutung. Es überrascht deswegen nicht, dass sich darüber weder im Entwurf, noch in den erläuternden Bemerkungen irgendwelche Angaben finden. Selbst Schmölder ging darauf nur ganz am Rande seiner ergänzenden Erläuterungen ein. Dabei konkretisierte er das Verhältnis zwischen Aufsichtsrats- und Pflichtprüfung allerdings schon relativ weit, indem er ausführte, dass der Aufsichtsrat seine Prüfungspflichten künftig in der Regel durch eine Auswertung des Prüfberichts sollte erfüllen können.[460]

III. Die kommissarischen Beratungen des Entwurfs

Nach der Veröffentlichung des Entwurfs am 16. August 1930 gingen beim Reichsjustizministerium zahlreiche Stellungnahmen und Änderungsvorschläge ein. Die umfangreichsten Beiträge kamen erneut von den Wirtschaftsverbänden. Im Hinblick auf die Verwaltungsreform und die Einführung der Pflichtprüfung beschränkten sie sich allerdings im Wesentlichen auf eine Wiederholung des bereits Vorgetragenen.[461]

Die Reaktionen auf den Entwurf I wurden vom Reichsjustizministerium ausgewertet, zusammengefasst und den Reichsministerien und Ländern zur Vorbereitung auf kommissarische Beratungen übersandt.[462] Einzelne Probleme besprach das Reichsjustizministerium im Vorfeld der Beratungen mit Sachverständigen aus Wirtschaft, Wissenschaft und den Reichsministerien.[463]

---

460 Schmölder, JW 1930, 2623, 2626.

461 Centralverband, Schreiben an den Reichsminister der Justiz vom 6. Januar 1931, Akte RJM, BArch 30.01/2943, Bl. 9 ff.; DIHT, Stellungnahme zum Aktiengesetzentwurf (ohne Datum), Akte RJM, BArch 30.01/2943, Bl. 314 ff; RDI, Stellungnahme zum Aktiengesetzentwurf vom 27. Januar 1931, Akte RJM, BArch 30.01/2943, Bl. 54 ff. Der Deutsche Anwaltverein äußerte sich zum Entwurf des Reichsjustizministeriums nicht. Er veröffentlichte erst im Jahr 1932 eine Stellungnahme zum Regierungsentwurf. Vgl. DAV, Druckschrift Nr. 36, Leipzig 1932.

462 Die unveröffentlichten maschinenschriftlichen Zusammenfassungen der Stellungnahmen und Kritiken zu den einzelnen Teilen des Entwurfs befinden sich in den Akten RJM, BArch 30.01/2942 bis 2944.

463 Die Akten des Reichsjustizministeriums und des Reichswirtschaftsministeriums enthalten die Protokolle zweier Besprechungen vom 5. und 6. Februar 1931, die die Form des Jahresabschlusses, des Geschäftsberichts und des Bestätigungsvermerks betrafen. Belege für

Die kommissarischen Beratungen fanden in sechs Sitzungen zwischen dem 11. Dezember 1930 und dem 20. Mai 1931 statt.[464] Beteiligt waren Vertreter des Reichsjustizministeriums, des Reichswirtschaftsministeriums, des Reichsfinanzministeriums, sowie der Landesregierungen. Je nach Beratungsgegenstand wurden auch Angehörige von Reichs- und Landesbehörden hinzugezogen. Ziel der Beratungen war die Vorbereitung eines Regierungsentwurfs.[465]

Die Bestimmungen über den Aufsichtsrat wurden am 12. Januar 1931 und die Regelungen der Pflichtprüfung am 16. Februar 1931 besprochen. Vor allem aus dem Protokoll der Sitzung vom 16. Februar wird klar, dass nach der Veröffentlichung des Entwurfs I das Verhältnis zwischen Aufsichtsrat und Revisoren noch völlig offen war.[466]

1. Die Forderungen Hamburgs und Bremens

In den Beratungen vom 16. Februar 1931 forderten die Vertreter Hamburgs und Bremens, die Wahl der Revisoren dem Aufsichtsrat zu übertragen. Dadurch sollte verhindert werden, dass verschiedene Aktionärsgruppen in der Generalversammlung über die Person der Revisoren stritten. Man müsse auch verhindern, dass die Generalversammlung für die Pflichtprüfung andere Revisoren beauftrage als der Aufsichtsrat für die Prüfung der Gesellschaftskasse und des Wertpapier- und Warenbestandes (§ 79 Absatz 2, Satz 2 Entwurf I) oder das Finanzamt für die steuerrechtliche Revision. Das sei schon aus Geheimhaltungsinteressen der Gesellschaft und aus Kostengründen geboten.[467]

Der (namentlich ungenannte) Berichterstatter meinte, dass es bei der Diskussion über die Wahl der Revisoren letztlich um den Organcharakter der Pflichtprüfer ginge. Es könne schon wegen der Einmaligkeit ihrer Leistung kaum angenommen werden, dass die Pflichtprüfer ein selbständiges Organ der Gesellschaft neben Vorstand und Aufsichtsrat seien. Die Pflichtprüfer seien vielmehr als ein Hilfsorgan zu betrachten, wobei zweifelhaft erscheinen könne, ob als Hilfsorgan für den Aufsichtsrat oder für die Generalversammlung oder für beide. Er

---

Beratungen über die Verwaltung der Aktiengesellschaft und die Einführung einer Pflichtrevision enthalten die Akten nicht. Vgl. Akte RJM, BArch 30.01/2943, Bl. 225 ff.

464 11. Dezember 1930, 12. Januar, 16. Februar, 27. März, 13. April und 20. Mai 1931. Die unveröffentlichten maschinenschriftlichen Protokolle dieser Beratungen befinden sich in den Akten RJM, BArch 30.01/2942 bis 2944.

465 Vgl. das Einladungsschreiben Schlegelbergers vom 10. November 1930 zur ersten Sitzung am 11. Dezember 1930, sowie das Protokoll über die kommissarischen Beratungen vom 11. Dezember 1930, S. 1, Akte RJM, BArch 30.01/2942, Bl. 132 bzw. 259.

466 Protokoll vom 16. Februar 1931, S. 21 ff.

467 Protokoll vom 16. Februar 1931, S. 21 f.

neige dazu anzunehmen, dass sie eine Hilfstätigkeit sowohl für die Generalversammlung als auch für den Aufsichtsrat auszuüben hätten. Von diesem Standpunkt aus erscheine es richtig und wünschenswert, an der Wahl der Revisoren durch die Generalversammlung festzuhalten, zumal damit zum Ausdruck komme, dass es sich bei den gewählten Bilanzprüfern um wirklich unabhängige Persönlichkeiten handele. Nebenher bleibe die Frage zu prüfen, welche Pflichten der Aufsichtsrat im Hinblick auf die Bilanz und den Prüfbericht der Bilanzprüfer habe.[468]

Daraufhin sprachen sich die Vertreter des Reichswirtschaftsministeriums, des Reichsfinanzministeriums, Preußens und Bayerns dafür aus, an der Wahl der Revisoren durch die Generalversammlung festzuhalten. Die bayerischen Vertreter erklärten ihre Zustimmung allerdings nur unter dem Vorbehalt, dass dem Aufsichtsrat im Gesetz die Pflicht zur Auswertung des Prüfungsergebnisses auferlegt werde.[469]

2. Die Forderungen Pinners und des preußischen Handelsministeriums

Anschließend erörterten die Vertreter der Ministerien und Landesregierungen einen Beitrag Pinners in der Juristischen Wochenschrift.[470] Dort hatte Pinner kritisiert, dass die Haftung des Aufsichtsrats unbefriedigend geregelt sei, weil der Aufsichtsrat für die Prüfung der Rechnungslegung zuständig und verantwortlich bleibe.[471] Der Aufsichtsrat solle von seiner Haftung für die Rechnungsprüfung entlastet werden. Zu diesem Zweck solle § 79 Absatz 1 des Entwurfs eine Bestimmung hinzugefügt werden, wonach der Aufsichtsrat zu einer besonderen Nachprüfung der Unterlagen der Jahresrechnungen und der Bilanz nicht verpflichtet sei, wenn eine Bilanzprüfung nach §§ 118 ff. Entwurf I stattgefunden habe. Der Aufsichtsrat müsse dann lediglich in seinem Bericht an die Generalversammlung erklären, ob er sich dem Bericht der Bilanzprüfer anschließe oder in welchen Punkten er ihm widerspreche. Dadurch beschränke sich die Pflicht des Aufsichtsrats darauf, dem Revisorenbericht zu widersprechen, falls ihm Tatsachen bekannt seien, die die Richtigkeit des Berichts in Frage stellten.[472]

---

468 Protokoll vom 16. Februar 1931, S. 22.
469 Protokoll vom 16. Februar 1931, S. 22 f.
470 Protokoll vom 16. Februar 1931, S. 28 f.
471 Pinner, JW 1930, 3673, 3678 f.
472 Pinner, JW 1930, 3673, 3679.

Gegen diesen Vorschlag, den das preußische Handelsministerium unterstützte, wurden vom Berichterstatter und vom preußischen Justizministerium Bedenken erhoben. Bei Annahme des Pinner'schen Vorschlags werde die selbständige Verantwortlichkeit des Aufsichtsrats zu stark eingeschränkt. Möglich sei es dagegen, in der Begründung zum Gesetz ausdrücklich hervorzuheben, dass der Aufsichtsrat seiner Pflicht zur selbständigen Bilanzprüfung im Allgemeinen bereits durch eine pflichtgemäße Auswertung des Prüfungsergebnisses der Bilanzprüfer genüge.[473]

Auch Schlegelberger riet davon ab, den Aufsichtsrat durch eine ausdrückliche Vorschrift von der eigenen Bilanzprüfungspflicht zu entlasten. Tatsächlich werde sich eine solche Entlastung von selbst ergeben.[474]

3. Weitere Änderungsvorschläge

Im Verlauf der Beratungen schlug der Vorsitzende Schlegelberger ohne nähere Begründung vor, dass die Revisoren ihren Prüfbericht direkt an den Aufsichtsrat übergeben sollten.[475] Die Delegierten hielten es dementsprechend für zweckmäßig, dass dann auch nicht der Vorstand, sondern der Aufsichtsrat der Generalversammlung Auskunft darüber geben sollte, ob die Revision Anlass zu wesentlichen Beanstandungen gegeben hatte oder nicht.[476]

4. Zusammenfassung und Stellungnahme

In den kommissarischen Beratungen zeigten sich noch einmal die Fronten der beiden Lager, die sich seit 1926 im Hinblick auf die Reform des Aufsichtsrats und die Einführung der Pflichtprüfung gebildet hatten.

Während Hamburg und Bremen auf der Linie der Wirtschaftsverbände argumentierten und für eine starke Stellung des Aufsichtsrats eintraten[477], folgte das preußische Handelsministerium der Ansicht Pinners, der sich erneut dafür ausgesprochen hatte, dem Aufsichtsrat die Verantwortung für die Prüfung der Rechnungslegung zu entziehen und sie auf unabhängige Revisoren zu übertragen. Sämtlichen Forderungen wurde aber in den kommissarischen Beratungen eine Absage zugunsten der vermittelnden Linie des Entwurfs erteilt.

---

473 Protokoll vom 16. Februar 1931, S. 28 f.
474 Protokoll vom 16. Februar 1931, S. 29.
475 Protokoll vom 16. Februar 1931, S. 28.
476 Protokoll vom 16. Februar 1931, S. 29 f.
477 Vgl. auch schon die Antwort Hamburgs zu Fragebogen III, Frage 59.

Bemerkenswert ist, dass in den kommissarischen Beratungen das Verhältnis von Aufsichtsrat und Revisoren auf der organisationsrechtlichen Ebene problematisiert wurde. Aus der Bezeichnung der Revisoren als „Hilfsorgan" wird deutlich, wie wenig Klarheit auch nach der Veröffentlichung des Entwurfs darüber bestand, welche organisationsrechtliche Stellung die Revisoren zukünftig gegenüber dem Aufsichtsrat und der prüfungspflichtigen Gesellschaft einnehmen sollten. Einerseits war man sich im Reichsjustizministerium einig, dass die Revisoren nicht bloß außerhalb der Gesellschaft stehende Erfüllungsgehilfen des Aufsichtsrats waren (so die Ansicht der Wirtschaftsverbände[478]), andererseits zögerte man wegen der Einmaligkeit ihrer Leistung aber auch, sie als neues Organ der Aktiengesellschaft anzusehen (so die Ansicht einiger Reformer[479]). Die Bezeichnung als „Hilfsorgan"[480] hatte den Vorteil, dass sie beide Positionen miteinander vereinte.

IV. Das Versicherungsaufsichtsgesetz vom 30. März 1931

Am 1. April 1931 trat das Gesetz zur Änderung des Versicherungsaufsichtsgesetzes in Kraft[481], das in Vorwegnahme der erwarteten aktienrechtlichen Vorschriften über die Pflichtprüfung[482] für größere Versicherungsgesellschaften eine Pflichtrevision der Rechnungslegung durch besondere Revisoren einführte.[483]

Bei den Versicherungsaktiengesellschaften war nach Inkrafttreten des Änderungsgesetzes die Rechnungslegung sowohl vom Aufsichtsrat (§ 35 VAG i.V.m. § 246 Absatz 1, Satz 3 HGB 1897) als auch von besonderen Revisoren zu prüfen (§ 57 Absatz 1 VAG). Obwohl die Revisoren der Versicherungsaktiengesellschaften nach § 58 Absatz 1 VAG vom Aufsichtsrat benannt wurden, waren sie keine Erfüllungsgehilfen des Aufsichtsrats, sondern unabhängige Prü-

478 Vgl. z.B. Centralverband, S. 43 f. (Hartmann) und S. 49 f., 54 ff. (Hoffmann); DIHT, Einleitung, S. 6 f. und Antworten auf die Fragen 34, 46, 59 bis 63; RDI, Begleitbericht, S. 8 ff.; RdP, Antworten auf die Fragen 40, 46 und 59.

479 Homburger, JW 1931, 2935 und wohl auch Pinner, JW 1930, 3673, 3679.

480 Schmölder, JW 1931, 2925, 2926; Schlegelberger/Quassowski/Schmölder, Vorb. 2 vor § 262a.

481 Gesetz zur Änderung des Gesetzes über die privaten Versicherungsunternehmungen vom 30. März 1931, RGBl. 1931 I, 102 ff. Die Neufassung des Gesetzes wurde im Juni bekannt gemacht. Vgl. RGBl. 1931 I, 315 ff.

482 Begründung zum Entwurf des Änderungsgesetzes, Anlage Nr. 848 zu den Stenographischen Berichten der Verhandlungen des Reichstags, V. Wahlperiode 1930, Berlin 1932, S. 13.

483 Artikel I, Nr. 5 des Änderungsgesetzes (§§ 57 bis 64 des neuen Versicherungsaufsichtsgesetzes).

fer, die zusätzlich zum Aufsichtsrat tätig wurden. Dem Aufsichtsrat war die Benennung der Revisoren nur deswegen übertragen worden, weil die Prüferbestellung von der Aufsichtsbehörde genehmigt werden musste und für den Fall der Ablehnung ein dauerhaftes Organ vorhanden sein musste, das einen neuen Prüfer bestimmen konnte.[484] Im Übrigen wurde die Unabhängigkeit der Prüfer von Vorstand und Aufsichtsrat auch im Versicherungsaufsichtsgesetz durch zahlreiche Maßnahmen abgesichert.[485]

Obwohl auch nach dem Wortlaut des Versicherungsaufsichtsgesetzes eine doppelte Prüfung der Rechnungslegung erfolgte, ergeben sich weder aus dem Gesetz noch aus der Begründung zum Änderungsgesetz, durch das die Pflichtprüfung eingeführt wurde, irgendwelche Anhaltspunkte über das Verhältnis zwischen Aufsichtsratsprüfung und Revision.

V. Die Notverordnung und der Regierungsentwurf von 1931

Noch während der kommissarischen Beratungen begann das Reichsjustizministerium Anfang Mai 1931 damit, seinen Entwurf unter Beteiligung des Reichswirtschaftsministeriums und des Reichsfinanzministeriums zu einem Regierungsentwurf umzuarbeiten. Bevor der Regierungsentwurf fertig gestellt werden konnte, überschlugen sich aber im Juni und Juli 1931 die Ereignisse.[486]

Nachdem sich bereits im Sommer 1929 mit dem Zusammenbruch der Frankfurter Allgemeinen Versicherungs-Aktiengesellschaft (FAVAG) erste Anzeichen der Weltwirtschaftskrise offenbart hatten, wurden Anfang Juni 1931 weitere Schieflagen, diesmal beim Karstadt-Konzern und bei der Nordstern Versicherung bekannt. Die ausländischen Gläubiger, bei denen sich die deutschen Banken mit Kapital für die Finanzierung des Wiederaufbaus versorgt hatten, verloren das Vertrauen in die Zahlungsfähigkeit der deutschen Wirtschaft und kündigten in zunehmendem Maße ihre meist kurzfristigen Kredite. Davon war die Darmstädter- und Nationalbank AG (Danatbank) am schwersten betroffen. Sie hatte sich außerdem als Kreditgeber und Großaktionär bei der Norddeutschen Wollkämmerei und Kammgarnspinnerei AG (Nordwolle) engagiert, die in der zweiten Junihälfte zusammenbrach.[487] Als die anderen deutschen Großbanken ein Garantiesyndikat für die Danatbank ablehnten, musste diese am 11. Juli ihre Zahlungsunfähigkeit eingestehen. Kurz darauf folgte ihr die Dresdner Bank.

---

484 Begründung zum Entwurf des Änderungsgesetzes, S. 14.

485 Vgl. insbesondere § 59 Absatz 2 VAG, wonach Aufsichtsratsmitglieder nicht Revisoren der Gesellschaft sein konnten.

486 Vgl. hierzu Born, S. 64 ff.

487 Born, S. 67.

Um den am Montag, den 13. Juli 1931 einsetzenden Sturm auf die Schalter zu stoppen und den drohenden Zusammenbruch des Bankensystems abzuwenden, erklärte die Regierung den 14. und 15. Juli 1931 zu Bankfeiertagen und schränkte den Zahlungsverkehr für die folgenden Wochen ein, bis sich Anfang August die Lage wieder stabilisiert hatte.[488]

Auf dem Höhepunkt der Bankenkrise, am 13. Juli 1931, beschlossen die Reichsminister in einer Kabinettssitzung, dass das Reichsjustizministerium baldigst den Entwurf einer Verordnung zur Reform des Aktienrechts vorlegen sollte. Diese Verordnung sollte vom Reichspräsidenten als Notverordnung nach Artikel 48 Absatz 2 der Weimarer Reichsverfassung erlassen werden.[489] Das Reichsjustizministerium reagierte auf diese Forderung umgehend und übersandte der Reichskanzlei bereits am 17. Juli 1931 den Entwurf einer „Verordnung des Reichspräsidenten über Aktiengesellschaften und Kommanditgesellschaften auf Aktien".[490]

In der Reichskanzlei gelangte man im Verlauf des Juli und August 1931 aber zu der Überzeugung, dass bei der geplanten Aktienrechtsreform noch zu viele Fragen offen waren und deswegen nicht der gesamte Entwurf im Wege einer Notverordnung umgesetzt werden sollte.[491] Daraufhin beschloss das Kabinett in einer Besprechung am 7. September 1931, den Reichskanzler zu bitten, zunächst nur die besonders wichtigen und eilbedürftigen Fragen durch eine Notverordnung zu regeln. Der Rest des Entwurfs sollte als Gesetzentwurf gleichzeitig mit der Notverordnung veröffentlicht werden.[492] Die durch die Notverordnung zu regelnden Fragen wurden vom Reichsjustizministerium in Absprache mit dem Reichswirtschaftsministerium, Reichsfinanzministerium und dem preußischen Handelsministerium zusammengestellt. Dazu gehörte als vordringliche Maßnahme auch die Einführung der Pflichtprüfung.[493] In ihr sah die Reichsregierung vor dem Hintergrund der betrügerischen Vorgänge bei der

---

488 Born, S. 110 ff.

489 Auszug aus der Niederschrift über die Ministerbesprechung vom 13. Juli 1931, Akte RJM, BArch 30.01/2944, Bl. 462.

490 Schreiben des Reichsjustizministeriums an den Staatssekretär in der Reichskanzlei vom 17. Juli 1931, Akte RJM, BArch 30.01/2944, Bl. 373. Eine Kopie des Verordnungsentwurfs ist dem Schreiben beigefügt. Vgl. Akte RJM, BArch 30.01/2944, Bl. 374 ff.

491 Vgl. zu den Vorgängen in der Reichskanzlei die Akte BArch R 43/1082, Bl. 221 ff. und Schubert, in: Zeitschrift der Savigny-Stiftung für Rechtsgeschichte, Band 103, S. 154 ff.

492 Auszug aus einer Niederschrift über die Ministerbesprechung vom 7. September 1931, Akte RJM, BArch 30.01/2945, Bl. 238 und Schreiben des Reichsjustizministeriums an den Reichskanzler vom 10. September 1931, Akte RJM, BArch 30.01/2945, Bl. 185.

493 Schreiben des Reichsjustizministeriums an den Reichskanzler vom 10. September 1931, Akte RJM, BArch 30.01/2945, Bl. 185.

Nordwolle „eine Einrichtung von großer wirtschaftlicher und moralischer Bedeutung, die in erheblichem Maße zur Gesundung des deutschen Aktienwesens beitragen könne“[494].

Die entsprechenden Bestimmungen des Verordnungsentwurfs wurden daraufhin nahezu wortgleich in den ersten Teil der „Verordnung des Reichspräsidenten über Aktienrecht, Bankenaufsicht und über eine Steueramnestie“ übernommen. Diese Verordnung, die die Vorschriften des Handelsgesetzbuchs von 1897 änderte und ergänzte, wurde am 19. September 1931 vom Reichspräsidenten unterzeichnet und am 21. September 1931 im Reichsgesetzblatt verkündet.[495]

Am 14. Oktober 1931 wurden auch die restlichen Vorschriften als Entwurf für das neue Aktiengesetz veröffentlicht.[496] Eine Begründung zu diesem Entwurf wurde erst im Sommer 1932 für den internen Dienstgebrauch und für die Beratungen im Vorläufigen Reichswirtschaftsrat nachgereicht.[497]

1. Einführung der Pflichtprüfung

Durch die Notverordnung vom 19. September 1931 wurden die meisten Vorschriften über die Pflichtprüfung inhaltlich unverändert aus dem Entwurf I in die neuen §§ 262a bis g HGB 1931 übernommen.

Die einzigen wesentlichen Änderungen ergaben sich aus den kommissarischen Beratungen, deren Ergebnisse ebenfalls mit umgesetzt wurden. Danach legten die Revisoren ihren Bericht nicht mehr dem Vorstand, sondern dem Aufsichtsrat vor.[498] Dementsprechend erklärte auch nicht mehr der Vorstand, sondern der Aufsichtsrat in seinen Bemerkungen zum Geschäftsbericht, durch wen die Bilanzprüfung stattgefunden hatte und erteilte in der Generalversammlung Aus-

---

494 Vermerk über die Ergebnisse der Beratungen der Reichsregierung, Akte RJM, BArch 30.01/2945, Bl. 248.

495 RGBl. 1931 I, 493 ff.

496 Amtlicher Entwurf eines Gesetzes über Aktiengesellschaften und Kommanditgesellschaften auf Aktien, sowie Entwurf eines Einführungsgesetzes vom 14.10.1931, veröffentlicht auf Anordnung des Reichsjustizministeriums, Berlin 1931. So genannter Entwurf II. Die durch die Notverordnung vom 19. September 1931 bereits in kraft getretenen Änderungen des Handelsgesetzbuches wurden im Entwurf II nicht mit abgedruckt. Auf sie wurde an den jeweiligen Stellen verwiesen.

497 Eine Kopie befindet sich in der Akte RJM, BArch 30.01/2946.

498 § 262e Absatz 2, Satz 1 HGB 1931. Nach dem Entwurf I sollte noch der Vorstand den Prüfbericht erhalten. Vgl. § 122 Absatz 2, Satz 2 Entwurf I.

kunft über das Ergebnis der Prüfung.[499] Nach der neuen Rechtslage musste der Aufsichtsrat in seinen Bemerkungen zum Geschäftsbericht außerdem auch zum Bericht der Revisoren Stellung nehmen (§ 262e Absatz 3, 1. Halbsatz HGB 1931).[500]

Mit der Notverordnung traten die Vorschriften über die Pflichtprüfung zunächst nur für Aktiengesellschaften mit einem Grundkapital von mehr als 3 Millionen Reichsmark in Kraft.[501] Bis Anfang 1934 wurden dann schrittweise alle Aktiengesellschaften prüfungspflichtig.[502]

2. Das Verhältnis von Aufsichtsrats- und Pflichtprüfung

Das Nebeneinander von Aufsichtsrats- und Pflichtprüfung setzte sich auch in der Notverordnung vom 19. September 1931 fort.

§ 246 Absatz 1, Satz 5 HGB 1931 bestimmte, dass der Aufsichtsrat „die Jahresrechnungen, die Bilanzen und die Vorschläge zur Gewinnverteilung zu prüfen und darüber der Generalversammlung Bericht zu erstatten“ habe. Gleichzeitig ordnete der neue § 262a Absatz 1 HGB 1931 an: „Der Jahresabschluss der Gesellschaft ist unter Einbeziehung der zugrunde liegenden Buchführung und des Geschäftsberichts durch einen oder mehrere sachverständige Prüfer (Bilanzprüfer) zu prüfen, bevor der Jahresabschluss der Generalversammlung zur Beschlussfassung vorgelegt wird“.

Damit stellt sich die Frage, ob und gegebenenfalls wie das Verhältnis von Aufsichtsrats- und Pflichtprüfung in der Notverordnung vom 19. September 1931 geregelt war.

499 § 262e Absatz 3 HGB 1931. Nach dem Entwurf I war das noch Aufgabe des Vorstands. Vgl. § 122 Absatz 3 Entwurf I.

500 Erwähnenswert ist außerdem die Absenkung der Anforderungen an die passive Wahlfähigkeit der Revisoren (§ 262c HGB 1931), ihre Haftungsbeschränkung auf 100.000 Reichsmark (§ 262g Absatz 2 HGB 1931), der veränderte Wortlaut des Bestätigungsvermerks (§ 262f Absatz 1 HGB 1931), sowie die Verschärfung der strafrechtlichen Haftung der Revisoren (§ 318a HGB 1931).

501 Artikel XIII, Absatz 3 und XIV, Absatz 2, Nr. 2 NotVO vom 19. September 1931 i.V.m. Artikel 3 Absatz 1 der Ersten Durchführungsverordnung vom 15. Dezember 1931, RGBl. 1931 I, 760 ff.

502 Zunächst wurde die Pflichtprüfung im Jahr 1932 auf Aktiengesellschaften mit einem Grundkapital zwischen 500.000 und 3 Millionen Reichsmark ausgeweitet. Vgl. Artikel 3 der Zweiten Durchführungsverordnung vom 20. Dezember 1932, RGBl. 1932 I, 563 ff. Die Ausweitung der Prüfungspflicht auf alle Aktiengesellschaften erfolgte dann durch die Fünfte Durchführungsverordnung vom 16. Februar 1934, RGBl. 1934 I, 125.

Folgt man dem Wortlaut der Notverordnung, dann sieht es so aus, als ob die Prüfung des Aufsichtsrats und die Prüfung der Revisoren beziehungslos nebeneinander standen. Obwohl Schmölder in seinen erläuternden Bemerkungen zum Entwurf I angedeutet hatte, dass die Revision dem Aufsichtsrat die Erfüllung seiner Prüfungspflichten erleichtern sollte[503], erwähnt die Notverordnung eine solche Unterstützung mit keinem Wort. In der Verordnung finden sich insbesondere keine Angaben darüber, dass die Revision zeitlich vor der Aufsichtsratsprüfung stattfinden sollte, oder dass dem Aufsichtsrat der Bericht der Revisoren vorliegen sollte, bevor er selbst mit der Prüfung der Rechnungslegung begann. Beides hätte für eine Unterstützung des Aufsichtsrats durch die Revisoren gesprochen.

Für eine solche Unterstützung könnte aber die Tatsache sprechen, dass die Revisoren ihren Prüfbericht jetzt nicht mehr dem Vorstand (so noch nach dem Entwurf I[504]), sondern dem Aufsichtsrat übergaben. Damit sollte dem Aufsichtsrat allerdings kein Hilfsmittel für die Prüfung der Rechnungslegung an die Hand gegeben werden, sondern die Revisoren und ihr Bericht sollten auf diese Weise gegen eine mögliche Einflussnahme des Vorstands geschützt werden.[505]

Aus der Tatsache, dass der Aufsichtsrat in seinen Bemerkungen zum Geschäftsbericht jetzt auch zum Bericht der Revisoren Stellung nehmen musste (§ 262e Absatz 3, 1. Halbsatz, 2. Teil HGB 1931) ergibt sich allerdings, dass sich der Aufsichtsrat mit dem Prüfbericht aktiv auseinander setzen musste. Das könnte dafür sprechen, dass der Prüfbericht auch der Unterstützung des Aufsichtsrats dienen sollte. Die Pflicht zur Stellungnahme hat das Reichsjustizministerium erst nach den kommissarischen Beratungen mit den Ländern in den späteren Verordnungstext eingefügt, ohne dass sich heute in den Akten des Reichsjustizministeriums Belege dafür finden, welche Überlegungen dieser Ergänzung zugrunde lagen. Nach der Aussage Schmölders sollte durch die neue Vorschrift klargestellt werden, dass die Reichsministerien und Länder sich in den kommissarischen Beratungen nicht der Forderung Pinners angeschlossen hatten, den Aufsichtsrat von seinen Prüfungspflichten zu entlasten.[506] Somit belegt die Pflicht, zum Prüfbericht der Revisoren Stellung zu nehmen, lediglich, dass die selbständige Prüfungspflicht des Aufsichtsrats auch nach der Einführung der Pflichtrevision bestehen blieb. Dafür, dass die Pflichtrevision den Aufsichtsrat bei seiner Prüfung unterstützen sollte, ergibt sich aus dieser Vorschrift dagegen nichts.

---

503 Schmölder, JW 1930, 2623, 2626.
504 § 122 Absatz 2, Satz 2 Entwurf I.
505 Schmölder, JW 1931, 2925, 2927.
506 Schmölder, JW 1931, 2925, 2927.

Schmölder nutzte die Pflicht zur Stellungnahme in seinem Aufsatz allerdings als Anknüpfungspunkt, um auch auf das Verhältnis von Aufsichtsrats- und Pflichtprüfung einzugehen. Zwar sei die Forderung Pinners, den Aufsichtsrat formell von der Pflicht zur selbständigen Bilanzprüfung zu entbinden[507], nicht in die Verordnung übernommen worden, tatsächlich werde sich aber in der Praxis durch die Revision eine Entlastung des Aufsichtsrats von selbst ergeben. Der Aufsichtsrat werde im Allgemeinen seiner Pflicht zur Bilanzprüfung bereits durch eine pflichtgemäße Auswertung des Prüfungsergebnisses der Bilanzprüfer genügen können. Es komme aber stets auf die Verhältnisse des Einzelfalles an.[508]

Ausführlicher äußerte sich Schmölder erst in einer Kommentierung zur Aktienrechtsnovelle, die ein Jahr nach dem Inkrafttreten der Notverordnung erschien.[509] Die Pflichten des Aufsichtsrats, die Jahresrechnungen, die Bilanzen und die Vorschläge zur Gewinnverteilung zu prüfen und darüber der Generalversammlung Bericht zu erstatten, würden durch die Einführung der Pflichtrevision nicht grundsätzlich berührt. Die Pflichtprüfung ersetze nicht die Aufsichtsfunktion des Aufsichtsrats, sie ergänze sie nur. Die Möglichkeit einer Abwälzung der Haftung auf die Bilanzprüfer in deren Eigenschaft als Rechnungsprüfer bleibe ausgeschlossen. Die in diese Richtung gehenden Vorschläge der Juristentagskommission[510], des Enquête-Ausschusses[511] und des Deutschen Anwaltvereins[512] habe die Novelle nicht verwirklicht.[513] Freilich werde und solle die Pflichtprüfung dem Aufsichtsrat die Erfüllung der ihm in Bezug auf die Bilanzprüfung obliegenden Pflichten tatsächlich erleichtern. In der Regel werde der Aufsichtsrat seiner Sorgfaltspflicht bereits genügen, wenn er den Prüfungsbericht der Bilanzprüfer sachgemäß und kritisch auswerte. Blindes Verlassen auf das Ergebnis der Bilanzprüfung entschuldige aber nicht. Der Aufsichtsrat stehe dem Bilanzprüfer etwa in derselben Weise gegenüber, als wenn er einzelne seiner Mitglieder oder besondere Sachverständige mit der Bilanzprüfung beauftragt hätte. Auch dann bleibe die Verpflichtung des Gesamtaufsichtsrats bestehen, den Bericht der prüfenden Mitglieder oder Sachverständigen seinerseits wieder zu prüfen. Weise der Prüfbericht der Bilanzprüfer Beanstandungen auf, so müsse der Aufsichtsrat diesen nachgehen und für deren Abstellung Sorge tragen, oder sich jedenfalls vergewissern, ob sie begründet sind. Nur soweit der

---

507 Pinner, JW 1930, 3673, 3679.
508 Schmölder, JW 1931, 2925, 2927.
509 Schlegelberger/Quassowski/Schmölder, Vorb. vor § 262a.
510 Kommissionsbericht, S. 21. Siehe oben C.III.1.
511 Generalbericht, S. 63. Siehe oben C.IV.1.
512 DAV, S. 103 f. Siehe oben C.VI.3.b. (3)(b).
513 Schlegelberger/Quassowski/Schmölder, Vorb. 2 vor § 262a.

Aufsichtsrat auf Grund eigener pflichtmäßiger Prüfung die Person der Prüfer als absolut zuverlässig erkenne und soweit der Bericht eine sachlich ausreichende Grundlage für die eigene Urteilsfindung bilde, könne sich der Aufsichtsrat auf das Tatsachenmaterial und das Urteil des Bilanzprüfers verlassen. Es komme hier ganz auf die Verhältnisse des einzelnen Falles an.[514]

3. Zusammenfassung und Stellungnahme

Der Verordnungsgeber setzte mit der Notverordnung vom 19. September 1931 den Weg fort, den das Reichsjustizministerium bereits mit dem Entwurf I beschritten hatte. Er übernahm die meisten Vorschriften über die Pflichtprüfung inhaltlich unverändert aus dem Entwurf I und hielt damit insbesondere an der Entscheidung für eine doppelte Rechnungsprüfung durch Revisoren und den Aufsichtsrat fest. Gleichzeitig baute er einerseits die Stellung der Revisoren aus, indem er ihre Unabhängigkeit durch zahlreiche Maßnahmen gegen eine Einflussnahme von Vorstand und Aufsichtsrat absicherte, andererseits stärkte er aber auch die Stellung des Aufsichtsrats, indem er durch eine zusätzliche Vorschrift (§ 262e Absatz 3, 1. Halbsatz, 2. Teil HGB 1931) klarstellte, dass die Einführung der Pflichtprüfung an der selbständigen Prüfungspflicht des Aufsichtsrats nichts änderte.

Das Verhältnis zwischen Aufsichtsrats- und Pflichtprüfung regelte die Notverordnung allerdings ebenso wenig wie der Entwurf I. Nach dem Erlass der Notverordnung standen Aufsichtsrats- und Pflichtprüfung im Handelsgesetzbuch genauso beziehungslos nebeneinander wie schon im Entwurf I. Daran änderte auch die Tatsache nichts, dass die Revisoren dem Aufsichtsrat ihren Prüfbericht übergaben, oder dass der Aufsichtsrat zum Prüfbericht der Revisoren Stellung nehmen musste.

Laut Schmölder belegte diese Pflicht zur Stellungnahme aber, dass der Aufsichtsrat auch nach der Einführung der Pflichtprüfung zur selbständigen Prüfung der Rechnungslegung verpflichtet blieb. Schmölder nutzte § 262e Absatz 3 HGB 1931 darüber hinaus, um zu erläutern, welchen Einfluss die Pflichtrevision auf die Prüfungspflichten des Aufsichtsrats hatte. Jedoch war § 262e Absatz 3 HGB 1931 sowohl für den Nachweis der weiterbestehenden Prüfungspflicht des Aufsichtsrats, als auch für die Erläuterung ihres Umfangs der falsche Ansatzpunkt. Der richtige Ansatzpunkt für den Nachweis, dass sich an der Prüfungspflicht des Aufsichtsrats durch die Einführung der Pflichtprüfung nichts geändert hatte, war § 246 Absatz 1, Satz 5 HGB 1931. Wäre die Prüfung der Rechnungslegung durch die Notverordnung mit befreiender Wirkung für den

[514] Schlegelberger/Quassowski/Schmölder, Vorb. 2 vor § 262a.

Aufsichtsrat auf externe Revisoren übertragen worden, hätte diese zentrale Vorschrift gestrichen werden müssen. Richtiger Ansatzpunkt für die Erläuterung der Sorgfaltspflicht, die der Aufsichtsrat künftig bei der Erfüllung seiner Prüfungspflichten zu beachten hatte, war § 249 Absatz 1 HGB 1931. Der Vorschrift, dass der Aufsichtsrat künftig zum Prüfbericht der Revisoren Stellung nehmen musste, hätte es also nicht bedurft.[515]

Denkbar ist, dass man diese Zusammenhänge im Reichsjustizministerium zum Zeitpunkt des Erlasses der Notverordnung aufgrund des hohen Zeitdrucks nicht konsequent durchdacht hatte. Man könnte argumentieren, dass das Reichsjustizministerium den § 262e Absatz 3, 1. Halbsatz, 2. Teil HGB 1931 sonst gar nicht in die Verordnung eingefügt hätte. Wahrscheinlicher ist aber, dass das Reichsjustizministerium den § 262e Absatz 3, 1 Halbsatz, 2. Teil HGB 1931 ganz bewusst in den Verordnungstext einfügte, um besonders hervorzuheben, dass die Prüfungspflicht des Aufsichtsrat neben der Pflichtprüfung erhalten blieb und nicht, wie von den Reformern immer wieder gefordert worden war, durch die Pflichtprüfung ersetzt wurde. Dafür sprechen vor allem die Auseinandersetzungen mit der abweichenden Ansicht Pinners während der kommissarischen Beratungen und die Ausführungen Schmölders in der Juristischen Wochenschrift. Die Tatsache, dass Schmölder die Sorgfaltspflichten des Aufsichtsrats in seinem Aufsatz nur am Rande und die Bestimmung des § 249 Absatz 1 HGB 1931 gar nicht erwähnte, zeigt aber, dass das Verhältnis zwischen Aufsichtsratsprüfung und Revision auch beim Erlass der Notverordnung noch immer sehr stark im Hintergrund stand.

Ein Grund für die nachrangige Behandlung des Verhältnisses von Aufsichtsrats- und Pflichtprüfung könnte möglicherweise darin liegen, dass man sich den Umfang der Prüfungspflichten des Aufsichtsrats im Zweifel aus den §§ 246 Absatz 1, Satz 5, 249 Absatz 1 HGB 1931 erschließen konnte.

Diese beiden Vorschriften sagten für sich genommen allerdings noch nicht viel über den Umfang der Prüfungspflichten aus. Um die zukünftigen Pflichten des Aufsichtsrats im Zusammenhang mit der Prüfung der Rechnungslegung konkretisieren zu können, kam es entscheidend auf den Sinn und Zweck der Pflichtprüfung an. Solange nicht ausdrücklich geklärt war, ob die Pflichtprüfung auch zur Unterstützung des Aufsichtsrats eingeführt worden war, halfen die §§ 246, 249 HGB 1931 einem um Pflichterfüllung bemühten Aufsichtsrat wenig. Eine solche Einordnung der Pflichtprüfung erfolgte aber weder durch den Entwurf I noch durch die Notverordnung. Hier standen nur die Einführung der Pflichtprüfung und die Aufrechterhaltung der selbständigen Prüfungspflicht des Auf-

[515] Sie wurde im Aktiengesetz 1937 auch wieder gestrichen.

sichtsrats im Vordergrund. Über den Sinn und Zweck der Pflichtprüfung und ihren Einfluss auf die Prüfungspflichten des Aufsichtsrats erfuhr man allenfalls etwas, wenn man sich mit den kurzen Erläuterungen Schmölders beschäftigte.[516] Wie aber soeben gezeigt wurde, waren diese Erläuterungen bis zum Erlass der Notverordnung nur sehr oberflächlich und dogmatisch nicht fundiert.

Die §§ 246 Absatz 1, Satz 5, 249 Absatz 1 HGB 1931 allein vermögen somit nicht zu erklären, warum der Verordnungsgeber das Verhältnis von Aufsichtsrats- und Pflichtprüfung in der Notverordnung nicht ausdrücklich regelte. Vielmehr wäre eine gesetzliche Konkretisierung der Prüfungspflichten des Aufsichtsrats oder zumindest eine Klarstellung im Gesetz, dass die Pflichtprüfung auch den Aufsichtsrat bei der Prüfung der Rechnungslegung unterstützen sollte, geboten gewesen, um den Aufsichtsräten Rechtssicherheit über den Umfang ihrer Prüfungspflichten zu verschaffen.

VI. Zusammenfassung und Stellungnahme

Das Reichsjustizministerium hatte die Reform der Unternehmensüberwachung im Entwurf I auf eine breite Grundlage gestellt. Der Entwurf setzte sowohl die Hauptforderung der Wirtschaftsverbände um, indem er an der Zuständigkeit des Aufsichtsrats für die Prüfung der Rechnungslegung festhielt, als auch die Hauptforderung der reformfreundlichen Kräfte, indem er eine externe Pflichtprüfung einführte. Auf diese Weise berücksichtigte der Entwurf I die Interessen aller an der Aktiengesellschaft interessierten Kreise.

Während der Entwurf I noch ganz unter dem Eindruck der Pflichtprüfung stand und die Tatsache, dass die Prüfungspflicht des Aufsichtsrats bestehen blieb, dahinter zurücktrat, rückte diese Tatsache in den kommissarischen Beratungen mit den Ländern stärker in den Vordergrund. Mit der Pflicht des Aufsichtsrats, zum Prüfbericht der Revisoren Stellung zu nehmen, wurde seine selbständige Prüfungspflicht noch einmal betont (§ 262e Absatz 3, 1. Halbsatz, 2. Teil HGB 1931).

Vor diesem Hintergrund war für eine Diskussion über das Verhältnis von Aufsichtsrats- und Pflichtprüfung kein Raum. Denn bis zum Erlass der Notverordnung war umstritten, ob überhaupt an der Prüfungspflicht des Aufsichtsrats festgehalten werden sollte. Während die erläuternden Bemerkungen zum Ent-

[516] Schmölder, 1931, 2925, 2926 f. und in: Schlegelberger/Quassowski/Schmölder, Vorb. vor § 262a.

wurf I sogar noch für die Abschaffung seiner Prüfungspflicht sprachen[517], drehten sich auch die kommissarischen Beratungen noch maßgeblich um die Forderung Pinners, den Aufsichtsrat vollständig von der Pflicht zur Prüfung der Rechnungslegung zu entbinden.[518] Erst durch die Ablehnung der Pinner'schen Forderung in den kommissarischen Beratungen wurde klar, dass in einer künftigen gesetzlichen Regelung neben der Pflichtprüfung auch die Prüfungspflicht des Aufsichtsrats bestehen bleiben würde.[519]

Erst zu diesem Zeitpunkt wurde auch die Frage relevant, in welchem Verhältnis Aufsichtsrats- und Pflichtprüfung zueinander stehen würden. Die Notverordnung enthielt hierüber allerdings weder irgendwelche Angaben noch gab sie Hinweise. Selbst Schmölder behandelte diese Frage in seinem erläuternden Aufsatz zur Notverordnung nur kurz und beiläufig.[520] Beides ist möglicherweise darauf zurück zu führen, dass die Notverordnung unter großem Zeitdruck entstand und dieser Frage gegenüber den anderen Regelungen zur Bekämpfung der Wirtschaftskrise keine entscheidende Bedeutung zugemessen wurde. Genügend Zeit für eine Regelung des Verhältnisses von Aufsichtsratsprüfung und Revision wäre allerdings gewesen. Denn die Entscheidung, an der Prüfungspflicht des Aufsichtsrats festzuhalten, fiel bereits am 16. Februar 1931. Die Notverordnung wurde dagegen erst im September 1931 erlassen. Dennoch überließ der Verordnungsgeber die Ausgestaltung des Verhältnisses von Aufsichtsrats- und Pflichtprüfung der Wissenschaft und Praxis. Den Anfang hierzu machte Schmölder mit seiner Kommentierung aus dem Jahr 1932.[521]

Die Entscheidung des Verordnungsgebers, an der Zuständigkeit und Verantwortung des Aufsichtsrats für die Prüfung der Rechnungslegung festzuhalten, hatte auch Konsequenzen für die innere Organisation der Aktiengesellschaft. Durch diese Entscheidung wurde die Letztverantwortung des Aufsichtsrats für die Prüfung der Rechnungslegung festgelegt. Denn obwohl sich der Aufsichtsrat nach der neuen Rechtslage weitestgehend auf die Vorprüfung der Revisoren verlassen konnte, blieb er im Ergebnis in vollem Umfange für die Prüfung der Rechnungslegung verantwortlich. Die unabhängige Prüfung der Revisoren erleichterte ihm zwar seine Prüfung, letztlich hatte die Revision aber nur Einfluss auf den Umfang seiner Sorgfaltspflichten, nicht hingegen auf seine organisationsrechtliche Zuständigkeit für die Prüfung der Rechnungslegung. Denn entgegen

---

517 Entwurf I, S. 100.
518 Protokoll vom 16. Februar 1931, S. 28 f.
519 Diese Entscheidung wurde erstmals in Abschnitt VIII, § 246 Absatz 1 des Vorentwurfs zu Teil III dokumentiert.
520 Schmölder, JW 1931, 2925, 2926 f.
521 Schmölder, in: Schlegelberger/Quassowski/Schmölder, Vorb. vor § 262a.

der Forderungen der Reformer, hatte der Verordnungsgeber die Prüfung der Rechnungslegung gerade nicht dem Zuständigkeitsbereich des Aufsichtsrats entzogen. Auch wenn die Rechnungslegung seit der Notverordnung vom 19. September 1931 zusätzlich noch von besonderen Revisoren geprüft wurde, blieb die Aktiengesellschaft somit eine in sich geschlossene dreigliedrige Einheit.

E. Die Beratungen des Vorläufigen Reichswirtschaftsrats

Nachdem ein Teil des Regierungsentwurfs durch die Notverordnung vom 19. September 1931 in kraft getreten war, leitete das Reichsjustizministerium mit Schreiben vom 30. Juni 1932 den Restentwurf für das neue Aktiengesetz (Entwurf II) dem Vorläufigen Reichswirtschaftsrat zu.[522]

Der Vorläufige Reichswirtschaftsrat bildete für die Beratung des Entwurfs einen Ausschuss aus drei Abteilungen mit jeweils 5 Mitgliedern.[523] Der ersten Abteilung gehörten Vertreter der Arbeitgeber, der zweiten Abteilung Vertreter der Arbeitnehmer und der dritten Abteilung Angehörige der freien Berufe, der Beamten und der Verbraucher an.[524] Der so genannte Aktienrechtsausschuss beriet den Entwurf II zwischen September 1932 und Januar 1933 in 2 Lesungen mit insgesamt 14 Sitzungen.[525] Der Ausschuss beschloss, in seine Beratungen auch die bereits durch die Notverordnung vom 19. September 1931 in Kraft gesetzten Teile der Gesamtreform mit einzubeziehen, da sie mit dem Entwurf II in engem Zusammenhang standen.[526]

Der Aktienrechtsausschuss teilte den gesamten Rechtsstoff in 9 Themengebiete auf, deren Beratung von jeweils bis zu drei Berichterstattern vorbereitet wurde.

---

522 Schreiben des Reichsjustizministeriums an den Vorläufigen Reichswirtschaftsrat vom 30. Juni 1932, Akte RJM, BArch 30.01/2946, Bl. 108. Zur Geschichte, zum Aufgabenbereich und zur Arbeitsweise des Vorläufigen Reichswirtschaftsrats vgl. Schubert, in: Schubert/Hommelhoff, S. 9 bis 25.

523 Ausschuss zur Erstattung eines Gutachtens zu dem Entwurfe eines Gesetzes über Aktiengesellschaften und Kommanditgesellschaften auf Aktien sowie zu dem Entwurfe eines Einführungsgesetzes (nachfolgend: Aktienrechtsausschuss).

524 Eine Liste der Ausschussmitglieder und ihre Kurzbiographien sind bei Schubert/Hommelhoff, S. 36 ff. und S. 939 ff. abgedruckt.

525 Die maschinenschriftlichen Protokolle der Beratungen des Aktienrechtsausschusses befinden sich im Aktenbestand des RWM, BArch 31.01/17563 bis 17566 und teilweise auch im Aktenbestand des RJM, BArch 30.01/2999 bis 3002 (nachfolgend: Protokolle). Sie sind auch bei Schubert/Hommelhoff, S. 101 ff. abgedruckt, worauf sich auch die folgenden Zitierstellen beziehen.

526 Protokoll der 1. Sitzung, S. 101 f.

Die Anträge und teilweise auch die Berichte der Berichterstatter sowie die Beratungen des Aktienrechtsausschusses wurden in ausführlichen Protokollen dokumentiert, die der Vorläufige Reichswirtschaftsrat jedoch nicht veröffentlichte. Stattdessen gab er im März 1933 einen anonym gehaltenen Bericht heraus, der die Anträge, die Diskussionen und die Abstimmungsergebnisse zusammenfasste.

Die Vorschriften über den Aufsichtsrat wurden vom Vorläufigen Reichswirtschaftsrat am 22. und 23. September 1932 in 1. Lesung[527] und am 12. und 13. Januar 1933 in 2. Lesung[528] beraten. Die Vorschriften über die Pflichtprüfung beriet der Vorläufige Reichswirtschaftsrat am 19. Oktober und 30. November 1932 in 1. Lesung[529] und am 13. Januar 1933 in 2. Lesung[530]. An den 2. Lesungen nahm jeweils auch der Reichsjustizminister Gürtner teil.

I. Aufsichtsrat

Bei den Beratungen über die Reform des Aufsichtsrats nahm die Frage, ob der Aufsichtsrat zugunsten eines einheitlichen Verwaltungsorgans nach englischem oder amerikanischem Vorbild abgeschafft werden sollte nur eine untergeordnete Rolle ein. Nach der unwidersprochenen Ansicht des Berichterstatters Grund (Abteilung 3) hatte sich der Aufsichtsrat als Überwachungsorgan bewährt und sollte als eigenständiges Organ neben dem Vorstand erhalten bleiben.[531] Dieser Ansicht schloss sich der Aktienrechtsausschuss ohne weitere Diskussion an.[532] Insgesamt hielt der Aktienrechtsausschuss eine Änderung der Vorschriften über den Aufsichtsrat in wesentlichen Punkten nicht für erforderlich.[533]

II. Pflichtprüfung

Bei den Beratungen über die Pflichtprüfung wurde erneut eingehend über die Auswahl und Bestellung der Bilanzprüfer diskutiert.

Nach Ansicht des Gewerkschaftsfunktionärs Schweitzer (Abteilung 2) sollten die Bilanzprüfer künftig dem Reichswirtschaftsministerium unterstellt werden. Sie sollten in den Beamtendienst aufgenommen werden und von einem neu zu

527 Protokolle der 2. und 3. Sitzung, S. 161 ff. bzw. S. 215 ff.
528 Protokolle der 13. und 14. Sitzung, S. 686 ff. bzw. S. 735 ff.
529 Protokolle der 4. und 9. Sitzung, S. 257 ff. bzw. S. 511 ff.
530 Protokoll der 14. Sitzung, S. 735 ff.
531 Protokoll der 2. Sitzung, S. 164 f.
532 Protokoll der 3. Sitzung, S. 253 f.
533 Bericht des Aktienrechtsausschusses, S. 83 ff.

schaffenden Aktienamt den prüfungspflichtigen Unternehmen zur Durchführung der Pflichtprüfung zugewiesen werden.[534] Nach Ansicht Schweitzers bestand die Gefahr, dass einige Prüfer ihren Bericht nicht unvoreingenommen abfassten, weil sie an einer Wiederbestellung durch die Generalversammlung interessiert waren. Eine wirkliche Unabhängigkeit der Prüfer von der zu prüfenden Gesellschaft konnte nach Ansicht Schweitzers nur erreicht werden, wenn die Prüfer in jeder Beziehung materiell von der zu prüfenden Gesellschaft unabhängig waren. Das war seiner Meinung nach nur durch Aufnahme der Prüfer in den Beamtendienst zu erreichen. Nach Ansicht Schweitzers bestand ein sehr starkes allgemeines Interesse daran, dass die Öffentlichkeit nicht durch falsche Bilanzen in die Irre geführt werde und dass dadurch nicht die Gesamtwirtschaft in Mitleidenschaft gezogen werde. Deswegen habe der Staat auch schon in einigen Bereichen der Privatwirtschaft konkret Verantwortung für den Schutz der Aktionäre, der Gläubiger und der Allgemeinheit übernommen, wie die Einrichtung des Reichsaufsichtsamts für Privatversicherung zeige. Nach Ansicht Schweitzers hatte der Staat mit der Einführung der Pflichtprüfung aber auch bei Aktiengesellschaften, die keinem besonderen Wirtschaftsgebiet angehörten, bereits eine bestimmte Verantwortung dafür übernommen, dass ein gewisser öffentlich-rechtlicher Schutz gegen falsche oder irreführende Bilanzen existierte. Seinen Antrag, die Bilanzprüfer in den Beamtendienst zu übernehmen und sie dem Reichswirtschaftsministerium zu unterstellen verstand Schweitzer deswegen nur als einen weiteren Schritt in die Richtung, die die Notverordnung bereits eingeschlagen hatte.[535] Zusätzlich zur Aufnahme der Revisoren in den Beamtendienst und ihre Unterstellung unter das Reichswirtschaftsministerium wollte Schweitzer dem Reichswirtschaftsminister auch ein Superrevisionsrecht für die Bilanz, den Geschäftsbericht und die Gewinn- und Verlustrechnung einräumen.[536]

Unterstützt wurde der Antrag Schweitzers über die Verbeamtung der Revisoren unter anderem von Naphtali (Abteilung 3).[537] Naphtali hatte allerdings Zweifel an der Durchsetzbarkeit der Schweitzer'schen Vorstellungen und beantragte deswegen, die Auswahl und Bestellung der Bilanzprüfer weiterhin der Gesellschaft zu überlassen, sie aber von der Genehmigung des Reichswirtschaftsmi-

---

534 Protokoll der 4. Sitzung, S. 298 f. und Antrag 1676/32 unter Nr. 4., S. 800 f.

535 Protokoll der 9. Sitzung, S. 519 ff.

536 Antrag 1676/32 unter Nr. 5, S. 801 f. Der Antrag wurde mit 10 zu 5 Stimmen abgelehnt. Vgl. Protokoll der 9. Sitzung, S. 560.

537 Protokoll der 9. Sitzung, S. 539; in diesem Sinne auch Marx (Abteilung 2), Protokoll der 9. Sitzung, S. 532 f.

nisters abhängig zu machen.[538] Vorbild für diesen Antrag war eine entsprechende Neuregelung für Versicherungsgesellschaften.[539]

Als Alternative zu den Vorschlägen Schweitzers und Naphtalis schlugen Vertreter der ersten und dritten Abteilung vor, die Auswahl und Ernennung der Bilanzprüfer den Industrie- und Handelskammern[540] oder den Registergerichten[541] zu übertragen.

Die Vertreter des Reichsjustizministeriums und des Reichswirtschaftsministeriums, Schmölder und Bernard, lehnten sämtliche Vorschläge über eine Änderung der Prüferauswahl entschieden ab.[542] Nach ihrer Ansicht waren die Vorschläge allesamt mit dem privatwirtschaftlichen Charakter der Pflichtprüfung unvereinbar. Schmölder und Bernard verwiesen darauf, dass die Pflichtprüfung in erster Linie eine interne Angelegenheit der Aktiengesellschaft sei. Deswegen müsse die Generalversammlung als oberstes Organ der Aktiengesellschaft für die Bestellung der Prüfer zuständig bleiben. Nach ihrer Ansicht war die Unabhängigkeit der Bilanzprüfer durch strafrechtliche Vorschriften und das zukünftig drohende ehrengerichtliche Verfahren ausreichend gesichert.[543]

In der folgenden Abstimmung lehnte der Aktienrechtsausschuss den Antrag Schweitzers mit 10 zu 4 Stimmen ab und beschloss mit 8 zu 5 Stimmen, dass die Generalversammlung für die Bestellung der Prüfer zuständig bleiben sollte.[544] Auch den Antrag Naphtalis, die Bestellung der Prüfer von der Genehmigung des Reichswirtschaftsministers abhängig zu machen, lehnte der Ausschuss mit 7 gegen 6 Stimmen (bei zwei Enthaltungen) ab.[545]

III. Das Verhältnis zwischen Aufsichtsrats- und Pflichtprüfung

Über das Verhältnis zwischen Aufsichtsrat und Pflichtprüfern beriet der Aktienrechtsausschuss nur am Rande. Eingeleitet wurden die Beratungen durch die Stellungnahme des Präsidenten des Deutschen Städtetages Mulert (Abteilung 3)

---

538 Protokoll der 9. Sitzung, S. 539 und Antrag 2243/32, S. 819.

539 § 58 Versicherungsaufsichtsgesetz vom 6. Juni 1931, RGBl. 1931 I, 315 ff. i.V.m. 102 ff.

540 Protokoll der 9. Sitzung, S. 536 (Wussow, Abteilung 1) und Antrag 2242/32, S. 819.

541 Protokoll der 9. Sitzung, S. 548 (Cohen, Abteilung 3).

542 Protokoll der 9. Sitzung, S. 512 ff. (Bernard) und S. 515 und 551 f. (Schmölder). Unterstützt wurden sie von Schreyer (Abteilung 1), S. 540.

543 Protokoll der 9. Sitzung, S. 513 f. (Bernard) und S. 515 und 551 f. (Schmölder).

544 Protokoll der 9. Sitzung, S. 560.

545 Protokoll der 9. Sitzung, S. 560. Der Antrag Naphtalis wurde in der zweiten Lesung noch einmal gestellt und erneut, diesmal mit 9 zu 6 Stimmen, abgelehnt. Vgl. Protokoll der 14. Sitzung, S. 762.

zum Aufgabenkreis des Aufsichtsrats. Mulert befürwortete, dass im Entwurf II die Überwachungspflicht des Aufsichtsrats durch die Streichung der Worte „in allen Zweigen der Verwaltung" gegenüber § 246 Absatz 1, Satz 1 HGB 1897 eingeschränkt worden sei. Die Vergangenheit habe gezeigt, dass der Aufsichtsrat eine solche Überwachung insbesondere im Hinblick auf die Prüfung der Rechnungslegung gar nicht durchführen könne. Die entsprechende Beschränkung seiner Prüfungspflicht in § 82 Absatz 1, Satz 1 Entwurf II sei deswegen zu begrüßen.[546]

In der folgenden Diskussion wandte sich gegen diese Sichtweise vor allem Baltrusch (Abteilung 2).[547] Zu den Aufgaben des Aufsichtsrats müsse auch weiterhin die Prüfung der Rechnungslegung gehören. Eine teilweise Ablösung des Aufsichtsrats durch die Pflichtprüfer sei abzulehnen. Deswegen seien nicht nur die Worte „in allen Zweigen der Verwaltung" beizubehalten, sondern es müsse im künftigen Aktiengesetz auch ausdrücklich festgestellt werden, dass die Pflichtprüfung den Aufsichtsrat nicht von seiner eigenen Verpflichtung zur Prüfung der Rechnungslegung entbinde.[548]

Der Vertreter des Reichsjustizministeriums, Schmölder, stellte daraufhin klar, dass mit der Streichung der Worte „in allen Zweigen der Verwaltung" keine grundsätzliche Änderung des Aufgabenkreises des Aufsichtsrats im Hinblick auf die Prüfung der Rechnungslegung verbunden sei.[549] Der Aufsichtsrat bleibe auch weiterhin für die Kontrolle der gesamten Geschäftsführung der Gesellschaft verantwortlich und die Pflichtprüfer seien vom Gesetz im Wesentlichen als Hilfsorgane für den Aufsichtsrat gedacht. Die Verantwortung des Aufsichtsrats werde durch die Pflichtprüfung de jure nicht berührt. Die Einführung der Pflichtprüfung solle dem Aufsichtsrat seine Aufgaben lediglich de facto erleichtern.[550] Dieser Ansicht schloss sich auch Reichsjustizminister Gürtner unter ausdrücklicher Bezugnahme auf Schmölders Kommentierung zur Aktienrechtsnovelle[551] an.[552]

---

546 Protokoll der 2. Sitzung, S. 176 f.

547 Protokoll der 3. Sitzung, S. 216. Unterstützt wurde er von Gennes (Abteilung 1). Vgl. Protokoll der 4. Sitzung, S. 289.

548 Protokoll der 3. Sitzung, S. 216. Einen entsprechenden Antrag stellte Baltrusch erst in der zweiten Lesung. Vgl. Protokoll der 14. Sitzung, S. 752 f. (Antrag 1898/32). Den Antrag auf Erweiterung des § 82 Absatz 1 Entwurf II zog Baltrusch im Verlauf der 2. Lesung allerdings wieder zurück. Vgl. Protokoll der 14. Sitzung, S. 760.

549 Protokoll der 3. Sitzung, S. 217.

550 Protokoll der 3. Sitzung, S. 217 f.

551 Schlegelberger/Quassowski/Schmölder, Vorb. 2 vor § 262a.

552 Protokoll der 14. Sitzung, S. 756.

Zwar sahen einige Ausschussmitglieder die Gefahr, dass die Streichung der Worte „in allen Zweigen der Verwaltung" in § 82 Absatz 1 Entwurf II den Eindruck erwecken könnte, dass dadurch der Aufgabenbereich des Aufsichtsrats eingeschränkt werde.[553] Der Mehrheit war es aber wichtiger, den Wortlaut der Vorschrift den tatsächlichen Überwachungsmöglichkeiten des Aufsichtsrats anzupassen.[554] Der Antrag Baltruschs auf Wiederherstellung der Worte „in allen Zweigen der Verwaltung" wurde deswegen mit 8 zu 6 Stimmen abgelehnt.[555]

IV. Zusammenfassung und Stellungnahme

Der Vorläufige Reichswirtschaftsrat folgte im Hinblick auf die Reform des Aufsichtsrats und die Einführung der Pflichtprüfung grundsätzlich der Notverordnung vom 19. September 1931 und dem Entwurf II.

Insbesondere im Hinblick auf die Einführung und Ausgestaltung der Pflichtprüfung hatte der Vorläufige Reichswirtschaftsrat keine nennenswerten Änderungsvorschläge. Eingehend diskutiert wurde nur die Forderung der gewerkschaftsnahen Ausschussmitglieder, die Bilanzprüfer in den Beamtendienst aufzunehmen und sie dem Reichswirtschaftsministerium zu unterstellen. Dabei wurde die Eigenschaft der Aktiengesellschaft als Einrichtung des Privatrechts allerdings zu keinem Zeitpunkt in Frage gestellt. Auch nach eigener Aussage verfolgten die Antragsteller mit ihren Forderungen keine Abwendung von den privatwirtschaftlichen Grundlagen der Aktiengesellschaft oder gar eine Hinwendung zum Staatskapitalismus. Entscheidend war nach ihrer Ansicht nur, dass die Prüfer von einer wirklich unabhängigen Stelle ausgewählt wurden.[556] Trotz dieses klaren Bekenntnisses lässt sich eine gewisse Tendenz der Gewerkschaften zu einer stärkeren Einbindung des Staates in die Überwachung der Aktiengesellschaften aber nicht verleugnen. Das ergibt sich vor allem aus dem Antrag Schweitzers, dem Reichswirtschaftsminister ein Superrevisionsrecht über die Bilanz, den Geschäftsbericht und die Gewinn- und Verlustrechnung einzuräumen.[557] Während dadurch nach der Begründung Schweitzers nur die Einhaltung der Publizitätsvorschriften durch die Aktiengesellschaften gesichert werden sollte, hätte diese Maßnahme im Falle ihrer Umsetzung zumindest in einem

[553] Protokoll der 14. Sitzung, S. 756 f. (Schweitzer) und S. 758 f. (Cohen).
[554] Protokoll der 3. Sitzung, S. 220 (Kutscher, Abteilung 1), S. 226 (Wussow) und S. 252 (Hachenburg, Vorsitzender ohne Stimmrecht), sowie Protokoll der 14. Sitzung, S. 755 (Solmssen, Abteilung 1) und S. 760 f. (Hachenburg). Vgl. auch den Bericht des Aktienrechtsausschusses, S. 12.
[555] Protokoll der 14. Sitzung, S. 761.
[556] Protokoll der 9. Sitzung, S. 523 (Schweitzer) und S. 532 f. (Marx).
[557] Antrag 1676/32 unter 5., S. 801 f.

Teilbereich des Aktienrechts eine Rückkehr zur laufenden staatlichen Überwachung der Aktiengesellschaften bedeutet.

Im Ergebnis erteilte der Vorläufige Reichswirtschaftsrat aber allen Bestrebungen, die Aktiengesellschaften auch nur in die Nähe staatlicher Überwachung oder gesellschaftsfremder Einflussnahme zu bringen, eine klare Absage und bekannte sich mit großer Mehrheit zur Eigenverantwortung der Aktiengesellschaft und aller an ihr beteiligten Kreise. Damit setzte der Vorläufige Reichswirtschaftsrat den Weg fort, den der Gesetzgeber bereits mit der Notverordnung vom 19. September 1931 eingeschlagen hatte, als er sich für das Festhalten an der uneingeschränkten Verantwortung des Aufsichtsrats für die Prüfung der Rechnungslegung entschieden hatte. Die Ausführungen Schmölders, dass die Prüfungspflichten des Aufsichtsrats durch die Einführung der Pflichtprüfung de jure nicht berührt wurden, sondern dass ihm die Pflichtprüfung seine eigene Prüfung lediglich faktisch erleichtern sollte, bestätigt das oben gefundene Ergebnis, dass durch die Einführung der Pflichtprüfung die organisationsrechtliche Einheit der Aktiengesellschaft nicht durchbrochen wurde.

Die Frage des Verhältnisses von Aufsichtsrat und Pflichtprüfern wurde auch in den Beratungen des Vorläufigen Reichswirtschaftsrats nur am Rande aufgegriffen. Die Ansicht des Berichterstatters, dass der Aufgabenkreis des Aufsichtsrats durch die Einführung der Pflichtprüfung eingeschränkt worden war, beruhte auf einer Wiederholung dieser missverständlichen Erläuterung zum Entwurf I in der Begründung zum Entwurf II.[558] Die Ansicht des Berichterstatters zeigt aber auch, wie wenig sich die Erkenntnis, dass der Aufsichtsrat nach dem Erlass der Notverordnung vom 19. September 1931 zur eigenständigen Prüfung der Rechnungslegung verpflichtet blieb, Anfang des Jahres 1933 durchgesetzt hatte. Diese Tatsache bestätigt die These, dass eine ausdrückliche Regelung des Verhältnisses von Aufsichtsrat und Pflichtprüfern durch die Notverordnung geboten gewesen wäre.

F. Das Aktiengesetz von 1937

Nach der Machtergreifung der Nationalsozialisten am 30. Januar 1933 wurden im Justizministerium zunächst die „wichtigsten Anregungen zum Aktienrecht der neuesten Zeit“ zusammengestellt.[559] Bis zum Herbst 1933 hatte das Ministerium dann „Vorläufige Vorschläge zur Änderung eines Gesetzes über Aktienge-

[558] Vgl. Entwurf I, S. 100 und die erläuternden Bemerkungen des Reichsjustizministeriums zum Entwurf II, abgedruckt bei Schubert/ Hommelhoff, S. 912.

[559] Sie befinden sich in den Akten RJM, BArch 30.01/2947 und 2948.

sellschaften und Kommanditgesellschaften auf Aktien“[560] erarbeitet, die der Akademie für Deutsches Recht vorgelegt und vom dortigen Aktienrechtsausschuss von Januar 1934 bis März 1935 beraten wurden.[561] Im Juli 1935 lag schließlich ein Referentenentwurf vor, der in sachlich nur wenig veränderter Form als „Gesetz über Aktiengesellschaften und Kommanditgesellschaften auf Aktien (Aktiengesetz)“ am 30. Januar 1937 ausgefertigt und am 4. Februar 1937 im Reichsgesetzblatt veröffentlicht wurde.[562]

Die Vorschriften des Handelsgesetzbuchs über die Aufgaben des Aufsichtsrats und der Pflichtprüfer wurden gegenüber der Form, die sie durch die Notverordnung vom 19. September 1931 erhalten hatten, nur wenig verändert (§§ 95, 96 und 135 bis 144 AktG 1937).[563] Folgende Änderungen sind erwähnenswert:

I. Aufsichtsrat

Die in § 246 Absatz 1, Satz 1 HGB 1897 statutierte Überwachungspflicht des Aufsichtsrats wurde durch die Streichung der Worte „in allen Zweigen der Verwaltung“ den tatsächlichen Kontrollmöglichkeiten des Aufsichtsrats angepasst. Durch die Streichung sollte auch im Gesetz klargestellt werden, dass der Aufsichtsrat nicht alle Einzelheiten, sondern nur die wesentlichen Gegenstände der Geschäftsführung nachzuprüfen hatte. Da die Pflicht zur Überwachung der Geschäftsführung beinhaltete, dass sich der Aufsichtsrat „von dem Gange der Angelegenheiten der Gesellschaft zu unterrichten“ hatte, wurde die entsprechende Formulierung in § 246 Absatz 1, Satz 1 HGB 1897 als überflüssig gestrichen. Der neue § 95 Absatz 1 AktG 1937 lautete jetzt nur noch: „Der Aufsichtsrat hat die Geschäftsführung zu überwachen“.

Die Verpflichtung des Aufsichtsrats, Jahresabschluss, Gewinnverteilungsvorschlag und Geschäftsbericht zu prüfen und darüber der Hauptversammlung zu berichten (bisher: § 246 Absatz 1, Satz 5 HGB 1897) wurde als eigenständige Überwachungsaufgabe besonders hervorgehoben und in einem eigenen Paragraphen, § 96 Absatz 1 AktG 1937, geregelt.

---

560 Akte RJM, BArch 30.01/2948, Bl. 24 ff.

561 Die Protokolle der Sitzungen des Ausschusses für Aktienrecht sind wiedergegeben bei Schubert, S. 1 ff.

562 Gesetz über Aktiengesellschaften und Kommanditgesellschaften auf Aktien (Aktiengesetz) vom 30. Januar 1937, RGBl. 1937 I, 107 ff.

563 Nach Aussage des Ausschussvorsitzenden war Ziel der Beratungen des Aktienrechtsausschusses auch nicht der „Neuaufbau“, sondern der „Umbau“ des bestehenden Aktienwesens. Vgl. den Bericht des Vorsitzenden des Ausschusses für Aktienrecht bei Schubert, S. 478.

§ 96 Absatz 2 AktG 1937 konkretisierte den Inhalt des Aufsichtsratsberichts an die Hauptversammlung. Danach musste der Aufsichtsrat darüber berichten, in welcher Art und in welchem Umfang er die Geschäftsführung der Gesellschaft während des Geschäftsjahres geprüft hatte, welche Stelle den Jahresabschluss und den Geschäftsbericht geprüft hatte und ob diese Prüfungen nach ihrem abschließenden Ergebnis zu wesentlichen Beanstandungen Anlass gegeben hatten. Darin lag einerseits eine Erweiterung der Berichtspflicht, weil der Aufsichtsrat zukünftig auch über das Ergebnis der Revision der Gewinn- und Verlustrechnung und des Geschäftsberichts berichten musste[564], andererseits entfiel aber die Pflicht, zu dem Bericht der Pflichtprüfer Stellung zu nehmen (§ 262e Absatz 3, Satz 1 HGB 1931). Mit dem Wegfall dieser Pflicht im Aktiengesetz von 1937 wurde die Verantwortung des Aufsichtsrats für die Prüfung der Rechnungslegung allerdings nicht geschmälert. Vielmehr wurde durch die Zusammenlegung der Prüfungs- und Berichtspflicht des Aufsichtsrats im neuen § 96 AktG 1937[565] die Verantwortung des Aufsichtsrats für die Prüfung der Rechnungslegung besonders betont.

Mit dem Aktiengesetz 1937 wurde auch die Bestimmung des § 246 Absatz 3 HGB 1897 gestrichen, nach der dem Aufsichtsrat neben seinem Überwachungsauftrag weitere Aufgaben durch den Gesellschaftsvertrag zugewiesen werden konnten. Dieses Einfallstor für die Ausgestaltung des Aufsichtsrats als Mitverwaltungsorgan wich § 95 Absatz 5, Satz 1 AktG 1937, der ausdrücklich bestimmte, dass Maßnahmen der Geschäftsführung dem Aufsichtsrat nicht übertragen werden konnten. Damit war die Rolle des Aufsichtsrats, mit Ausnahme der gesetzlich geregelten Fälle, auf die Überwachung der Geschäftsführung beschränkt.

II. Pflichtprüfung

Die Vorschriften über die Pflichtprüfung (§§ 262a bis g HGB 1931) wurden nur wenig verändert in die §§ 135 bis 144 AktG 1937 übernommen. Die meisten Änderungen beruhten entweder auf der Einarbeitung von Bestimmungen der Durchführungsverordnungen[566] in das Aktienrecht[567] oder auf der verbindlichen

---

564 Der Geschäftsbericht unterlag nur noch insoweit der Pflichtprüfung als er den Jahresabschluss erläuterte, § 135 Absatz 1, Satz 1 AktG 1937.

565 Bisher § 246 Absatz 1, Satz 5 und § 262e Absatz 3 HGB 1931.

566 Erste Verordnung zur Durchführung der aktienrechtlichen Vorschriften der Verordnung des Reichspräsidenten über Aktienrecht, Bankenaufsicht und über eine Steueramnestie (nachfolgend: Durchführungsverordnung) vom 15. Dezember 1931, RGBl. 1931 I, 760 ff.; Zweite Durchführungsverordnung vom 20. Dezember 1932, RGBl. 1932 I, 563 ff.;

Entscheidung einiger Fragen, die schon im Vorfeld der Reform diskutiert worden waren[568]. Im einzelnen brachte das Aktiengesetz von 1937 für die Pflichtprüfung folgende Veränderungen:

Durch § 135 Absatz 1, Satz 1 AktG 1937 wurde der Gegenstand der Pflichtprüfung eingeschränkt. Anders als nach § 262a Absatz 1, Satz 1 HGB 1931 mussten die Revisoren zukünftig nur noch den (zweiten) Teil des Geschäftsberichts prüfen, der den Jahresabschluss erläuterte. Diese Beschränkung hatte auch Auswirkungen auf den Inhalt des Prüfberichts und den Wortlaut des Bestätigungsvermerks.[569]

§ 135 Absatz 1, Satz 2 AktG 1937 bestimmte, dass der Jahresabschluss nicht festgestellt werden konnte, bevor er nicht durch Abschlussprüfer geprüft worden war. Ein Jahresabschluss, der ohne eine solche Prüfung festgestellt wurde, war nichtig. Mit dieser Vorschrift entschied der Gesetzgeber die schon vor der Notverordnung von 1931 und im Vorläufigen Reichswirtschaftsrat heftig diskutierte Frage, ob die Vorschriften über die Pflichtprüfung dispositives Recht waren, ob also eine Pflichtprüfung unterbleiben konnte, wenn die Aktionäre dies nur einstimmig beschlossen, und welche Folgen es hatte, wenn eine Jahresabschlussprüfung unterblieb.[570]

Wegen des zwingenden Charakters der Abschlussprüfung stellte § 136 Absatz 4, Satz 3 AktG 1937 klar, dass es zu den Pflichten des Vorstands gehörte, einen Antrag auf Bestellung von Abschlussprüfern beim zuständigen Gericht zu stellen, wenn eine Bestellung durch die Generalversammlung unterblieben war.[571]

Durch § 135 Absatz 3 AktG 1937 wurde eine neue Spruchstelle eingeführt, die Meinungsverschiedenheiten zwischen Vorstand und Abschlussprüfern bezüglich der Auslegung der Vorschriften über den Jahresabschluss und den Geschäftsbericht entscheiden sollte. Die Entscheidung der Spruchstelle war auch für Gerichte und Verwaltungsbehörden bindend.

Dritte Durchführungsverordnung vom 1. April 1933, RGBl. 1933 I, 163 und Fünfte Durchführungsverordnung vom 16. Februar 1934, RGBl. 1934 I, 125.

567 §§ 137 Absatz 1, 138, 142, 144 Absatz 2 AktG 1937.

568 §§ 135 Absatz 1, Satz 2, 136 Absatz 4, Satz 3 AktG 1937.

569 §§ 139 Absatz 1, Satz 2 und 140 Absatz 1 AktG 1937.

570 Vgl. die Zusammenfassung des Meinungsstands durch Schmölder im Aktienrechtsausschuss des Vorläufigen Reichswirtschaftsrats, Schubert/Hommelhoff, S. 515 f.

571 So schon Schlegelberger/Quassowski/Schmölder, § 262a Anm. 6 und § 262b Anm. 11.

§ 137 Absatz 1 AktG 1937 bestimmte, dass als Abschlussprüfer zukünftig nur öffentlich bestellte Wirtschaftsprüfer oder Wirtschaftsprüfungsgesellschaften gewählt oder bestellt werden durften. Die Vorschrift bezog sich auf Artikel 5 der Ersten Durchführungsverordnung zur Aktienrechtsnovelle vom 19. September 1931, wonach die Befähigung zur Ausübung der Tätigkeit als Bilanzprüfer nur solche Personen hatten, die nach Maßgabe einer Ländervereinbarung als Wirtschaftsprüfer öffentlich bestellt waren oder die als Prüfungsgesellschaften in einer von der Hauptstelle für die öffentlich bestellten Wirtschaftsprüfer geführten Liste eingetragen waren.[572]

§ 137 Absatz 2 AktG 1937 verschärfte die Ausschlussbedingungen für Abschlussprüfer, indem er im zweiten Halbsatz bestimmte, dass auch Mitglieder des Vorstands, des Aufsichtsrats und Angestellte einer Gesellschaft, die von der zu prüfenden Gesellschaft abhängig war oder sie beherrschte, nicht zu Prüfern bestellt werden konnten.

§ 138 Absatz 3 AktG 1937 erweiterte die Auskunftsrechte der Abschlussprüfer gegenüber dem Vorstand auf die Zeit vor Aufstellung des Jahresabschlusses, soweit nicht überwiegende Belange der Gesellschaft oder eines beteiligten Unternehmens entgegenstanden. Damit passte die Vorschrift die Rechte der Abschlussprüfer der Praxis an, besonders bei großen Gesellschaften mit der Prüfung des Jahresabschlusses schon vor der Vorlage des ersten Abschlussentwurfs durch den Vorstand zu beginnen.[573]

Eine Neuerung gegenüber § 262e Absatz 2, Satz 1 HGB 1931 enthielt § 139 Absatz 2 AktG 1937. Danach war der Prüfbericht nicht mehr allein dem Aufsichtsrat, sondern Vorstand und Aufsichtsrat vorzulegen. Die Frage, wer den Prüfbericht der Revisoren erhalten sollte, war in der Diskussion über die Einführung der Pflichtprüfung besonders umstritten gewesen. Während der Prüfbericht nach dem Entwurf I dem Vorstand vorzulegen war, der ihn an den Aufsichtsrat weitergab (§ 122 Absatz 2, Satz 2 Entwurf I), bestimmte die Notverordnung vom 19. September 1931, dass ausschließlich der Aufsichtsrat den Prüfbericht erhalten sollte, der dann selbst entscheiden konnte, welche Informationen er daraus an den Vorstand weitergab (§ 262e Absatz 2, Satz 1 HGB 1931). So sollte vermieden werden, dass der Vorstand auf den Bericht der Prüfer vor der Kenntnisnahme durch den Aufsichtsrat Einfluss nahm.[574] Der Gesetzgeber von 1937 entschied sich dann aber dafür, dass sowohl der Vorstand

[572] Die Ländervereinbarung befindet sich in der Anlage zur Ersten Durchführungsverordnung vom 15. Dezember 1931, RGBl. 1931 I, 760, 761 ff.
[573] Schlegelberger/Quassowski/Schmölder, § 262a Anm. 3.
[574] Schlegelberger/Quassowski/Schmölder, § 262e Anm. 3.

als auch der Aufsichtsrat den Prüfbericht erhalten sollte, weil es nach Ansicht des Gesetzgebers für den Vorstand kaum tragbar war, wenn die Prüfer hinter seinem Rücken dem Aufsichtsrat über die Geschäftsführung berichteten.

§ 140 Absatz 2 AktG 1937 erwähnte erstmals ausdrücklich, dass die Abschlussprüfer die Möglichkeit hatten, den Bestätigungsvermerk zu versagen oder einzuschränken, wenn sie Einwendungen gegen die Buchführung, den Jahresabschluss oder den Geschäftsbericht (soweit dieser den Jahresabschluss erläuterte) hatten. Nach Absatz 3 der Vorschrift konnten sie den Bestätigungsvermerk auch dann versagen oder einschränken, wenn nach ihrer Ansicht der Geschäftsbericht in seinem (ersten) Teil, der den Geschäftsverlauf und die Lage der Gesellschaft beschrieb, offensichtlich eine falsche Darstellung von den Verhältnissen der Gesellschaft erweckte, die geeignet war, das durch den Jahresabschluss vermittelte Bild von der Lage der Gesellschaft zu verfälschen. Dadurch unterlag im Ergebnis auch der erste Teil des Geschäftsberichts, der gemäß § 135 Absatz 1, Satz 1 AktG 1937 von der Pflichtrevision ausgenommen war, einer zumindest kursorischen Kontrolle der Prüfer.

Schließlich konkretisierte und erweiterte § 144 AktG 1937 die Vorschriften über die Darstellung und Veröffentlichung des Jahresabschlusses, um Verschleierungen durch die Gesellschaft entgegenzuwirken.

III. Stellungnahme

Mit den Änderungen im Recht des Aufsichtsrats setzte der Gesetzgeber von 1937 einige Reformen um, die teilweise schon Anfang des 20. Jahrhunderts angeregt worden waren, die aber beim Erlass der Notverordnung hinter dringendere Reformen zurücktreten mussten und dann wegen der Machtergreifung der Nationalsozialisten nicht zu Ende gebracht werden konnten.

So beendete das Aktiengesetz 1937 durch die Anpassung des § 95 AktG 1937 die lang beklagte Diskrepanz zwischen dem vermeintlich unerfüllbaren gesetzlichen Überwachungsauftrag des Aufsichtsrats aus § 246 Absatz 1, Satz 1 HGB 1897 und seinen tatsächlichen Überwachungsmöglichkeiten.[575] Erstmals ermöglichte das Aktiengesetz von 1937 auch die Entsendung von Minderheitenvertretern in den Aufsichtsrat[576], regelte die gerichtliche Bestellung von Aufsichtratsmitgliedern[577] und erlaubte dem Aufsichtsrat die Beauftragung von Sachver-

575 Wie § 95 Absatz 1 AktG 1937 schon § 79 Absatz 1, Satz 1 Entwurf I.
576 Ähnlich wie § 88 AktG 1937 bereits § 74 Absatz 5 Entwurf I.
577 Ähnlich wie § 89 AktG 1937 bereits § 75 Entwurf I.

ständigen für die Erledigung einzelner Aufgaben[578]. Hinzu kamen Änderungen in der Organisation des Aufsichtsrats, wie die Beschränkung der Aufsichtsratsgröße, die Begrenzung der Zahl der Aufsichtsratsmandate in einer Hand und die zwingende Wahl eines Aufsichtsratsvorsitzenden. Diese Änderungen waren ebenfalls schon Anfang des 20. Jahrhunderts diskutiert und in den Verhandlungen des Vorläufigen Reichswirtschaftsrats wieder aufgegriffen worden.[579]

Die meisten Änderungen, die das Aktiengesetz von 1937 für die Pflichtprüfung brachte, beruhten entweder auf der Einarbeitung von Bestimmungen der Durchführungsverordnungen[580] oder entschieden schon länger umstrittene Rechtsfragen[581]. Sie konkretisierten das bereits existierende Recht und schufen weitere Rechtssicherheit für alle Beteiligten der Pflichtprüfung. Die einzig neue Einrichtung im Zusammenhang mit der Pflichtprüfung war die Spruchstelle, die künftig gemäß § 135 Absatz 3 AktG 1937 Meinungsverschiedenheiten zwischen Vorstand und Abschlussprüfer über die Auslegung der Vorschriften über den Jahresabschluss und den Geschäftsbericht entscheiden sollte. Daraus lässt sich folgern, dass sich die Vorschriften über die Pflichtprüfung in den ersten fünf Jahren nach ihrer Einführung allgemein bewährt hatten.

Obwohl der Gesetzgeber mit dem Aktiengesetz 1937 die Gelegenheit ergriffen hatte, zahlreiche Zweifelsfragen der Pflichtprüfung verbindlich zu entscheiden, nutzte er das neue Gesetz nicht, um auch das Verhältnis zwischen Aufsichtsrats- und Pflichtprüfung eindeutig zu regeln. Zwar wurde die Verpflichtung des Aufsichtsrats, Jahresabschluss, Gewinnverteilungsvorschlag und Geschäftsbericht zu prüfen und darüber der Hauptversammlung zu berichten nun in einem eigenen Paragraphen (§ 96 Absatz 1 AktG 1937) geregelt und damit als besondere Verpflichtung des Aufsichtsrats hervorgehoben, über das Verhältnis von Aufsichtsrats- und Pflichtprüfung traf aber auch das Gesetz von 1937 keine ausdrückliche Bestimmung. §§ 135 Absatz 1, 139 Absatz 2 AktG 1937 bestimmten lediglich, dass der Jahresabschluss durch Abschlussprüfer zu prüfen war, bevor er dem Aufsichtsrat zur Billigung vorgelegt wurde und dass Vorstand und Aufsichtsrat den Prüfbericht erhielten. Der Wegfall der Pflicht des Aufsichtsrats, in seinem Bericht an die Generalversammlung auch zum Bericht der Revisoren Stellung zu nehmen, war kein großer Verlust, auch wenn damit der Anknüpfungspunkt, den Schmölder für eine Erläuterung der Pflichten des Aufsichtsrats im Hinblick auf die Prüfung der Rechnungslegung gewählt hatte, entfiel. Denn wie gezeigt wurde, waren die richtigen Anknüpfungspunkt für die Prüfungs-

---

578 Ähnlich wie § 95 Absatz 3 AktG 1937 bereits § 79 Absatz 2, Satz 2 Entwurf I.

579 Schubert/Hommelhoff, S. 167 ff. und S. 175.

580 §§ 137 Absatz 1, 138, 142, 144 Absatz 2 AktG 1937.

581 §§ 135 Absatz 1, Satz 2, 136 Absatz 4, Satz 3 AktG 1937.

pflichten des Aufsichtsrats ohnehin § 246 Absatz 1, Satz 3 HGB 1897 und § 249 Absatz 1 HGB 1897. Da aber weiterhin eine ausdrückliche Bestimmung über das Verhältnis von Aufsichtsrats- und Revisorenprüfung fehlte, musste man in Zukunft auf die Systematik der Vorschriften des Aktiengesetzes, den Sinn und Zweck der Abschlussprüfung und den allgemeinen Sorgfaltsmaßstab aus §§ 99 i.V.m. 84 AktG 1937 zurückgreifen, um sich den Umfang der Prüfungspflicht des Aufsichtsrat zu erschließen.

Insgesamt lässt sich feststellen, dass das Aktiengesetz von 1937, trotz der Verwirklichung des Führerprinzips auch im Recht des Aufsichtsrats[582], im Hinblick auf den Aufsichtsrat und die Pflichtprüfung an die Reformarbeiten der Weimarer Republik anknüpfte. Dabei standen die geänderten Vorschriften über Aufsichtsrat und Pflichtprüfung in der Tradition der Reformer, die für eine starke Verwaltung bei gleichzeitiger Erhöhung der Publizität und Kontrolle eingetreten waren.[583] Eine befriedigende Regelung des Verhältnisses von Aufsichtsrat und Pflichtprüfern fand auch das Aktiengesetz von 1937 nicht.

---

582 Vgl. §§ 92 Absatz 1, Satz 1, 93 Absatz 2, 95 Absatz 2 AktG 1937.

583 So die übereinstimmende Ansicht des Reichsjustizministeriums und des Reichswirtschaftsministeriums zu den Zielen der Aktienrechtsreform im Jahr 1929. Vgl. die Aufzeichnung über einen Vortrag am 28. Januar 1929, Akte RJM, BArch 30.01/2937, Bl. 10 ff.

3. Teil: Die Folgen für die Prüfungspflichten des Aufsichtsrats nach geltendem Recht

A. Die Gültigkeit der Grundsätze von 1931 im Aktiengesetz von 1965

Die Ausführungen Schmölders aus dem Jahr 1932, wonach der Aufsichtsrat seine Prüfungspflichten nach dem Erlass der Notverordnung vom 19. September 1931 in der Regel durch eine sorgfältige und kritische Auswertung des Prüfberichts der Revisoren erfüllen kann und nur bei begründetem Anlass zu eigenen Nachforschungen verpflichtet ist, gelten im Grundsatz noch heute.[584]

Die Ausführungen Schmölders sind aber nicht völlig frei von dogmatischen Schwächen, die auf die Qualität der Aufsichtsratsprüfung durchschlagen können. Diese dogmatischen Schwächen gehen auf die widersprüchlichen Vorstellungen der Wirtschaftsverbände und der reformfreundlichen Kräfte über die Rolle des Aufsichtsrats und der Revisoren bei der Prüfung der Rechnungslegung zurück, die beide gleichzeitig durch die Notverordnung vom 19. September 1931 umgesetzt wurden.

Während die Reformer für eine unabhängige Prüfung der Rechnungslegung durch besondere Revisoren unter Ausschluss des Aufsichtsrats eintraten, wollten die Wirtschaftsverbände an der Prüfung der Rechnungslegung unter der alleinigen Regie und Verantwortung des Aufsichtsrats festhalten. Nach ihrer Ansicht sollten externe Revisoren nur als Gehilfen des Aufsichtsrats eingesetzt werden, für deren Prüfung er nach § 278 BGB verantwortlich blieb.

Dadurch, dass die Notverordnung vom 19. September 1931 jeweils nur einen Teil dieser Forderungen umsetzte[585], blieb der Aufsichtsrat zwar unverändert für die Prüfung der Rechnungslegung zuständig und verantwortlich, ohne aber im Gegenzug auf die Auswahl der Revisoren und die Durchführung ihrer Prüfung Einfluss nehmen zu können. Denn die Revisoren waren nach dem Willen des Verordnungsgebers gerade keine Erfüllungsgehilfen des Aufsichtsrats, sondern ein zweites, von der Verwaltung unabhängiges Prüfungsgremium.

Schon nach dem internen Vorentwurf des Reichsjustizministeriums entstand dadurch ein Defizit zwischen der Prüfungsverantwortung des Aufsichtsrats einerseits und seinen Möglichkeiten, auf die Revision Einfluss zu nehmen, ande-

[584] Claussen/Korth, in: Kölner Kommentar, § 171 AktG Rn. 7 ff.; Clemm, ZGR 1980, 455, 458; Hüffer, § 171 Rn. 9; Lutter/Krieger, Rn. 182.

[585] Erster Teil, Artikel I, § 262a Absatz 1 und § 262e Absatz 3, 1. Halbsatz, 2. Teil der NotVO vom 19.9.1931.

rerseits.[586] Im Ergebnis bürdeten der Entwurf I und später die Notverordnung dem Aufsichtsrat somit das Risiko der Unabhängigkeit der Revisoren auf.

B. Die Prüfungspflichten des Aufsichtsrats nach § 171 Absatz 1 Satz 1 AktG

Fraglich ist, welche Folgen sich aus dem Nebeneinander von Aufsichtsrats- und Pflichtprüfung für die Prüfungspflichten des Aufsichtsrats aus § 171 Absatz 1, Satz 1 AktG ergeben.

Nach dieser Vorschrift hat der Aufsichtsrat die Rechnungslegung zu prüfen. Für diese Prüfung gelten die gleichen Maßstäbe wie für die allgemeine Überwachungstätigkeit des Aufsichtsrats nach § 111 Absatz 1 AktG, da die Rechnungslegung ein Teil der Geschäftsführung ist.[587] Der Aufsichtsrat muss die Rechnungslegung somit vor allem auf ihre Rechtmäßigkeit und ihre Zweckmäßigkeit überprüfen.[588]

I. Rechtmäßigkeitsprüfung

Zunächst muss der Aufsichtsrat die Rechtmäßigkeit der Rechnungslegung prüfen. Dazu gehört ihre formelle Übereinstimmung mit den Büchern und Belegen der Gesellschaft und ihre materielle Übereinstimmung mit den gesetzlichen Vorschriften und gegebenenfalls den ergänzenden Bestimmungen der Satzung.[589]

Diese Prüfung überschneidet sich inhaltlich mit der Arbeit der Abschlussprüfer. Die Prüfung der Abschlussprüfer bezieht sich ebenfalls auf die formelle und materielle Rechtmäßigkeit der Rechnungslegung. Sie ist weitgehend standardisiert und durch die fachliche Ausbildung der Revisoren und die Entwicklung von Prüfungsstandards im Laufe der Zeit immer weiter verbessert worden.[590] Im Ergebnis führen die von der Hauptversammlung gewählten Abschlussprüfer ihre Prüfung daher nicht anders durch, als wenn sie vom Aufsichtsrat mit dieser

586 Vgl. Abschnitt VIII, § 246 Absatz 1 und Abschnitt XI, § a Absatz 1 des Vorentwurfs zu Teil III.

587 Hüffer, § 111 Rn. 1.

588 Adler/Düring/Schmaltz, § 171 AktG Rn. 21; Claussen/Korth, in: Kölner Kommentar, § 171 AktG Rn. 7; Hüffer, § 171 Rn. 3.

589 Hüffer, § 171 Rn. 4.

590 Vgl. insbesondere die Verlautbarungen des Instituts der Wirtschaftsprüfer (IdW), dessen Prüfungsstandards und Fachgutachten die Abschlussprüfer bei gewissenhafter Berufsausübung (§ 43 Absatz 1 WPO) zu beachten haben.

Aufgabe beauftragt worden wären. Der Aufsichtsrat kann bei seiner Prüfung nach § 171 Absatz 1, Satz 1 AktG deswegen weitgehend auf die vorangegangene Pflichtprüfung vertrauen.[591] Das gilt insbesondere für die von den Revisoren gesetzten Prüfungsschwerpunkte.

Im Hinblick auf die formelle und materielle Rechtmäßigkeitsprüfung nach § 171 Absatz 1, Satz 1 AktG kommt das Defizit zwischen der Prüfungsverantwortung des Aufsichtsrats und seiner Möglichkeit, auf die Art und Weise der Pflichtprüfung Einfluss zu nehmen, somit nicht zum Tragen.

II. Zweckmäßigkeitsprüfung

Der Aufsichtsrat muss die Rechnungslegung aber auch auf ihre Zweckmäßigkeit überprüfen. Dazu gehört insbesondere die Überprüfung der bilanzpolitischen Ermessenentscheidungen und der Ausschüttungs- und Thesaurierungspolitik des Vorstands auf ihre Übereinstimmung mit dem Unternehmensinteresse.[592]

Das Unternehmensinteresse erschließt sich dem Aufsichtrat aus seiner engen Verbindung zur Gesellschaft, insbesondere aus seiner Beteiligung an der Unternehmensverwaltung. Ob die Ausübung bilanzieller Wahlrechte, die Bildung oder Auflösung stiller Reserven und die Dotierung oder Auflösung freier Gewinnrücklagen im Interesse der Gesellschaft liegt, kann der Aufsichtsrat deswegen in der Regel auch ohne Unterstützung der Abschlussprüfer entscheiden.

Auch im Hinblick auf die Zweckmäßigkeitsprüfung nach § 171 Absatz 1, Satz 1 AktG kommt das Defizit zwischen der Prüfungsverantwortung des Aufsichtsrats und seiner Möglichkeit, auf die Art und Weise der Pflichtprüfung Einfluss zu nehmen, somit nicht zum Tragen.

III. Zwischenergebnis

Das festgestellte Defizit zwischen der Verantwortung des Aufsichtsrats für die Prüfung der Rechnungslegung einerseits und seinem fehlenden Einfluss auf die Durchführung der Pflichtprüfung andererseits hat somit zunächst keine Konsequenzen für die Prüfungspflichten des Aufsichtsrats aus § 171 Absatz 1, Satz 1 AktG.

---

[591] Adler/Düring/Schmaltz, § 171 AktG Rn. 19; Claussen/Korth, in: Kölner Kommentar, § 171 AktG Rn. 7; Clemm, ZGR 1980, 455, 458.

[592] Adler/Düring/Schmaltz, § 171 AktG Rn. 21; Hüffer, § 171 Rn. 7.

C. Die Prüfungspflichten des Aufsichtsrats nach § 111 Absatz 1 AktG

Fraglich könnte aber sein, ob im Hinblick auf die Pflicht zur Überwachung der Geschäftsführung nach § 111 Absatz 1 AktG etwas anderes gilt.

I. Rechtmäßigkeit und Zweckmäßigkeit der Geschäftsführung

Nach § 111 Absatz 1 AktG hat der Aufsichtsrat die Geschäftsführung des Vorstands zu überwachen. Prüfungsmaßstab sind in erster Linie die Rechtmäßigkeit, Zweckmäßigkeit und Ordnungsmäßigkeit des Vorstandshandelns.[593]

Zur Geschäftsführung des Vorstands gehören vor allem die Leitungsentscheidungen und alle wesentlichen Einzelmaßnahmen des Vorstands.[594] Welche dieser Geschäftsführungsakte der Aufsichtsrat überprüfen will, entscheidet er nach pflichtgemäßem Ermessen.

Um die Rechtmäßigkeit und Zweckmäßigkeit der Geschäftsführungsmaßnahmen beurteilen zu können, muss der Aufsichtsrat auch das dazugehörige Zahlenwerk überprüfen.[595] Dieses Zahlenwerk ist Teil der Rechnungslegung des Vorstands. Um sich ein zutreffendes Bild von der Geschäftsführung des Vorstands zu machen, muss der Aufsichtsrat somit entscheiden, welchen Teil der Rechnungslegung er nach welchen Kriterien und in welcher Intensität überprüfen will. Die entsprechenden Prüfungsschwerpunkte kann nur der Aufsichtsrat festlegen, da er ein zweckspezifisch besetztes Sachverständigengremium ist, dessen Mitglieder kraft ihrer Berufung zu Aufsichtsräten über einen eigenen Beurteilungsspielraum verfügen.

Die Prüfungsschwerpunkte wird der Aufsichtsrat in erster Linie auf der Grundlage seiner Erkenntnisse aus der begleitenden Unternehmensüberwachung setzen. Ist der Aufsichtsrat beispielsweise darauf aufmerksam geworden, dass ein Vorstandsmitglied bei Derivatgeschäften mit südamerikanischen Währungen ungewöhnlich hohe Risiken eingegangen ist und der Gesellschaft dadurch hohe Verluste drohen, dann wird er gemäß § 111 Absatz 1 AktG einen Prüfungsschwerpunkt auf die Geschäftsführung des betreffenden Vorstandsmitglieds und den Teil der Rechnungslegung legen, der das südamerikanische Derivatgeschäft betrifft.

---

593 Hüffer, § 111 Rn. 6; Lutter/Krieger, Rn. 71.
594 Hüffer, § 111 Rn. 3; Lutter/Krieger, Rn. 63 und 65.
595 Hommelhoff, ZGR 1983, 551, 555; Hüffer, § 171 Rn. 1.

Da die Prüfungsschwerpunkte für die Rechnungslegung somit nach überwachungsspezifischen Kriterien ausgewählt werden, wird der Aufsichtsrat gemäß § 111 Absatz 1 AktG andere Teile der Rechnungslegung nach anderen Kriterien und in anderer Intensität zu prüfen haben, als sie von den Revisoren für die formelle und materielle Rechtmäßigkeitsprüfung ausgewählt werden.

Wegen der unterschiedlichen Prüfungsschwerpunkte des Aufsichtsrats und der Revisoren ist die Tatsache, dass der Aufsichtsrat auf die Art und Weise der Pflichtprüfung keinen Einfluss nehmen kann, somit im Hinblick auf die uneingeschränkte Prüfungsverantwortung des Aufsichtsrats nach §§ 111 Absatz 1, 116 Satz 1, 93 Absatz 1, Satz 1 AktG relevant.

II. Zusammenhang zwischen der Überwachung der Geschäftsführung und der Prüfung der Rechnungslegung

Oben wurde bereits festgestellt, dass sich die Prüfungen des Aufsichtsrats und der Revisoren im Hinblick auf die formelle und materielle Rechtmäßigkeit der Rechnungslegung überschneiden und dass sich der Aufsichtsrat deswegen bei seiner Prüfung nach § 171 Absatz 1, Satz 1 AktG auf die Auswahl der Prüfungsschwerpunkte der Pflichtprüfer weitgehend verlassen kann.[596]

Dabei ist bisher allerdings außer Betracht geblieben, dass die Prüfung der Rechnungslegung nach § 171 Absatz 1, Satz 1 AktG und die Überwachung der Geschäftsführung nach § 111 Absatz 1 AktG untrennbar miteinander verbunden sind. Zur pflichtgemäßen Prüfung der Geschäftsführung gehört auch die Einbeziehung des zugrunde liegenden Zahlenwerks.[597] Umgekehrt kann der Aufsichtsrat aber auch das Zahlenwerk der Gesellschaft pflichtgemäß nur unter Einbeziehung seiner Erkenntnisse aus der laufenden Überwachung des Vorstands kontrollieren.[598] Das ergibt sich aus der Tatsache, dass die Prüfung der Rechnungslegung ein Bestandteil der allgemeinen Unternehmensüberwachung ist.[599] Der Aufsichtsrat muss in seine Prüfung nach § 171 Absatz 1, Satz 1 AktG deswegen auch seine Erkenntnisse aus der laufenden Überwachung des Vorstands mit einbeziehen.

Im obigen Beispiel müsste der Aufsichtsrat somit wegen seines Sonderwissens aus der laufenden Überwachung bei der Prüfung der Rechnungslegung nach

---

596 Siehe oben B.I.
597 Hommelhoff, ZGR 1983, 551, 555; Hüffer, § 171 Rn. 1.
598 §§ 116 Satz 1, 93 Absatz 1, Satz 1 AktG.
599 § 171 Absatz 1, Satz 1 AktG ist lex specialis zu § 111 Absatz 1 AktG; vgl. Claussen/Korth, in: Kölner Kommentar, § 171 AktG Rn. 3; Clemm, ZGR 1980, 455, 457.

§ 171 Absatz 1, Satz 1 AktG einen Schwerpunkt auf den Teil der Rechnungslegung legen, der das Derivatgeschäft mit Südamerika betrifft.

Somit kommt der Aufsichtsrat auch im Hinblick auf seine Prüfungspflichten nach § 171 Absatz 1, Satz 1 AktG wegen seines überwachungsspezifischen Sonderwissens möglicherweise zu anderen Prüfungsschwerpunkten als die Revisoren.

Auch im Hinblick auf die Prüfungspflichten aus § 171 Absatz 1, Satz 1 AktG kann die Tatsache, dass der Aufsichtsrat auf die Durchführung der Pflichtprüfung keinen Einfluss nehmen kann, somit wegen der uneingeschränkten Prüfungsverantwortung der Aufsichtsrats relevant werden.

D. Folgen für die Prüfungspflichten des Aufsichtsrats

Fraglich ist, wie der Aufsichtsrat seine Prüfungspflichten aus §§ 111 Absatz 1, 171 Absatz 1, Satz 1 AktG im Hinblick auf die Rechnungslegung erfüllen kann, wenn er aufgrund seiner Erkenntnisse aus der laufenden Überwachung andere Teile der Rechnungslegung für prüfungsbedürftig hält als die Revisoren. Denn die Revisoren könnten, um bei dem vorhergehenden Beispiel zu bleiben, nicht das Derivatgeschäft in Südamerika prüfen wollen, sondern aufgrund von Hinweisen aus der Rechnungslegung zu dem Schluss kommen, dass die Bilanzierung risikoträchtiger Infrastrukturprojekte im Nahen Osten vorrangig zu untersuchen ist. Das gleiche gilt, wenn der Aufsichtsrat andere Vorstellungen von den Prüfungsmaßstäben oder der Prüfungstiefe hat als die Revisoren.

I. Prüfung der Rechtmäßigkeit und Zweckmäßigkeit der Rechnungslegung

Denkbar ist zunächst, dass der Aufsichtsrat die Prüfung der Revisoren abwartet, um anschließend anhand des Prüfberichts seine Rechtmäßigkeits- und Zweckmäßigkeitsprüfung nach § 171 Absatz 1, Satz 1 AktG durchzuführen. Sofern er aufgrund seines Sonderwissens aus der laufenden Überwachung zu anderen Prüfungsschwerpunkten gelangt als die Revisoren, kann er diese Schwerpunkte im Anschluss an die Revision selbst abarbeiten oder abarbeiten lassen.

Eine solche Vorgehensweise wäre denkbar, wenn zwischen dem Ende der Revision und der Entscheidung des Aufsichtsrats über die Feststellung des Jahresabschlusses genügend Zeit für eine ergänzende Prüfung des Aufsichtsrats läge.

Die Revisoren und der Aufsichtsrat erhalten den Jahresabschluss und den Lagebericht vom Vorstand unverzüglich nach der Aufstellung.[600] Der Aufsichtsrat muss dem Vorstand aber schon innerhalb eines Monats nach Erhalt der Unterlagen seinen Bericht zuleiten, in dem er erklärt, ob er nach dem abschließenden Ergebnis seiner Prüfung Einwendungen gegen den Jahresabschluss hat, oder ob er ihn billigt.[601] Selbst wenn man berücksichtigt, dass die Revisoren einen Teil ihrer Prüfung in viele Fällen schon während des laufenden Geschäftsjahres durchführen[602], benötigen sie nach dem Erhalt der Vorstandsvorlagen immer noch einige Tage oder sogar Wochen zur Vornahme letzter Prüfungshandlungen und zur Anfertigung eines vorläufigen Prüfberichts. Dem Aufsichtsrat bleibt nach dem Erhalt des Prüfberichts deswegen für zusätzliche Nachforschungen und Prüfungen nur noch sehr wenig Zeit. Das gilt erst recht, wenn die Revisoren sich mit ihrer Prüfung Zeit lassen oder der Aufsichtsrat für seine Prüfung noch Sachverständige hinzuziehen muss.

Um seine Prüfungspflichten nach § 171 Absatz 1, Satz 1 AktG pflichtgemäß erfüllen zu können, ist der Aufsichtsrat deswegen darauf angewiesen, dass die Revisoren seine Prüfungsschwerpunkte schon bei ihrer Prüfung mit berücksichtigen.

II. Prüfung der Rechnungslegung als Bestandteil der laufenden Überwachung

Fraglich ist, ob das auch für die Prüfungsschwerpunkte gilt, die sich für den Aufsichtsrat im Zusammenhang mit der laufenden Überwachung nach § 111 Absatz 1 AktG ergeben.

Das hängt davon ab, zu welchem Zeitpunkt der Aufsichtsrat seine Überwachungshandlungen nach § 111 Absatz 1 AktG abgeschlossen haben muss. Maßgeblicher Zeitpunkt hierfür ist die Hauptversammlung, die über die Entlastung des Vorstands für das laufende Geschäftsjahr beschließt. Das ist regelmäßig die Jahreshauptversammlung, die auch den festgestellten Jahresabschluss entgegennimmt.[603] Diese Hauptversammlung hat der Vorstand unverzüglich, nachdem er den Bericht des Aufsichtsrats erhalten hat, einzuberufen.[604] In der Bekanntmachung der Einberufung haben Vorstand und Aufsichtsrat bereits einen

600 §§ 320 Absatz 1, Satz 1 HGB, 170 Absatz 1, Satz 1 AktG.
601 § 171 Absatz 3, Satz 1 i.V.m. Absatz 2, Satz 4 AktG.
602 § 320 Absatz 2 HGB.
603 §§ 120 Absatz 1 und 3, 175 Absatz 1 AktG.
604 §§ 175 Absatz 1, Satz 1 AktG.

Beschlussvorschlag über die Entlastung des Vorstands zu machen.[605] Der Aufsichtsrat muss dem Vorstand demnach schon mit der Übergabe seines Berichts oder unmittelbar anschließend mitteilen, ob er die Entlastung des Vorstands durch die Hauptversammlung befürwortet.

Damit hat der Aufsichtsrat nach dem Erhalt des Prüfberichts der Revisoren für eine ergänzende Überprüfung der Rechnungslegung nach § 111 Absatz 1 AktG genauso wenig Zeit wie für die Prüfung der Rechtmäßigkeit der Rechnungslegung.

Auch für die Erfüllung seiner Prüfungspflichten aus § 111 Absatz 1 AktG ist der Aufsichtsrat daher darauf angewiesen, dass die Revisoren seine Prüfungsschwerpunkte bei der Revision von vornherein mit berücksichtigen.

III. Ergebnis

Der Aufsichtsrat kann somit nicht erst die Prüfung der Revisoren abwarten, um dann nach Auswertung ihres Berichts mit seiner ergänzenden Prüfung der Rechnungslegung zu beginnen. Da die Revisoren einen großen Teil ihrer Prüfungshandlungen oft schon während des laufenden Geschäftsjahres vornehmen und auch die Überwachung des Aufsichtsrats keine Jahresendprüfung, sondern eine begleitende Kontrolle ist, muss der Aufsichtsrat sich schon frühzeitig mit den Revisoren in Verbindung setzen, um ihre Prüfung mit seinen eigenen Prüfungspflichten zu koordinieren.

Gehen die Revisoren auf die Prüfungswünsche des Aufsichtsrats nicht ein, weil sie als Sachverständige entsprechend ihres eigenen Beurteilungsspielraums andere Prüfungsschwerpunkte setzen wollen, dann bleibt dem Aufsichtsrat nichts anderes übrig, als die nicht berücksichtigten Punkte entweder selbst zu prüfen oder den Revisoren einen ergänzenden Prüfungsauftrag nach § 111 Absatz 2, Satz 2 AktG zu erteilen.

Der richtige Zeitpunkt für die erste Prüfungsbesprechung zwischen Aufsichtsrat und Revisoren ist die Verhandlung über den Prüfungsvertrag. Die Revisoren werden jedes Jahr von der Hauptversammlung für das laufende Geschäftsjahr gewählt (§ 119 Absatz 1 Nr. 4 AktG). Gemäß § 111 Absatz 2, Satz 3 AktG hat der Aufsichtsrat den Prüfern unverzüglich nach ihrer Wahl den Prüfungsauftrag zu erteilen. Um sicherzustellen, dass seine Prüfungsschwerpunkte im laufenden Geschäftsjahr von vornherein und in ausreichendem Maße berücksichtigt wer-

---

605 §§ 120 Absatz 1, 124 Absatz 1 und 3 AktG.

den, sollte sich der Aufsichtsrat bei den Verhandlungen über den Prüfungsvertrag mit den Revisoren nicht nur über den Preis, sondern auch über den Umfang der vorzunehmenden Prüfungshandlungen verständigen. Dabei muss er sich mit den Revisoren über die aus seiner Sicht zu prüfenden Teile der Rechnungslegung, über die Prüfungskriterien (soweit sie von den Revisoren berücksichtigt werden können) und über die Intensität der Prüfungen einigen.

Da der Aufsichtsrat im Laufe des Geschäftsjahrs insbesondere durch die Vorstandsberichte nach § 90 AktG laufend neue Erkenntnisse über die Geschäftsführung des Vorstands gewinnt und sich daraus auch neue Prüfungsschwerpunkte ergeben können, muss er den Kontakt zu den Revisoren auch während des Geschäftsjahres halten und sich mit ihnen regelmäßig austauschen. Diese Aufgabe sollte einem Aufsichtsratsausschuss übertragen werden, der mit den Revisoren ein entsprechendes Berichtssystem vereinbart.

Die Institutionalisierung einer solchen dauerhaften Kommunikation zwischen Aufsichtsrat und Revisoren vom Abschluss des Prüfungsvertrages bis zur Berichterstattung an die Generalversammlung wäre nicht nur eine sinnvolle, sondern wegen der umfassenden Prüfungsverantwortung des Aufsichtsrats auch eine gebotene Ergänzung zu den Änderungen, die bereits durch das Gesetz zur Kontrolle und Transparenz im Unternehmensbereich (KonTraG)[606] und das Transparenz- und Publizitätsgesetz (TransPuG)[607] zur Verbesserung der Zusammenarbeit von Aufsichtsrat und Abschlussprüfern eingeführt wurden. Denn die Verbesserung der Qualität der Abschlussprüfung durch die Erhöhung der Anforderungen an den Prüfungsinhalt, den Prüfbericht und den Bestätigungsvermerk (§§ 317, 321, 322 HGB) nützt wenig, wenn zwischen dem Prüfbericht der Revisoren und der Feststellung des Jahresabschlusses bzw. der Entscheidung des Aufsichtsrats über die Entlastung des Vorstandes nur wenige Tage liegen. Aus dem gleichen Grund sollte die Teilnahme- und Berichtspflicht des Abschlussprüfers, die sich bisher auf die Bilanzsitzung des Aufsichtsrats beschränkt (§ 171 Absatz 1, Satz 2 AktG), auf alle Aufsichtsratssitzungen ausgedehnt werden. Wegen der Vertraulichkeit solcher Sitzungen ist die Teilnahme der Abschlussprüfer auf die Besprechung der bisherigen Prüfungsergebnisse, die Beantwortung etwaiger Fragen des Aufsichtsrats und die weitere Prüfungsplanung zu beschränken. Solche Besprechungen könnten auch vor den jeweiligen Aufsichtsratssitzungen zwischen dem Bilanzausschuss und den Abschlussprüfern stattfinden.

---

606 Gesetz zur Kontrolle und Transparenz im Unternehmensbereich vom 27.4.1998, BGBl. 1998 I, 786 ff.

607 Gesetz zur weiteren Reform des Aktien- und Bilanzrechts, zu Transparenz und Publizität vom 19.7.2002, BGBl. 2002 I, 2681 ff.

Die anhaltende Wirtschaftskrise und die bedrohlichen Schieflagen des Karstadt-Quelle Konzerns und der Adam Opel AG sollten Anlass genug für die Bundesregierung sein, die Zusammenarbeit von Aufsichtsrat und Wirtschaftsprüfern erneut auf den Prüfstand zu stellen. Denn spätestens in der nächsten Krise oder beim Zusammenbruch eines großen deutschen Konzerns werden die Defizite der Zusammenarbeit wieder in das Licht der Öffentlichkeit rücken.

Anhang I

Statutenübersicht

1824 bis 1861

Nr.	Quelle	Name/Konzession	Bemerkungen
1	PrGS 1824, 169 ff.	Ritterschaftliche Privat-Bank in Pommern 15. August 1824	Revidiert im Jahr 1833, PrGS 1833, 5 ff. und im Jahr 1849, PrGS 1849, 359 ff.
2	PrGS 1833, 5 ff.	Ritterschaftliche Privat-Bank in Pommern 23. Januar 1833	Revidiertes Statut von 1824, PrGS 1824, 169 ff.
3	Hocker, S. 1 ff.	Bayerische Hypotheken- und Wechselbank 1. Juli 1834	
4	Hocker, S. 293 ff.	Leipziger Bank 12. März 1839	
5	PrGS 1839, 177 ff.	Berlin-Sächsische Eisenbahngesellschaft 15. Mai 1839	
6	PrGS 1841, 95 ff.	Berlin-Frankfurter Eisenbahngesellschaft 28. März 1840	
7	Hocker, S. 438 ff.	Österreichische Nationalbank 1. Juli 1841	
8	PrGS 1842, 59 ff.	Magdeburg-Halberstädter Eisenbahngesellschaft 13. September 1841	
9	PrGS 1843, 53 ff.	Breslau-Schweidnitz-Freiburger Eisenbahn-Gesellschaft 10. Februar 1843	
10	PrGS 1843, 371 ff.	Niederschlesisch-Märkische Eisenbahngesellschaft	

Nr.	Quelle	Name/Konzession	Bemerkungen
		27. November 1843	
11	PrGS 1844, 21 ff.	Köln-Mindener Eisenbahn-Gesellschaft 18. Dezember 1843	
12	PrGS 1844, 127 ff.	Wilhelms-Bahngesellschaft 10. Mai 1844	
13	PrGS 1844, 215 ff.	Magdeburger Feuerversicherungsgesellschaft 17. Mai 1844	
14	PrGS 1844, 315 ff.	Bergisch-Märkische Eisenbahngesellschaft 12. Juni 1844	
15	PrGS 1844, 419 ff.	Thüringische Eisenbahn-Gesellschaft 20. August 1844	
16	PrGS 1844, 677 ff.	Niederschlesische Zweigbahngesellschaft 8. November 1844	
17	PrGS 1845, 167 ff.	Berlin-Hamburger Eisenbahngesellschaft 28. Februar 1845	Revidiert im Jahr 1851, PrGS 1851, 463 ff.
18	PrGS 1845, 216 ff.	Berliner Land- und Waffentransport-Versicherungsgesellschaft 7. März 1845	
19	PrGS 1845, 260 ff.	Prinz Wilhelm Eisenbahngesellschaft 21. Juni 1844	
20	PrGS 1845, 272 ff.	Kottbus-Schwieloch-See-Eisenbahngesellschaft 18. August 1844	
21	PrGS 1845, 424 ff.	Stettiner Stromversicherungsgesellschaft 3. Mai 1845	
22	PrGS 1845, 507 ff.	Ruhrorter Dampfschleppschifffahrts-Gesellschaft 6. Juli 1845	

Nr.	Quelle	Name/Konzession	Bemerkungen
23	PrGS 1845, 789 ff.	Preußische Nationalversicherungsgesellschaft 31. Oktober 1845	
24	PrGS+49 (89) 21 13 77 66 1846, 29 ff.	Aachen-Mastrichter Eisenbahngesellschaft 30. Januar 1846	
25	PrGS 1846, 89 ff.	Stargard-Posener Eisenbahngesellschaft 4. März 1846	
26	PrGS 1846, 108 ff.	Münster-Hammer Eisenbahngesellschaft 4. März 1846	
27	PrGS 1846, 130 ff.	Neisse-Brieger Eisenbahn-Gesellschaft 4. April 1845	
28	PrGS 1846, 303 ff.	Köln-Minden-Thüringer Verbindungseisenbahn-Gesellschaft 4. Juli 1846	
29	Hocker, S. 495 ff.	Preußische Bank 20. Juli 1846	
30	Hocker, S. 134 ff.	Dessauische Landesbank 2. Januar 1847	
31	PrGS 1847, 46 ff.	Ruhrort-Crefeld-Kreis-Gladbacher Eisenbahngesellschaft 8. Januar 1847	
32	PrGS 1847, 83 ff.	Magdeburg-Wittenbergesche Eisenbahngesellschaft 31. Januar 1847	
33	PrGS 1847, 300 ff.	Düsseldorf-Elberfelder Eisenbahngesellschaft 23. September 1847	
34	PrGS 1848, 233 ff.	Schaffhausenscher Bankverein 28. August 1848	Auch abgedruckt bei Hocker, S. 565 ff.

Nr.	Quelle	Name/Konzession	Bemerkungen
35	PrGS 1849, 359 ff.	Ritterschaftliche Privatbank in Pommern 24. August 1849	Auch abgedruckt bei Hocker, S. 536 ff. Revidiertes Staut von 1833, PrGS 1833, 5 ff.
36	Hocker, S. 547 ff.	Rostocker Bank 27. Februar 1850	
37	PrGS 1850, 301 ff.	Bank des Berliner Kassenvereins 15. April 1850	Auch abgedruckt bei Hocker, S. 43 ff.
38	PrGS 1851, 463 ff.	Berlin-Hamburger Eisenbahngesellschaft 3. Juli 1851	Revidiertes Statut von 1845, PrGS 1845, 167 ff.
39	PrGS 1851, 725 ff.	Magdeburg-Köthen-Halle-Leipziger Eisenbahn-Gesellschaft 13. November 1851	
40	Hocker, S. 103 ff.	Darmstädter Bank für Handel und Industrie 2. April 1853	
41	Hocker, S. 56 ff.	Braunschweigische Bank 11. Mai 1853	
42	PrGS 1853, 186 ff.	Eifeler Eisenbahn-Gesellschaft 16. Mai 1853	
43	PrGS 1853, 817 ff.	Schlesische Aktiengesellschaft für Bergbau und Zinkhüttenbetrieb 28. September 1853	
44	PrGS 1853, 885 ff.	Gladbacher Spinnerei und Weberei Aktiengesellschaft 31. Oktober 1853	
45	PrGS 1854, 33 ff.	Düsseldorfer Spinnerei- und Weberei-Aktiengesellschaft 16. Januar 1854	
46	PrGS 1854, 124 ff.	Mülheim-Essener Eisenbahngesellschaft	

Nr.	Quelle	Name/Konzession	Bemerkungen
		13. März 1854	
47	PrGS 1854, 173 ff.	Aktiengesellschaft für Bergbau, Blei- und Zinkfabrikation zu Stolberg und in Westphalen 3. April 1854	
48	PrGS 1854, 318 ff.	Gesellschaft für öffentliche Wasch- und Badeanstalten zu Berlin 1. Juni 1854	
49	PrGS 1855, 38 ff.	Rheinische Eisenbahngesellschaft 21. August 1837	
50	Hocker, S. 196 ff.	Frankfurter Bank 11. April 1854	
51	Hocker, S. 216 ff.	Geraer Bank 17. Juli 1854	
52	PrGS 1855, 150 ff.	Ravensberger Spinnereiaktiengesellschaft 19. Februar 1855	
53	Hocker, S. 608 ff.	Weimarische Bank 16. Juni 1855	
54	PrGS 1855, 198 ff.	Aktiengesellschaft „Vorwärts“ für Flachs-Spinnerei und Weberei 2. April 1855	
55	PrGS 1855, 583 ff.	Phönix, Aktiengesellschaft für Bergbau und Hüttenbetrieb 13. August 1855	Revidiert im Jahr 1860, PrGS 1860, 605 ff.
56	PrGS 1855, 647 ff.	Minerva, Schlesische Hütten- Forst- und Bergbau-Gesellschaft 22. Oktober 1855	

Nr.	Quelle	Name/Konzession	Bemerkungen
57	PrGS 1855, 668 ff.	Eschweiler Gesellschaft für Bergbau und Hütten 1. November 1855	
58	Hocker, S. 120 ff.	Darmstädter Bank für Süd-Deutschland 5. November 1855	
59	Hocker, S. 428 ff.	Österreichische Credit-Anstalt für Handel und Gewerbe 6. November 1855	
60	PrGS 1856, 16 ff.	Sächsisch-Thüringische Aktiengesellschaft für Braunkohlen-Verwertung 31. Dezember 1855	
61	PrGS 1856, 49 ff.	Magdeburger Lebensversicherungs-Gesellschaft 19. Dezember 1855	
62	Hocker, S. 72 ff.	Bremer Bank 30. Januar 1856	
63	PrGS 1856, 102 ff.	Danziger Rhederei-Aktiengesellschaft 4. Februar 1856	
64	Hocker, S. 382 ff.	Mitteldeutsche Credit-Bank in Meiningen 29. Februar 1856	
65	PrGS 1856, 153 ff.	Bergischer Gruben- und Hütten-Verein 10. März 1856	
66	Hocker, S. 147 ff.	Dessauer Credit-Anstalt für Industrie und Handel 12. März 1856	
67	PrGS 1856, 185 ff.	Tarnowitzer Aktiengesellschaft für Bergbau und Eisenhütten-Betrieb 19. März 1856	
68	PrGS 1856, 369 ff.	Cölnische Maschinenbauaktiengesellschaft 30. April 1856	

Nr.	Quelle	Name/Konzession	Bemerkungen
69	Hocker, S. 323 ff.	Leipziger-Allgemeine-Deutsche Credit-Anstalt 2. Mai 1856	
70	Hocker, S. 82 ff.	Coburg-Gothaische Credit-Gesellschaft 19. Mai 1856	
71	Hocker, S. 233 ff.	Gothaer Bank 24. Juni 1856	
72	Hocker, S. 366 ff.	Magdeburger Privat-Bank 30. Juni 1856	
73	Hocker, S. 627 ff.	Lübecker Credit- und Versicherungs-Bank 19. Juli 1856	
74	Hocker, S. 252 ff.	Hannoversche Bank 22. Juli 1856	
75	PrGS 1856, 733 ff.	Sieg-Rheinischer Bergwerks- und Hütten-Aktienverein 9. August 1856	
76	PrGS 1856, 822 ff.	Aktiengesellschaft für Fabrikation von Eisenbahnbedarf 28. August 1856	
77	PrGS 1856, 785 ff.	Rhein-Nahe Eisenbahngesellschaft 4. September 1856	
78	PrGS 1856, 837 ff.	Cöln-Müsener Bergwerks-Aktienverein 7. September 1856	
79	Hocker, S. 399 ff.	Niedersächsische Bank 12. September 1856	
80	Hocker, S. 402 ff.	Norddeutsche Bank 11. Oktober 1856	
81	Hocker, S. 282 ff.	Königsberger Privatbank 13. Oktober 1856	

Nr.	Quelle	Name/Konzession	Bemerkungen
82	PrGS 1856, 1013 ff.	Opelln-Tarnowitzer Eisenbahngesellschaft 1. Dezember 1856	
83	Hocker, S. 340 ff.	Lübecker Privat-Bank 6. Dezember 1856	
84	PrGS 1857, 1 ff.	Louisenthaler Aktiengesellschaft für Druckerei, Weberei und Spinnerei 16. Dezember 1856	
85	PrGS 1857, 17 ff.	Harpener Bergbau-Aktiengesellschaft 16. Dezember 1856	
86	PrGS 1857, 41 ff.	Neu-Schottland Berg- und Hütten-Aktienverein 29. Dezember 1856	
87	PrGS 1857, 141 ff.	Aktiengesellschaft für Seidenzwirnerei zu Crefeld 23. Februar 1857	
88	Hocker, S. 352 ff.	Luxemburger Internationale Bank 8. März 1857	
89	PrGS 1857, 217 ff.	Stettiner Maschinenbau- Aktiengesellschaft Vulcan 9. März 1857	
90	PrGS 1857, 177 ff.	Allgemeine Gas-Aktiengesellschaft zu Magdeburg 16. März 1857	
91	PrGS 1857, 193 ff.	Dortmunder Privat-Aktienbank 2. März 1857	Auch abgedruckt bei Hocker, S. 185 ff.
92	PrGS 1857, 265 ff.	Provinzial-Aktienbank des Grossherzogtums Posen 16. März 1857	Auch abgedruckt bei Hocker, S. 475 ff. Revidiert im Jahr 1867, PrGS 1867, 281 ff.
93	PrGS 1857, 241 ff.	Danziger Privat-Aktienbank 16. März 1857	Auch abgedruckt bei Hocker, S. 90 ff. Revidiert im Jahr 1867, PrGS 1867, 245 ff.
94	PrGS 1857, 562 ff.	Gladbacher Aktiengesellschaft für Druckerei und Ap-	

Nr.	Quelle	Name/Konzession	Bemerkungen
		pretur 22. Juni 1857	
95	PrGS 1857, 637 ff.	Werschen-Weissenfelser Braunkohlen-Aktiengesellschaft 20. Juli 1857	
96	PrGS 1857, 669 ff.	Aktiengesellschaft für Bergbau und Hüttenbetrieb, Porta Westphalica 20. Juli 1857	
97	PrGS 1857, 705 ff.	Hagener Privat-Aktienbank 20. Juli 1857	
98	PrGS 1857, 603 ff.	Saturn, Rheinischer Bergwerks-Aktienverein 22. Juli 1857	
99	PrGS 1857, 735 ff.	Ornontowitzer Aktiengesellschaft für Kohlen- und Eisenproduktion 15. August 1857	
100	PrGS 1857, 809 ff.	Steinkohlen-Bergbau-Aktiengesellschaft Zollern 28. September 1857	
101	PrGS 1858, 109 ff.	Gühlitz-Vahrnower Braunkohlen-Aktiengesellschaft 22. März 1858	
102	PrGS 1858, 169 ff.	Hennebergia, Aktiengesellschaft für Bergbau und Hüttenbetrieb 6. April 1858	
103	PrGS 1858, 297 ff.	Aktiengesellschaft für Bergbau und Eisenhüttenbetrieb bei Nicolai 31. Mai 1858	
104	PrGS 1858, 384 ff.	Aktiengesellschaft „Helios“ zur Gewinnung von Mine-	

Nr.	Quelle	Name/Konzession	Bemerkungen
		ralöl, Paraffin, etc. 30. Juni 1858	
105	PrGS 1858, 413 ff.	Bergbau-Aktiengesellschaft „Gelria“ 5. Juli 1858	
106	PrGS 1859, 293 ff.	Steinkohlenbergbau-Aktiengesellschaft „Vollmond“ 9. Mai 1859	
107	PrGS 1859, 513 ff.	Neue Aktien-Zuckerraffinerie 26. September 1859	
108	PrGS 1860, 459 ff.	Deutsche Feuerversicherungsaktiengesellschaft 18. Oktober 1860	
109	PrGS 1860, 605 ff.	Phönix, Aktiengesellschaft für Bergbau und Hüttenbetrieb 18. November 1860	Revidiertes Statut von 1855, PrGS 1855, 583 ff.
110	PrGS 1860, 710 ff.	Cöln-Crefelder Eisenbahngesellschaft 22. August 1853	
111	PrGS 1861, 123 ff.	Bergbau- und Hüttenaktiengesellschaft zu Stolberg am Harz 11. Februar 1861	

1862 bis 1871

Nr.	Quelle	Name/Konzession	Bemerkungen
112	PrGS 1863, 5 ff.	Tilsit-Insterburger Eisenbahngesellschaft 22. Dezember 1862	
113	PrGS 1863, 337 ff.	Städtische Bank zu Breslau 27. Mai 1863	

Nr.	Quelle	Name/Konzession	Bemerkungen
114	PrGS 1863, 675 ff.	Preußisch-Niederländische Verbindungsbahn-Gesellschaft 21. August 1863	
115	PrGS 1863, 717 ff.	Ostpreußische Südbahn-Gesellschaft 2. November 1863	
116	PrGS 1864, 126 ff.	Coeln-Soester Eisenbahngesellschaft 16. November 1863	Auch abgedruckt bei Weinhagen, S. 100 ff.
117	Weinhagen, S. 178 ff.	Rheinischer Aktien-Verein für Zuckerfabrikation 8. Februar 1864	
118	PrGS 1864, 485 ff.	Berlin-Görlitzer Eisenbahngesellschaft 18. Mai 1864	
119	Weinhagen, S. 235 ff.	Breslauer Börsen-Aktien-Verein 3. Juni 1864	
120	Weinhagen, S. 254 ff.	Berliner Immobilien-Aktien-Gesellschaft 11. Juni 1864	
121	Weinhagen, S. 127 ff.	Preußische Hagel-Versicherungs-Aktien-Gesellschaft 6. Juli 1864	
122	Weinhagen, S. 222 ff.	Aktien-Gesellschaft Breslauer zoologischer Garten 21. November 1864	
123	Weinhagen, S. 156 ff.	Aachener Hütten-Aktien-Verein 28. Dezember 1864	
124	Weinhagen, S. 204 ff.	Rheinische Beleuchtungs-Aktien-Gesellschaft in Bonn 7. September 1864	
125	Weinhagen, S. 211 ff.	Essener gemeinnützige Aktien-Gesellschaft 31. Mai 1865	

Nr.	Quelle	Name/Konzession	Bemerkungen
126	Weinhagen, S. 280 ff.	Bendorfer Gas-Aktien-Gesellschaft 20. Juni 1865	
127	Weinhagen, S. 269 ff.	Elberfelder gemeinnützige Aktien-Bau-Gesellschaft 31. Juli 1865	
128	PrGS 1866, 157 ff.	Kommunalständische Bank für die Preußische Oberlausitz 31. März 1866	
129	PrGS 1866, 353 ff.	Magdeburger Privatbank 23. Juni 1866	
130	PrGS 1866, 508 ff.	Königsberger Privatbank 8. August 1866	
131	PrGS 1866, 702 ff.	Pommersche Hypotheken-Aktienbank 1. Oktober 1866	
132	PrGS 1867, 245 ff.	Danziger Privat-Aktienbank	Revidiertes Statut von 1857, PrGS 1857, 241 ff.
133	PrGS 1867, 281 ff.	Provinzial-Aktienbank des Großherzogtums Posen 25. Februar 1867	Revidiertes Statut von 1857, PrGS 1857, 265
134	PrGS 1867, 561 ff.	Märkisch-Posener Eisenbahngesellschaft 25. März 1867	
135	PrGS 1867, 849 ff.	Nordhausen-Erfurter Eisenbahngesellschaft 24. April 1867	
136	PrGS 1868, 365 ff.	Halle-Sorau-Gubener Eisenbahngesellschaft 3. Februar 1868	
137	PrGS 1868, 641 ff.	Cottbus-Grossenhainer Eisenbahngesellschaft 29. Juni 1868	

Nr.	Quelle	Name/Konzession	Bemerkungen
138	PrGS 1868, 925 ff.	Crefeld-Kreis Kempener Industrie-Eisenbahngesellschaft 31. Juli 1868	
139	PrGS 1869, 1 ff.	Hannover-Altenbekener Eisenbahngesellschaft 25. November 1868	
140	PrGS 1869, 121 ff.	Preußische Bodenkredit-Aktienbank zu Berlin 21. Dezember 1868	
141	PrGS 1869, 571 ff.	Broelthaler Eisenbahn-Aktiengesellschaft 12. April 1869	
142	PrGS 1870, 209 ff.	Breslau-Warschauer Eisenbahngesellschaft 12. März 1870	
143	PrGS 1870, 485 ff.	Pommersche Central-Eisenbahngesell-schaft 5. Juli 1870	
144	PrGS 1872, 1 ff.	Berliner Nord-Eisenbahngesellschaft 18. Juni 1870	

1871 bis 1900 (Amtsblatt Düsseldorf)

Nr.	Quelle	Name/Konzession	Bemerkungen
146	Amtsblatt Düsseldorf 1872, 279 und Beilage zu Stück 32	Allgemeine Renten-, Capital- und Feuerversicherungsbank Teutonia	Revidiert im Jahr 1886, Amtsblatt Düsseldorf 1886, 86 und Beilage zu Stück 9, sowie im Jahr 1888, Amtsblatt Düsseldorf 1888, 144 und Beilage zu Stück 13
147	Amtsblatt Düsseldorf 1872, 369 ff.	Vaterländische Lebens-Versicherungs-Aktien-Gesellschaft zu Elberfeld	Revidiert im Jahr 1886, Amtsblatt Düsseldorf 1886, 389 ff.

Nr.	Quelle	Name/Konzession	Bemerkungen
148	Amtsblatt Düsseldorf 1877, 400 ff.	Gladbacher Rückerversicherungs-Aktien-Gesellschaft	Revidiert im Jahr 1888, Amtsblatt Düsseldorf 1888, 475 ff.
149	Amtsblatt Düsseldorf 1880, 70 und Beilage zu Stück 7	Norddeutsche Feuerversicherungs-Gesellschaft	Revidiert im Jahr 1886, Amtsblatt Düsseldorf, 1886, 6 und Beilage zu Stück 1
150	Amtsblatt Düsseldorf 1880, 105 und Beilage zu Stück 12	Transatlantische Feuer-Versicherungs-Aktien-Gesellschaft	
151	Amtsblatt Düsseldorf 1880, 109 ff.	Feuer-Versicherungs-Gesellschaft „Rheinland“	
152	Amtsblatt Düsseldorf 1881, 277 ff.	Mannheimer Versicherungsgesellschaft	
153	Amtsblatt Düsseldorf 1882, 325 und Beilage zu Stück 36	Stuttgarter Glasversicherungs-Aktien-Gesellschaft	
154	Amtsblatt Düsseldorf 1882, 388 ff.	Vaterländische Feuer-Versicherungs-Aktien-Gesellschaft in Elberfeld	
155	Amtsblatt Düsseldorf 1883, 26 und Beilage zu Stück 3	Badische Schiffahrts-Assecuranz-Gesellschaft in Mannheim	
156	Amtsblatt Düsseldorf 1883, 72 und Beilage zu Stück 10	Spiegel-Versicherungs-Gesellschaft „Hammonia“	Revidiert im Jahr 1886, Amtsblatt Düsseldorf 1886, 131 und Beilage zu Stück 15
157	Amtsblatt Düsseldorf 1883, 212 und Beilage zu Stück 26	Assekuranz-Kompagnie Mercur	

Nr.	Quelle	Name/Konzession	Bemerkungen
158	Amtsblatt Düsseldorf 1884, 143 und Beilage zu Stück 17	Lübecker Feuer-Versicherungs-Gesellschaft	
159	Amtsblatt Düsseldorf 1885, 369 und Beilage zu Stück 49	Mannheimer Rückversicherungs-Gesellschaft	
160	Amtsblatt Düsseldorf 1885, 369 und Beilage zu Stück 49	Hanseatische Feuer-Versicherungs-Gesellschaft	
161	Amtsblatt Düsseldorf 1886, 6 und Beilage zu Stück 1	Norddeutsche Feuerversicherungs-Gesellschaft	Revidiertes Statut von 1880, Amtsblatt Düsseldorf 1880, 70 und Beilage zu Stück 7
162	Amtsblatt Düsseldorf 1886, 74 und Beilage zu Stück 8	Spiegelglasversicherungs-Gesellschaft zu Mannheim	
163	Amtsblatt Düsseldorf 1886, 86 und Beilage zu Stück 9	Allgemeine Renten-, Kapital- und Lebensversicherungs-Bank Teutonia	Revidiertes Statut von 1872, Amtsblatt Düsseldorf 1872, 279 und Beilage zu Stück 32
164	Amtsblatt Düsseldorf 1886, 131 und Beilage zu Stück 15	Spiegelglasversicherungs-Gesellschaft „Hammonia“	Revidiertes Statut von 1883, Amtsblatt Düsseldorf 1883, 72 und Beilage zu Stück 10
165	Amtsblatt Düsseldorf 1886, 389 ff.	Vaterländische Lebensversicherungs-Aktiengesellschaft zu Elberfeld	Revidiertes Statut von 1872, Amtsblatt Düsseldorf 1872, 369 ff.
166	Amtsblatt Düsseldorf 1888, 144 und Beilage zu Stück 13	Allgemeine Renten-, Kapital- und Lebensversicherungs-Bank Teutonia	Revidiertes Statut von 1886, Amtsblatt Düsseldorf 1886, 86 und Beilage zu Stück 9

Nr.	Quelle	Name/Konzession	Bemerkungen
167	Amtsblatt Düsseldorf 1888, 240 und Beilage zu Stück 22	Nürnberger Lebensversicherungs-Bank	
168	Amtsblatt Düsseldorf 1888, 466 ff.	Gladbacher Feuerversicherungs-Aktiengesellschaft	
169	Amtsblatt Düsseldorf 1888, 475 ff.	Gladbacher Rückversicherungs-Gesellschaft	Revidiertes Statut von 1877, Amtsblatt Düsseldorf 1877, 400 ff.
170	Amtsblatt Düsseldorf 1890, 110 ff.	Rheinisch-Westfälische Rückversicherungs-Aktien-Gesellschaft	
171	Amtsblatt Düsseldorf 1890, 557 ff.	Rheinisch-Westfälische Lloyd Transport-versicherungs-Aktien-Gesellschaft	
172	Amtsblatt Düsseldorf 1891, 219 ff.	Bayerischer Lloyd Transport-Versicherungs-Aktien-Gesellschaft	
173	Amtsblatt Düsseldorf 1892, 265 ff.	Westdeutsche Versicherungs-Aktien-Bank	
174	Amtsblatt Düsseldorf 1892, 551 und Beilage zu Stück 35	Hamburg-Bremer Feuer-Versicherungs-Gesellschaft	
175	Amtsblatt Düsseldorf 1893, 236 und Beilage zu Stück 17	Deutsche Lebensversicherungs- Gesellschaft	
176	Amtsblatt Düsseldorf 1896, 128 und Beilage zu Stück 17	Heilbronner Versicherungsgesellschaft	

Anhang II

Die Organisation der Unternehmensüberwachung in Europa und den Vereinigten Staaten von Amerika am Anfang des 20. Jahrhunderts

Land	Leitung	Überwachung	Prüfung der Rechnungslegung	Gründungsprüfung	Sonderprüfung	Sonstige Organe
Deutschland	Vorstand	Aufsichtsrat	Aufsichtsrat, Revisoren (fakultativ)	Vorstand und Aufsichtsrat, ggf. zusätzlich Revisoren	Revisoren	Keine
Frankreich	Vorstand (Verwaltungsrat)	Kommissare	Kommissare	Generalversammlung	Nicht ausdrücklich vorgesehen	Keine
Belgien	Vorstand (Verwaltungsrat)	Kommissare	Kommissare	Generalversammlung	Kommissare	Conseil Général (fakultativ)
Österreich	Vorstand	Aufsichtsrat (fakultativ)	Aufsichtsrat oder Revisoren (Wahlrecht)	Politische Landesbehörde bzw. Ministerium des Innern (Konzessionssystem)	Nicht ausdrücklich vorgesehen	Direktionsrat (fakultativ)
Ungarn	Vorstand	Aufsichtskomittee	Aufsichtskomittee	Generalversammlung	Sachverständige	Keine
Italien	Vorstand	Aufsichtsrat	Aufsichtsrat	Generalversammlung	Kommissare	Keine
Schweiz	Vorstand (Verwaltungsrat)	Kontrollstelle	Revisoren oder Aufsichtsrat (Wahlrecht)	Generalversammlung	Kommissare oder Sachverständige	Keine
England	Verwaltungsrat	Verwaltungsrat	Revisoren	Nicht ausdrücklich vorgesehen	Inspektoren	Keine

Land	Leitung	Überwachung	Prüfung der Rechnungslegung	Gründungsprüfung	Sonderprüfung	Sonstige Organe
USA	Verwaltungsrat	Verwaltungsrat	Revisoren	Abhängig vom Einzelstaat	Abhängig vom Einzelstaat	Abhängig vom Einzelstaat

Anhang III

Die Prüfung der Rechnungslegung in Europa und den Vereinigten Staaten von Amerika am Anfang des 20. Jahrhunderts

Land	Prüfungsgremium	Wahl	Aktionäre	Nicht-Aktionäre	Amtsdauer	Bericht an	Besonderheiten
Deutschland	Aufsichtsrat, Revisoren (fakultativ)	GV	Ja	Ja	Aufsichtsrat max. 5 Jahre, Revisoren im Einzelfall	GV	Keine
Frankreich	Kommissare	GV	Ja	Ja	1 Jahr	GV	Die Kommissare wurden erst 3 Monate vor der GV tätig
Belgien	Kommissare	GV	Ja	Ja	Max. 6 Jahre	GV	Keine
Österreich	Aufsichtsrat oder Revisoren (Wahlrecht)	GV	Ja	Ja	Max. 5 Jahre	GV	Keine gleichzeitige Bestellung von AR und Revisoren
Ungarn	Aufsichts-Komittee	GV	Ja	Ja	Max. 3 Jahre	GV	Keine
Italien	Aufsichtsrat	GV	Ja	Ja	1 Jahr	GV	Keine
Schweiz	Revisoren	GV	Ja	Ja	1 Jahr	GV	Weitgehende Organisationsfreiheit
England	Revisoren	GV	Ja	Ja	1 Jahr	GV	Bestellung auch durch das Handelsamt möglich

Land	Prüfungsgremium	Wahl	Aktionäre	Nicht-Aktionäre	Amtsdauer	Bericht an	Besonderheiten
USA	Revisoren	Abhängig vom Einzelstaat	Abhängig vom Einzelstaat	Abhängig vom Einzelstaat	Abhängig vom Einzelstaat	Abhängig vom Einzelstaat	Abhängig vom Einzelstaat

Literaturverzeichnis

Adler, Hans / Düring, Walther / Schmaltz, Kurt	Rechnungslegung und Prüfung der Unternehmen, Teilband 4, 6. Auflage, Stuttgart 1997 (zitiert: Adler/Düring / Schmaltz)
Allgemeiner Deutscher Gewerkschaftsbund	Die Gewerkschaften zur Reform des Aktienrechts, Gewerkschaftszeitung 1930, S. 193 f.
Allgemeiner Freier Angestelltenbund	Anfänge der Wirtschaftskontrolle. Reform des Aktienrechts. Die Angestelltenbewegung 1928 –1931, S. 73 ff.
Anschütz, August / Völderndorff, Otto Frhr. von	Kommentar zum Allgemeinen Deutschen Handelsgesetzbuche, 2. Auflage, Erlangen 1885 (zitiert: Anschütz/Völderndorff)
Ausschuss zur Untersuchung der Erzeugungs- und Absatzbedingungen der deutschen Wirtschaft	Verhandlungen und Berichte des Ausschusses zur Untersuchung der Erzeugungs- und Absatzbedingungen der deutschen Wirtschaft, Allgemeiner Teil, Band I, Berlin 1927 (zitiert: Gesamtbericht)
Ausschuss zur Untersuchung der Erzeugungs- und Absatzbedingungen der deutschen Wirtschaft	Verhandlungen und Berichte des Unterausschusses für allgemeine Wirtschaftsstruktur (I. Unterausschuss), 3. Arbeitsgruppe, Erster Teil, Berlin 1928 (zitiert: Ausschussbericht)
Ausschuss zur Untersuchung der Erzeugungs- und Absatzbedingungen der deutschen Wirtschaft	Generalbericht des Ausschusses zur Untersuchung der Erzeugungs- und Absatzbedingungen der deutschen Wirtschaft (I. Unterausschuss, 3. Arbeitsgruppe), Berlin 1930 (zitiert: Generalbericht)

Ballantine, Henry W. Ballantine on Corporations, Revised Edition, Chicago 1946

Basch, Julius Allgemeines Deutsches Handelsgesetzbuch und Allgemeine Deutsche Wechselordnung, 3. Auflage, Berlin 1890

Bauer, Josef Der Aufsichtsrat, 4. Auflage, Leipzig 1912

Baums, Theodor (Hrsg.) Gesetz über die Aktiengesellschaften für die Königlich Preußischen Staaten vom 9. November 1843, Text und Materialien, Aalen 1981

Behrend, Jakob F. Zur Reform des Aktiengesellschaftswesens, Gutachten auf Veranlassung der Eisenacher Versammlung zur Besprechung der sozialen Frage, Berlin 1873

Berle, Adolf A. / Means, Gardiner C. The Modern Corporation and Private Property, Revised Edition, New York 1967

Biermer, Magnus Die letzte deutsche Wirtschaftskrisis und ihre Ursachen, Sammlung national-ökonomischer Aufsätze und Vorträge, Erster Band, Heft 4, Gießen 1905, S. 167 ff.

Bösselmann, Kurt Die Entwicklung des deutschen Aktienwesens im 19. Jahrhundert, Berlin 1939

Bondi, Felix Soll für die Aktiengesellschaft eine Pflichtrevision eingeführt werden?, DJZ 1930, S. 1307 ff.

Born, Karl Erich Die deutsche Bankenkrise 1931, München 1967

Brand, Arthur Das Handelsgesetzbuch, Berlin 1911

Brockdorff, Graf von Die Reorganisation des Aufsichtsratswesens in Deutschland, Annalen des Deutschen Reichs 1902, S. 735 ff.

Cary, William L. / Eisenberg, Melvin A. Cases and Materials on Corporations, 6th Edition, Westbury 1988

Clemm, Hermann Abschlussprüfer und Aufsichtsrat, ZGR 1980, S. 455 ff.

Dabin, Léon Das belgische Aktienrecht, Frankfurt am Main 1964

Dembour, Émile Précis des Sociétés Anonymes, Liège 1925

Deutscher Anwaltverein Zur Reform des Aktienrechts. Antworten des Deutschen Anwaltvereins auf die Fragen des Reichsjustizministeriums. Druckschriften des Deutschen Anwaltvereins Nr. 20 (Teil I) und Nr. 22 (Teil II), Leipzig 1929

Deutscher Anwaltverein Bericht des Ausschusses des Deutschen Anwaltvereins für Aktienrecht zum Regierungsentwurfe, Druckschrift des Deutschen Anwaltvereins Nr. 36, Leipzig 1932

Dippel, Karlhans Die Reform des Aktienrechts, DRiZ 1965, S. 315 ff.

Düringer, Adelbert Empfiehlt es sich, die Verantwortlichkeit der Mitglieder des Aufsichtsrats einer Aktiengesellschaft genauer zu bestimmen? Referat anlässlich des 28. Deutschen Juristentags 1906 in Kiel, Verhandlungen des Achtundzwanzigsten Deutschen Juristentages, Dritter Band, Berlin 1905, S. 202 ff.

Düringer, Adelbert / Hachenburg, Max Das Handelsgesetzbuch vom 10. Mai 1897, III. Band, 1. Teil, 3. Auflage, Berlin 1934 (zitiert: Düringer / Hachenburg, Handelsgesetzbuch)

Eberstadt, Rudolph Die gegenwärtige Krisis, ihre Ursachen und die Aufgaben der Gesetzgebung, Berlin 1902

Eisfeld, Curt Zur Entstehungsgeschichte des Wirtschaftsprüferberufs, WPg 1956, S. 450 ff.

Falk, Otto Die Reform des Aufsichtsrats der Deutschen Aktiengesellschaften, Frankfurt am Main 1914

Geiler, Karl Die wirtschaftlichen Strukturwandlungen und die Reform des Aktienrechts. Gutachten, erstattet der 3. Arbeitsgruppe des Unterausschusses für allgemeine Wirtschaftsstruktur des Ausschusses zur Untersuchung der Erzeugungs- und Absatzbedingungen der deutschen Wirtschaft (Enquête-Ausschuss), Berlin 1928

Goldmann, Samuel Das Handelsgesetzbuch vom 10. Mai 1897, Zweiter Band, Berlin 1905

Hachenburg, Max Der Gesetzentwurf zur Aktienreform, DJZ 1930, S. 1477 ff.

Hecht, Felix	Zur Reform des Aktiengesellschaftsrechts, Berlin 1882
Henrich, Dieter / Cereghetti, Remo	Das italienische Aktienrecht, Frankfurt am Main 1965 (zitiert: Henrich/Cereghetti)
Heymann, Ernst	Soll bei einer zukünftigen Reform des Aktienrechts eine Annäherung an das englisch-amerikanische Recht in grundlegenden Fragen stattfinden? Co-Referat, erstattet dem 34. Deutschen Juristentag 1926 in Köln, Verhandlungen des Vierunddreißigsten Deutschen Juristentages, Band II, Berlin und Leipzig 1927, S. 742 ff.
Hocker, Nikolaus	Sammlung der Statuten aller Aktienbanken Deutschlands mit statistischen Nachweisen und Tabellen, Köln 1858
Holtschmidt, C. F.	Zur Reform des Actien-Gesetzes, Berlin 1875
Homburger, Max	Organe, Publizität und Pflichtprüfung, JW 1931, S. 2935 ff.
Hommelhoff, Peter	Die Autarkie des Aufsichtsrats, ZGR 1983, S. 551 ff.
Hüffer, Uwe	Aktiengesetz, 6. Auflage, München 2004
Keyssner, Hugo	Die Aktiengesellschaften und die Kommanditgesellschaften auf Aktien unter dem Reichs-Gesetz vom 11. Juni 1870, Berlin 1873

Klausing, Friedrich Reform der Aktienrechts unter besonderer Berücksichtigung der Teilreform des Jahres 1931, Berlin 1933

Kölner Kommentar zum Aktienrecht Band 2, §§ 76 – 117, Köln 199

Kölner Kommentar zum Aktienrecht Band 4, Rechnungslegung der Aktiengesellschaft, 2. Auflage, Köln 1991 (zitiert: Kölner Kommentar)

Koenige, Heinrich / Pinner, Albert / Bondi, Felix Staub's Kommentar zum Handelsgesetzbuch, Zweiter Band (§§ 178 – 342), 12. und 13. Auflage, Berlin und Leipzig 1926

Küntzel Der Aufsichtsrat der Aktiengesellschaft, seine Rechte und Pflichten, Leipzig 1902

Lehmann, Julius Soll bei einer zukünftigen Reform des Aktienrechts eine Annäherung an das englisch-amerikanische Recht in grundlegenden Fragen stattfinden? Gutachten, erstattet dem 34. Deutschen Juristentag 1926 in Köln, Verhandlungen des Vierunddreißigsten Deutschen Juristentages, Band I, Berlin und Leipzig 1927, S. 258 ff.

Lehmann, Karl Die geschichtliche Entwicklung des Aktienrechts bis zum Code de Commerce, Berlin 1895 (zitiert: Lehmann, Geschichtliche Entwicklung)

Lehmann, Karl Das Recht der Aktiengesellschaften, Band I, Berlin 1898 (zitiert: Lehmann, Recht der Aktiengesellschaft, Band I)

Lehmann, Karl	Das Recht der Aktiengesellschaften, Band II, Berlin 1904 (zitiert: Lehmann, Recht der Aktiengesellschaft, Band II)
Lehmann, Karl / Ring, Viktor	Das Handelsgesetzbuch für das Deutsche Reich, Erster Band, Berlin 1902 (zitiert: Lehmann/Ring)
Loeb, Ernst	Das Institut des Aufsichtsrats, seine Stellung und Bedeutung im deutschen Aktienrecht und der deutschen Volkswirtschaft, die Notwendigkeit und Möglichkeit seiner Reform, Jahrbücher für Nationalökonomie und Statistik, III. Folge, 23. Band, Jena 1902, S. 1 ff.
Löwenfeld, Hermann	Das Recht der Actien-Gesellschaften, Berlin 1879
Lutter, Marcus / Krieger, Gerd	Rechte und Pflichten des Aufsichtsrats, 4. Auflage, Köln 2002 (zitiert: Lutter / Krieger)
Lutz, J. (Hrsg.)	Protokolle der Kommission zur Beratung eines allgemeinen deutschen Handelsgesetzbuches, Würzburg 1858 – 1861
Makower, Hermann	Das Allgemeine Deutsche Handelsgesetzbuch, 11. Auflage, Berlin 1893 (zitiert: Makower, ADHGB 1884)
Makower, Hermann	Handelsgesetzbuch mit Kommentar, Erster Band, 13. Auflage, Berlin 1906 (zitiert: Makower, HGB)
Molitor, Wilhelm	Rechte, Pflichten und Verantwortlichkeit der Aufsichtsratsmitglieder, Heidelberg 1897

Nussbaum, Arthur Die Fragebogen des Reichsjustizministeriums, ZfH 1929, S. 179 ff.

Oechelhaeuser, Willhelm Die Nachtheile des Aktienwesens und die Reform der Aktiengesetzgebung, Berlin 1878

Passow, Richard Die Aktiengesellschaft, 2. Auflage, Jena 1922

Pinner, Albert Der Aufsichtsrat und seine Gegner, DJZ 1902, S. 373 ff.

Pinner, Albert Soll bei einer zukünftigen Reform des Aktienrechts eine Annäherung an das englisch-amerikanische Recht in grundlegenden Fragen stattfinden? Referat, erstattet dem 34. Deutschen Juristentag 1926 in Köln, Verhandlungen des Vierunddreißigsten Deutschen Juristentages, Band II, Berlin und Leipzig 1927, S. 615 ff.

Pinner, Albert Zum Entwurf eines Gesetzes über Aktiengesellschaften und Kommanditgesellschaften auf Aktien, JW 1930, S. 3673 ff.

Pisko, Oskar (Hrsg.) Staub's Kommentar zum Allgemeinen Deutschen Handelsgesetzbuch, Ausgabe für Österreich, I. Band, Zweiter Teil, Wien 1938 (zitiert: Staub/Pisko, HGB)

Quassowski, Leo Der Entwurf eines Gesetzes über Aktiengesellschaften und Kommanditgesellschaften auf Aktien, JW 1930, S. 2618 ff.

Rathenau, Walter Vom Aktienwesen, Berlin 1917

Rehm Empfiehlt es sich, die Verantwortlichkeit der Mitglieder des Aufsichtsrats einer Aktiengesellschaft genauer zu bestimmen? Gutachten, erstattet dem 28. Deutschen Juristentag 1906 in Kiel, Verhandlungen des Achtundzwanzigsten Deutschen Juristentages, Erster Band, Berlin 1905, S. 20 ff.

Reich, Norbert Die Entwicklung des deutschen Aktienrechts im neunzehnten Jahrhundert, Jus commune, Band 2, Frankfurt am Main 1969, S. 239 ff.

Reichsverband der Deutschen Industrie Der Reichsverband der Deutschen Industrie zur Aktienrechtsreform (Antworten auf den Fragebogen), Die Wirtschaft und das Recht 1930, Heft 1

Renaud, Achilles Das Recht der Actiengesellschaften, 2. Auflage, Leipzig 1875

Rießer, J. Zur Aufsichtsratsfrage, Festgabe für Richard Koch, Berlin 1903, S. 293 ff.

Rießer, J. Empfiehlt es sich, die Verantwortlichkeit der Mitglieder des Aufsichtsrats einer Aktiengesellschaft genauer zu bestimmen? Co-Referat anlässlich des 28. Deutschen Juristentags 1906 in Kiel, Verhandlungen des Achtundzwanzigsten Deutschen Juristentages, Dritter Band, Berlin 1905, S. 212 ff.

Royer, Copper Traité théorique et pratique des Sociétés Anonymes, 2ème Édition, Paris 1919

Sachs, Emil Revision des Handelsrechts in Belgien, Stuttgart 1876

Schirrmeister, Gustav Die englische Aktiennovelle vom 8. August 1900, Berlin 1901

Schlegelberger, Franz Der Entwurf eines Gesetzes über Aktiengesellschaften und Kommanditgesellschaften auf Aktien, JW 1930, S. 2617 f.

Schlegelberger, Franz / Quassowski, Leo / Schmölder, Karl Verordnung über Aktienrecht, Berlin 1932 (zitiert: Schlegelberger / Quassowski / Schmölder)

Schmölder, Karl Die amtliche Enquête zur Vorbereitung der Reform des Aktienrechts, JW 1929, S. 1338 ff. und 2090 ff.

Schmölder, Karl Der Entwurf eines Gesetzes über Aktiengesellschaften und Kommanditgesellschaften auf Aktien, JW 1930, S. 2623 ff.

Schmölder, Karl Pflichtprüfung und Verwaltungsreform in der Aktienrechtsnovelle, JW 1931, S. 2925 ff.

Schubert, Werner (Hrsg.) Akademie für Deutsches Recht, 1933 – 1945, Protokolle der Ausschüsse, Band 1: Ausschuss für Aktienrecht, Berlin 1986

Schubert, Werner Die Entwürfe der Weimarer Republik zur Reform des Aktienrechts, Zeitschrift der Savigny-Stiftung für Rechtsgeschichte, Germanistische Abteilung, Band 103 (1986), S. 140 ff.

Schubert, Werner / Hommelhoff, Peter (Hrsg.) Die Aktienrechtsreform am Ende der Weimarer Republik, Berlin 1987 (zitiert: Schubert / Hommelhoff)

Schumacher, Hermann — Die Entwicklung der inneren Organisation der Aktiengesellschaft im deutschen Recht bis zum Allgemeinen Deutschen Handelsgesetzbuch, Stuttgart 1937

Solmssen, Georg — Soll bei einer zukünftigen Reform des Aktienrechts eine Annäherung an das englisch-amerikanische Recht in grundlegenden Fragen stattfinden? Co-Referat, erstattet dem 34. Deutschen Juristentag 1926 in Köln, Verhandlungen des Vierunddreißigsten Deutschen Juristentages, Band II, Berlin und Leipzig 1927, S. 679 ff.

Ständige Deputation des deutschen Juristentages (Hrsg.) — Bericht der durch den 34. Juristentag zur Prüfung einer Reform des Aktienrechts eingesetzten Kommission, Mannheim/Berlin/Leipzig 1928 (zitiert: Kommissionsbericht)

Staub, Hermann — Kommentar zum Allgemeinen Deutschen Handelsgesetzbuch, 3. und 4. Auflage, Berlin 1896 (zitiert: Staub, ADHGB 1884)

Staub, Hermann — Kommentar zum Handelsgesetzbuch, Erster Band, 6. und 7. Auflage, Berlin 1900 (zitiert: Staub, HGB)

Steinberg, Julius — Die Wirtschaftskrisis 1901, ihre Ursachen, Lehren und Folgen, Bonn 1902

Stenglein, M. — Die Reform des Actienrechts, Der Gerichtssaal, 60. Band 1902, S. 433 ff.

Stier-Somlo, Fritz — Die Reform des Aufsichtsrats der Aktiengesellschaft, ZHR 53 (1903), S. 20 ff.

Stier-Somlo, Fritz	Der Aufsichtsrat der Aktiengesellschaft, Leipzig 1905 (zitiert: Stier-Somlo, Aufsichtsrat)
Strombeck, J. v.	Ein Votum zur Reform der Deutschen Aktiengesetzgebung, Berlin 1874
Trumpler, Hans	Die Aktiengesellschaft nach dem Gesellschafts-, Bilanz- und Steuerrecht der Vereinigten Staaten von Amerika, Basel 1942
Tscharmann, Paul	Der Aufsichtsrat der Aktiengesellschaft, Leipzig 1896
Turcon, Rémi / Zimmer Daniel	Grundlagen des US-amerikanischen Gesellschafts-, Wirtschafts-, Steuer-, und Fremdenrechts, München 1994
Ullmann, Fritz	Der Entwurf eines Gesetzes über Aktiengesellschaften und Kommanditgesellschaften auf Aktien, JW 1930, S. 2633 ff.
Verband Deutscher Bücherrevisoren	Zur Reform des Aktienrechts. Stellungnahme des VDB zu den Fragebogen des Reichsjustizministeriums, Leipzig 1930
Vorläufiger Reichswirtschaftsrat	Bericht des Arbeitsausschusses zur Erstattung eines Gutachtens zu dem Entwurf eines Gesetzes über Aktiengesellschaften und Kommanditgesellschaften auf Aktien sowie zu dem Entwurf eines Einführungsgesetzes, Drucksache des Vorläufigen Reichswirtschaftsrats Nr. 383 vom 7. März 1933 (zitiert: Bericht des Aktienrechtsausschusses)

Warschauer, Otto	Die Reorganisation des Aufsichtsratswesens in Deutschland, Berlin 1902 (zitiert: Warschauer, Aufsichtsratswesen)
Warschauer, Otto	Zur Aufsichtsratsfrage in Deutschland, Jahrbücher für Nationalökonomie und Statistik, III. Folge, 27. Band, Jena 1904, S. 788 ff.
Weinhagen, Norbert	Das Recht der Aktiengesellschaften, Köln 1866
Welter, Erich	Erneuerung des Aktienrechts. Ein Appell und ein Programm. Sonderabdruck aus der Frankfurter Zeitung, Berlin 1929
Wiener, H.	Zur Reform des Aktiengesellschaftswesens. Gutachten auf Veranlassung der Eisenacher Versammlung zur Besprechung der sozialen Frage, Berlin 1873
Wiethölter, Rudof	Interessen und Organisation der Aktiengesellschaft im amerikanischen und deutschen Recht, Karlsruhe 1961

RECHTSHISTORISCHE REIHE

Band 1 Studien zu den germanischen Volksrechten. Gedächtnisschrift für Wilhelm Ebel. Vorträge gehalten auf dem Fest-Symposion anläßlich des 70. Geburtstages von Wilhelm Ebel am 16. Juni 1978 in Göttingen. Götz Landwehr (Hrsg.) 1982.

Band 2 Hans Poeschel: Die Statuten der Banken, Sparkassen und Kreditgenossenschaften in Hamburg und Altona von 1710 bis 1889. 1978.

Band 3 Thomas Kolbeck: Juristenschwemmen, Untersuchungen über den juristischen Arbeitsmarkt im 19. und 20. Jahrhundert. 1978.

Band 4 Norbert Hempel: Richterleitbilder in der Weimarer Republik. 1978.

Band 5 Rolf Stratmann: Die Scheinbußen im mittelalterlichen Recht. 1978.

Band 6 Martin C. Lockert: Die niedersächsischen Stadtrechte zwischen Aller und Weser. Vorkommen und Verflechtungen. Eine Bestandsaufnahme. 1979.

Band 7 Joachim Rückert/Wolfgang Friedrich: Betriebliche Arbeiterausschüsse in Deutschland, Großbritannien und Frankreich im späten 19. und frühen 20. Jahrhundert. Eine vergleichende Studie zur Entwicklung des kollektiven Arbeitsrechts. 1979.

Band 8 Peter Bender: Die Rezeption des römischen Rechts im Urteil der deutschen Rechtswissenschaft. 1979.

Band 9 Friedrich Karl Alsdorf: Untersuchungen zur Rechtsgestalt und Teilung deutscher Ganerbenburgen. 1980.

Band 10 Dietmar Willoweit/Winfried Schich (Hrsg.): Studien zur Geschichte des sächsisch-magdeburgischen Rechts in Deutschland und Polen (Sammelband). 1980.

Band 11 Brigitte Hempel: Der Entwurf einer Polizeiordnung für das Herzogtum Sachsen-Lauenburg aus dem Jahre 1591. 1980.

Band 12 Klaus-Detlev Godau-Schüttke: Rechtsverwalter des Reiches. Staatssekretär Dr. Curt Joël. 1981.

Band 13 Rainer Polley: Anton Friedrich Justus Thibaut (AD 1772-1840) in seinen Selbstzeugnissen und Briefen. Teil 1: Abhandlung. Teil 2: Briefwechsel. Teil 3: Register zum Briefwechsel. 1982.

Band 14 Michael Wettengel: Der Streit um die Vogtei Kelkheim 1275-1276. Ein kanonischer Prozeß.1981.

Band 15 Otto Wilhelm Krause: Naturrechtler des sechzehnten Jahrhunderts. Ihre Bedeutung für die Entwicklung eines natürlichen Privatrechts. 1982.

Band 16 Helga Spindler: Von der Genossenschaft zur Betriebsgemeinschaft. Kritische Darstellung der Sozialrechtslehre Otto von Gierkes. 1982.

Band 17 Holger Otte: Gustav Radbruchs Kieler Jahre 1919-1926. 1982.

Band 18 Rüdiger Teuner: Die fuldische Ritterschaft 1510-1656. 1982.

Band 19 Gerhard Dilcher/Rudolf Hoke/Gian Savino Pene Vidari/Hans Winterberg (Hrsg.): Grundrechte im 19. Jahrhundert. 1982.

Band 20 Karl-Hans Schloßstein: Die westfälischen Fabrikengerichtsdeputationen - Vorbilder, Werdegang und Scheitern. 1982.

Band 21 Birger Schulz: Der Republikanische Richterbund (1921-1933). 1982.

Band 22 Engelbert Krause: Die gegenseitigen Unterhaltsansprüche zwischen Eltern und Kindern in der deutschen Privatrechtsgeschichte. 1982.

Band 23 Meent W. Francksen: Staatsrat und Gesetzgebung im Großherzogtum Berg (1806-1813). 1982.

Band 24 Gerd von Sonnleithner: Bearbeitung des Handelsrechts durch Ignaz von Sonnleithner in seinem "Leitfaden über das österreichische Handels- und Wechselrecht". 1982.

Band 25 Rudolf Palme: Rechts-, Wirtschafts- und Sozialgeschichte der inneralpinen Salzwerke bis zu deren Monopolisierung. 1983.

Band 26 Helen Bosshard: Pestalozzis Staats- und Rechtsverständnis und seine Stellung in der Aufklärung. 1983.

Band 27 Jens Jessen: Die Selbstzeugnisse der deutschen Juristen. Erinnerungen, Tagebücher und Briefe. Eine Bibliographie. 1983.

Band 28 Günter Martin Jensen: Das Domanium Waldeck. Die rechtliche Zuordnung eines Fürstenvermögens. 1984.

Band 29 Johann Heinrich Kumpf: Petitionsrecht und öffentliche Meinung im Entstehungsprozeß der Paulskirchenverfassung 1848/49. 1983.

Band 30 Sabine Frey: Rechtsschutz der Juden gegen Ausweisungen im 16. Jahrhundert. 1983.

Band 31 Dietrich Joswig: Die germanische Grundstücksübertragung. 1984.

Band 32 Andreas Baryli: Konzessionssystem contra Gewerbefreiheit. Zur Diskussion der österreichischen Gewerberechtsreform 1835 bis 1860. 1984.

Band 33 Gerhard Oberkofler: Studien zur Geschichte der österreichischen Rechtswissenschaft. 1984.

Band 34 Rudolf Lauda: Kaufmännische Gewohnheit und Burgrecht bei Notker dem Deutschen. Zum Verhältnis von literarischer Tradition und zeitgenössischer Realität in der frühmittelalterlichen Rhetorik. 1984.

Band 35 Jens Jensen: Die Ehescheidung des Bischofs Hans von Lübeck von Prinzessin Julia Felicitas von Württemberg-Weiltingen AD 1648-1653. Ein Beitrag zum protestantischen Ehescheidungsrecht im Zeitalter des beginnenden Absolutismus. 1984.

Band 36 Horst Schröder: Friedrich Karl von Savigny. Geschichte und Rechtsdenken beim Übergang vom Feudalismus zum Kapitalismus in Deutschland. 1984.

Band 37 Andreas Hatzung: Dogmengeschichtliche Grundlagen und Entstehung des zivilrechtlichen Notstands. 1984.

Band 38 Matthias Klasen: Das Billwerder Landrecht. Landrecht und Landgericht in den Hamburger Elbmarschen. 1985.

Band 39 Rainer Jamin: Aufbau, Tätigkeit und Verfahren der Auseinandersetzungsbehörden bei der Durchführung der preußischen Agrarreformen. 1985.

Band 40 Henry Winter: Teilschuld, Gesamtschuld und unechte Gesamtschuld. Zur Konzeption der §§ 420 ff. BGB - Ein Beitrag zur Entstehungsgeschichte des BGB. 1985.

Band 41 Hermann Eichler: Verfassungsbewegung in Amerika und Europa. 1985.

Band 42 Dagmar Bandemer: Heinrich Albert Zachariae. Rechtsdenken zwischen Restauration und Reformation. 1985.

Band 43 Eva-Christine Frentz: Das Hamburgische Admiralitätsgericht (1623-1811). Prozeß und Rechtsprechung. 1985.

Band 44 Karl Lillig: Rechtsetzung im Herzogtum Pfalz-Zweibrücken während des 18. Jahrhunderts. Ein Beitrag zur Geschichte der territorialen Rechtsbildung. 1985.

Band 45 Walter Weber: Die Entwicklung der Sparkassen zu selbständigen Anstalten des öffentlichen Rechts. Ein Beitrag zur Entwicklung des Anstaltsbegriffs im 19. Jahrhundert. 1985.

Band 46 Bärbel Baum: Der Stabreim im Recht. Vorkommen und Bedeutung des Stabreims in Antike und Mittelalter. 1986.

Band 47 Hans Popp: Die nationalsozialistische Sicht einiger Institute des Zivilprozeß- und Gerichtsverfassungsrechts. 1986.

Band 48 John Karl-Heinz Montag: Die Lehrdarstellung des Handelsrechts von Georg Friedrich von Martens bis Meno Pöhls. Die Wissenschaft des Handelsrechts im ersten Drittel des 19. Jahrhunderts. 1986.

Band 49 Volker D. Anhäusser: Das internationale Obligationenrecht in der höchstrichterlichen Rechtsprechung des 19. Jahrhunderts. 1986.

Band 50 Udo Beer: Die Juden, das Recht und die Republik. Verbandswesen und Rechtsschutz 1919-1933. 1986.

Band 51 Herbert Grziwotz: Der moderne Verfassungsbegriff und die "Römische Verfassung" in der deutschen Forschung des 19. und 20. Jahrhunderts. 1986.

Band 52 Ralf Conradi: Karl Friedrich Eichhorn als Staatsrechtslehrer. Seine Göttinger Vorlesung über "Das Staatsrecht der deutschen Bundesstaaten" nach einer Kollegmitschrift aus dem Wintersemester 1821/22. 1987.

Band 53 Dieter Dannreuther: Der Zivilprozeß als Gegenstand der Rechtspolitik im Deutschen Reich 1871-1945. Ein Beitrag zur Geschichte des Zivilprozeßrechts in Deutschland. 1987.

Band 54 Stephan Felix Pauly: Organisation, Geschichte und Praxis der Gesetzesauslegung des (Königlich) Preußischen Oberverwaltungsgerichtes 1875-1933. 1987.

Band 55 Rüdiger Schulz: Die Entstehung des Seerechts des Allgemeinen Deutschen Handelsgesetzbuches unter besonderer Berücksichtigung der Bestimmungen über die Reederei, den Schiffer und die Schiffsmannschaft. 1987.

Band 56 Reinhold Reis: Deutsches Privatrecht in den Weistümern der Zenten Schriesheim und Kirchheim. 1987.

Band 57 Jürgen Christoph: Die politischen Reichsamnestien 1918-1933. 1987.

Band 58 Gerhard Oberkofler/Eduard Rabofsky: Hans Kelsen im Kriegseinsatz der k.u.k.-Wehrmacht. Eine kritische Würdigung seiner militärtheoretischen Angebote. 1988.

Band 59 Arne Wulff: Staatssekretär Prof. Dr. Dr. h.c. Franz Schlegelberger. 1876-1970. 1991.

Band 60 Gerhard Köbler (Hrsg.): Wege europäischer Rechtsgeschichte. Karl Kroeschell zum 60. Geburtstag. 1987.

Band 61 Rüdiger Hütte: Der Gemeinschaftsgedanke in den Erbrechtsreformen des Dritten Reichs. 1988.

Band 62 Markus Göldner: Politische Symbole der europäischen Integration. Fahne, Hymne, Hauptstadt, Paß, Briefmarke, Auszeichnungen. 1988.

Band 63 Wolfgang Kröner: Freiheitsstrafe und Strafvollzug in den Herzogtümern Schleswig, Holstein und Lauenburg von 1700 bis 1864. 1988.

Band 64 Werner Gaile: Die Norder Theelacht. 1988.

Band 65 Karl v. Kempis: Andreas Gaill (1526-1587). Zum Leben und Werk eines Juristen der frühen Neuzeit. 1988.

Band 66 Wolf-Rüdiger Osburg: Die Verwaltung Hamburgs in der Franzosenzeit. 1811-1814. 1988.

Band 67 Christian Schudnagies: Hans Frank. Aufstieg und Fall des NS-Juristen und Generalgouverneurs. 1988.

Band 68 Otmar Jung: Senatspräsident Freymuth. Richter, Sozialdemokrat und Pazifist in der Weimarer Republik. Eine politische Biographie. 1989.

Band 69 Joachim Lohner: Das landeshauptmannschaftliche Gericht in Oberösterreich zu Beginn der Neuzeit. Eine Darstellung des oberösterreichischen Prozeßrechts am obersten Territorialgericht des Landes anhand der oberösterreichischen Landtafel.1989.

Band 70 Bernd Klemann: Rudolf von Jhering und die Historische Rechtsschule. 1989.

Band 71 Adalbert Langer: Männer um die österreichische Zivilprozeßordnung 1895. Zusammenspiel / Soziales Ziel. 1990.

Band 72 Robert-Dieter Klee: Die Landessuperintendentur Lauenburg. Ursprung und Entwicklung sowie Ende der Sonderstellung des Kirchenkreises Herzogtum Lauenburg durch die nordelbische Kirchenvereinigung. 1989.

Band 73 Heinrich Herrmann: Die Gehöferschaften im Bezirk Trier. 1989.

Band 74 Wilhelm Brauneder, Franz Baltzarek (Hrsg.): Modell einer neuen Wirtschaftsordnung. Wirtschaftsverwaltung in Österreich 1914-1918. 1991.

Band 75 Thomas Dreyer: Die "Assecuranz- und Haverey-Ordnung" der Freien und Hansestadt Hamburg von 1731. 1990.

Band 76 Bernhard Sendler: Die Rechtssprache in den süddeutschen Stadtrechtsreformationen. 1990.

Band 77 Brigitte Lehmann: Ehevereinbarungen im 19. und 20. Jahrhundert. 1990.

Band 78 Michael Sunnus: Der NS-Rechtswahrerbund (1928-1945). Zur Geschichte der nationalsozialistischen Juristenorganisation. 1990.

Band 79 Stefan Schulz: Die historische Entwicklung des Rechts an Bienen. (§§ 961-964 BGB). 1990.

Band 80 Gerhard Lingelbach, Heiner Lück (Hrsg.): Deutsches Recht zwischen Sachsenspiegel und Aufklärung. Rolf Lieberwirth zum 70. Geburtstag dargebracht von Schülern, Freunden und Kollegen, herausgegeben von Gerhard Lingelbach und Heiner Lück. 1991.

Band 81 Manfred Krohn: Die deutsche Justiz im Urteil der Nationalsozialisten 1920-1933. 1991.

Band 82 Angelika Kühn: Privilegierung nationaler Minderheiten im Wahlrecht der Bundesrepublik Deutschland und Schleswig-Holsteins. 1991.

Band 83 Georg Brun: Leben und Werk des Rechtshistorikers Heinrich Mitteis unter besonderer Berücksichtigung seines Verhältnisses zum Nationalsozialismus. 1991.

Band 84 Wolfgang Simon: Claudius Freiherr von Schwerin. Rechtshistoriker während dreier Epochen deutscher Geschichte. 1991.

Band 85 Friedrich-Carl Wachs: Das Verordnungswerk des Reichsdemobilmachungsamtes. Stabilisierender Faktor zu Beginn der Weimarer Republik. 1991.

Band 86 Jens-Uwe Petersen: Die Vorgeschichte und die Entstehung des Mieterschutzgesetzes von 1923 nebst der Anordnung für das Verfahren vor dem Mieteinigungsamt und der Beschwerdestelle. 1991.

Band 87 Ulrike Haibach: Familienrecht in der Rechtssprache. Die historische Entwicklung zentraler Ausdrücke des geltenden Familienrechts. 1991.

Band 88 Joern Christian Nissen: Die Beratungen des Seeversicherungsausschusses der Akademie für Deutsches Recht zu einem neuen Seeversicherungsgesetz (1934-1939). Ein Beitrag zur Entwicklung der allgemeinen Lehren des Seeversicherungsrechts unter besonderer Berücksichtigung des Handelsgesetzbuchs und der Allgemeinen Deutschen Seeversicherungs-Bedingungen 1919. 1991.

Band 89 Diethard Bühler: Die Entstehung der allgemeinen Vertragsschluß-Vorschriften im Allgemeinen Deutschen Handelsgesetzbuch (ADHGB) von 1861. Ein Beitrag zur Kodifikationsgeschichte des Privatrechts im 19. Jahrhundert. 1991.

Band 90 Gerhard Oberkofler: Die Vertreter des Römischen Rechts mit deutscher Unterrichtssprache an der Karls-Universität in Prag. Vom Vormärz bis 1945. 1991.

Band 91 Ulrich Andermann: Ritterliche Gewalt und bürgerliche Selbstbehauptung. Untersuchungen zur Kriminalisierung und Bekämpfung des spätmittelalterlichen Raubrittertums am Beispiel norddeutscher Hansestädte. 1991.

Band 92 Heinz Marcus Hanke: Luftkrieg und Zivilbevölkerung. Der kriegsvölkerrechtliche Schutz der Zivilbevölkerung gegen Luftbombardements von den Anfängen bis zum Ausbruch des Zweiten Weltkrieges. 1991.

Band 93 Kirsten Kraglund: Familien- und Erbrecht. Materielles Recht und Methoden der Rechtsanwendung in der Rechtsprechung des Oberappellationsgerichts der vier Freien Städte Deutschlands zu Lübeck. 1991.

Band 94 Reinhard Lorenz: Die politische und rechtliche Stellung des Proletariats in Preußen in der Zeit zwischen den Reformen und der Revolution 1848/49. 1991.

Band 95 Eric Hilgendorf: Die Entwicklungsgeschichte der parlamentarischen Redefreiheit in Deutschland. 1991.

Band 96 Hans J. Reiter: Die Handelsgesellschaft Villeroy & Boch von der Gründung 1836 bis zum Jahr 1878. 1992.

Band 97 Martin Johannes Heller: Reform der deutschen Rechtssprache im 18. Jahrhundert. 1992.

Band 98 Michael Kotulla: Die Tragweite der Grundrechte der revidierten preußischen Verfassung vom 31.01.1850. 1992.

Band 99 Michael Siefener: Hexerei im Spiegel der Rechtstheorie. Das crimen magiae in der Literatur von 1574 bis 1608. 1992.

Band 100 Andreas Ebert-Weidenfeller: Hamburgisches Kaufmannsrecht im 17. und 18. Jahrhundert. Die Rechtsprechung des Rates und des Reichskammergerichtes. 1992.

Band 101 Enno Bommel: Die Entstehung der Verwirkungslehre in der Krise des Positivismus. 1992.

Band 102 Ralph Steppacher: Die Berücksichtigung der bäuerlichen Postulate bei der Entstehung des ZGB und der Revision des OR. Ein Beitrag zur schweizerischen Kodifikationsgeschichte (1893-1912). 1992.

Band 103 Martin Fleckenstein: Die Todesstrafe im Werk Carl Joseph Anton Mittermaiers (1787-1867). Zur Entwicklungsgeschichte eines Werkbereichs und seiner Bedeutung für Theorie- und Methodenbildung. 1992.

Band 104 Jörn Eckert: Der Kampf um die Familienfideikommisse in Deutschland. Studien zum Absterben eines Rechtsinstitutes. 1992.

Band 105 Jörg Grotkopp: Beamtentum und Staatsformwechsel. Die Auswirkungen der Staatsformwechsel von 1918, 1933 und 1945 auf das Beamtenrecht und die personelle Zusammensetzung der deutschen Beamtenschaft. 1992.

Band 106 Andreas Rohde: Die Garantiehaftung des Vermieters und ihr Verhältnis zum Unmöglichkeitsrecht in dogmengeschichtlicher und modernrechtlicher Sicht. 1992.

Band 107 Tjark Siefke Kunstreich: Gesamtvertretung. Eine historisch-systematische Darstellung. 1992.

Band 108 Jürgen Krüger: Blindheit und Königtum. Die Blindheit des Königs Georg V. von Hannover als verfassungsrechtliches Problem. 1992.

Band 109 Wolfgang Putschek: Ständische Verfassung und autoritäre Verfassungspraxis in Österreich 1933-1938 mit Dokumentenanhang. Verfassung und Verfassungswirklichkeit. Mit einem Anhang: Denkschriften von Rechtsanwalt Dr. Erich Führer 1936/37. 1993.

Band 110 Klaus Hofmann: Die Verdrängung der Juden aus öffentlichem Dienst und selbständigen Berufen in Regensburg 1933-1939. 1993.

Band 111 Franz Kilger: Die Entwicklung des Telegraphenrechts im 19. Jahrhundert mit besonderer Berücksichtigung der technischen Entwicklung. Telegraphenrecht im 19. Jahrhundert. 1993.

Band 112 Wilhelm Brauneder (Hrsg.): Heiliges Römisches Reich und moderne Staatlichkeit. 1993.

Band 113 Thomas Heinrich: Das preußische Nichtehelichenrecht: Von der Aufklärung zur Reaktion. 1993.

Band 114 Gerald Kohl: Jagd und Revolution. Das Jagdrecht in den Jahren 1848 und 1849. 1993.

Band 115 Christian Schudnagies: Der Kriegs- oder Belagerungszustand im Deutschen Reich während des Ersten Weltkrieges. Eine Studie zur Entwicklung und Handhabung des deutschen Ausnahmezustandsrechts bis 1918. 1994.

Band 116 Elisabeth Bellmann: Die Internationale Kriminalistische Vereinigung (1889-1933). 1994.

Band 117 Julia Pfannkuch: Volksrichterausbildung in Sachsen 1945-1950. 1993.

Band 118 Jörg Otfen: Von der Verwaltungsgemeinschaft des BGB von 1896 zur Zugewinngemeinschaft des Gleichberechtigungsgesetzes von 1957. 1994.

Band 119 Dorothee Kohlhas-Müller: Untersuchungen zur Rechtsstellung Theoderichs des Großen. 1995.

Band 120 Monika Rose: Das Gerichtswesen des Herzogtums Pfalz-Zweibrücken im 18. Jahrhundert. Ein Beitrag zur territorialen Gerichtsbarkeit im Alten Reich. 1994.

Band 121 Jörn Eckert / Hans Hattenhauer (Hrsg.): Bibel und Recht. Rechtshistorisches Kolloquium 9. - 13. Juni 1992 an der Christian-Albrechts-Universität zu Kiel. 1994.

Band 122 Robert Martin Mizia: Der Rechtsbegriff der Autonomie und die Begründung des Privatfürstenrechts in der deutschen Rechtswissenschaft des 19. Jahrhunderts. 1995.

Band 123 Walther Graf von Plettenberg: Das Fortleben des Liber Iudiciorum in Asturien/León (8.-13. Jh.). 1994.

Band 124 Wolfgang Schulz: Das deutsche Börsengesetz. Die Entstehungsgeschichte und wirtschaftlichen Auswirkungen des Börsengesetzes von 1896. 1994.

Band 125 Frank Hagemann: Der Untersuchungsausschuß Freiheitlicher Juristen. 1949-1969. 1994.

Band 126 Andreas Rethmeier: "Nürnberger Rassegesetze" und Entrechtung der Juden im Zivilrecht. 1995.

Band 127 Edith Grether: Die Poesie der Throne. Die Juristen in der Fruchtbringenden Gesellschaft. 1995.

Band 128 Anna Bartels-Ishikawa: Der Lippische Thronfolgestreit. Eine Studie zu verfassungsrechtlichen Problemen des Deutschen Kaiserreiches im Spiegel der zeitgenössischen Staats. 1995.

Band 129 Jörg Schmidt: Otto Koellreutter 1883-1972. Sein Leben, sein Werk, seine Zeit. 1995.

Band 130 Christian Hattenhauer: Wahl und Krönung Franz II. AD 1792. Das Heilige Reich krönt seinen letzten Kaiser - Das Tagebuch des Reichsquartiermeisters Hieronymus Gottfried von Müller und Anlagen. 1995.

Band 131 Jutta v der Decken: Das Seearbeitsrecht im Hamburger Stadtrecht von 1301 bis 1603. 1995.

Band 132 Detlev Schmidt: Die Reform des Rechts der Handelsvertreter von 1953. 1995.

Band 133 Gabi Roßdeutscher: Privatautonomie im Scheidungsrecht. Scheidungsbezogene Vereinbarungen in den letzten 200 Jahren. 1995.

Band 134 Harald Kahlenberg: Leben und Werk des Rechtshistorikers Walther Merk. Ein Beispiel für das Verhältnis von Rechtsgeschichte und Nationalsozialismus. 1995.

Band 135 Michael Steitz: Adelbert Düringer am Reichsgericht (1902-1915). Seine aktienrechtlichen Entscheidungen und sein Einfluß auf das Aktienrecht in Deutschland. 1995.

Band 136 Christian Becker: Beata Justorum Translatio. Juristen in schleswig-holsteinischen Leichenpredigten. 1996.

Band 137 Christoph Seiler: Vom Allgemeinen Landrecht zum Bürgerlichen Gesetzbuch. Dargestellt am Beispiel der höchstrichterlichen Judikatur zum kaufrechtlichen Sachmängelgewährleistungsrecht. 1996.

Band 138 Bernd Mayer: Die Vertrauensmännerausschüsse auf den preußischen Steinkohlegruben an der Saar. Entstehung und Wirken. Eine rechtshistorische Untersuchung. 1996.

Band 139 Rochus Scholl: Juden und Judenrecht im Herzogtum Pfalz-Zweibrücken. Ein Beitrag zur Rechtsgeschichte eines deutschen Kleinstaates am Ende des alten Reiches. 1996.

Band 140 Meike Bursch: Judentaufe und frühneuzeitliches Strafrecht. Die Verfahren gegen Christian Treu aus Weener/Ostfriesland 1720-1728. 1996.

Band 141 Markus Hillenbrand: Fürstliche Eheverträge. Gottorfer Hausrecht 1544-1773. 1996.

Band 142 Ulf Häder: Das gemeinschaftliche Oberappellationsgericht thüringischer Staaten in Jena. Ein Beitrag zur Geschichte des Gerichtswesens im 19. Jahrhundert. 1996.

Band 143 Andreas Bauer: Das Gnadenbitten in der Strafrechtspflege des 15. und 16. Jahrhunderts. Dargestellt unter besonderer Berücksichtigung von Quellen der Vorarlberger Gerichtsbezirke Feldkirch und des Hinteren Bregenzerwaldes. 1996.

Band 144 Christian Wirth: Der Jurist Johann Andreas Georg Friedrich Rebmann zwischen Revolution und Restauration. 1996.

Band 145 Stefanie Müller: Die Rechtsprechung des Hanseatischen Oberlandesgerichts zum persönlichen Eherecht in Hamburgischen Gerichtsfällen von 1879-1900. 1996.

Band 146 Jean-Nicolas Morisset: Der Frachtvertrag in der *Ordonnance de la marine* von 1681. 1996.

Band 147 Dirk Lentfer: Die Glogauer Landesprivilegien des Andreas Gryphius von 1653. 1996.

Band 148 Wencke Mull: Die Haftung für Einsturzschäden nach den §§ 836-838 BGB in der Rechtsprechung des Reichsgerichts. 1996.

Band 149 Renate Zelger: Teufelsverträge. Märchen, Sage, Schwank, Legende im Spiegel der Rechtsgeschichte. 1996.

Band 150 Guido Kraß: Das Arrestverfahren in Frankfurt am Main im Spätmittelalter. 1996.

Band 151 F. Benedict Heyn: Die Entwicklung des Eisenbahnfrachtrechts von den Anfängen bis zur Einführung des Allgemeinen Deutschen Handelsgesetzbuches (ADHGB). 1996.

Band 152 Thomas Lang: Die Staats- und Verfassungslehre Carl Salomo Zachariaes. 1996.

Band 153 Michael Hebeis: Karl Anton von Martini (1726-1800). Leben und Werk. 1996.

Band 154 Gerald Hubert: Die Diskussion um die rechtliche Natur der Bizone in den Jahren 1947-1949. 1996.

Band 155 Christof Horn: Die Rechtsprechung des Reichsgerichts in Ehescheidungssachen der Jahre 1900 bis 1905. 1996.

Band 156 Hermann Nehlsen / Georg Brun (Hrsg.): Münchener rechtshistorische Studien zum Nationalsozialismus. 1996.

Band 157 Jan Otto Clemens Kehrberg: Die Entwicklung des Elektrizitätsrechts in Deutschland. Der Weg zum Energiewirtschaftsgesetz von 1935. 1997.

Band 158 Johannes Tradt: Der Religionsprozeß gegen den Zopfschulzen (1791-1799). Ein Beitrag zur protestantischen Lehrpflicht und Lehrzucht in Brandenburg-Preußen gegen Ende des 18. Jahrhunderts. 1997.

Band 159 Dietmar Olsen: Das kaufrechtliche Sachmängelgewährleistungsrecht des Code civil in der Rechtsprechung deutscher Gerichte im 19. Jahrhundert. Ein Beitrag zur Ablösung der Partikularrechte durch das BGB. 1997.

Band 160 Ulrich Bernhardt: Die Deutsche Akademie für Staats- und Rechtswissenschaft „Walter Ulbricht" 1948-1971. 1997.

Band 161 Claudia Susan Hoppe: Die Bürgschaft im Rechtsleben Hamburgs von 1600 bis 1900. 1997.

Band 162 Franz-Rudolf Ecker: Die Entwicklung des Bergrechts im Saarbrücker Steinkohlenrevier bis zum Ende des 18. Jahrhunderts. Ein Vergleich mit dem älteren deutschen Bergrecht. 1997.

Band 163 Anne Katrin Rückert: Politik und Privatrecht in der „konservativen Revolution". 1997.

Band 164 Gisbert Laube: Der Reichskunstwart. Geschichte einer Kulturbehörde 1919-1933. 1997.

Band 165 Nicolas Lührig: Die Diskussion über die Reform der Juristenausbildung von 1945 bis 1995. 1997.

Band 166 Regula Gerber Jenni: Die Emanzipation der mehrjährigen Frauenzimmer. Frauen im bernischen Privatrecht des 19. Jahrhunderts. 1997.

Band 167 Mischa A. Färber: Das gemeinschaftliche Testament in der höchstrichterlichen Rechtsprechung zum Allgemeinen Preußischen Landrecht und zum BGB. Ein Beitrag zur Ablösung der Partikularrechte durch das BGB. 1997.

Band 168 Catherine Antoinette Gasser: Philipp Lotmar 1850-1922. Professor der Universität Bern. Sein Engagement für das Schweizerische Arbeitsrecht. 1997.

Band 169 Lars Immisch: Der sozialistische Richter in der DDR und seine Unabhängigkeit. Der Versuch eines Rechtsvergleiches zum Unabhängigkeitsbegriff in der bundesdeutschen Rechtsordnung. 1997.

Band 170 Jessica Jacobi: Besitzschutz vor dem Reichskammergericht. Die friedenssichernde Funktion der Besitzschutzklagen am Reichskammergericht im 16. Jahrhundert, dargestellt anhand von Kameralisten. 1998.

Band 171 Ewald Hügemann: Die Geschichte des öffentlichen und privaten Mietpreisrechts vom Ersten Weltkrieg bis zum Gesetz zur Regelung der Miethöhe von 1974. 1998.

Band 172 Lutz Rentzow: Die Entstehungs- und Wirkungsgeschichte der Vernewerten Landesordnung für das Königreich Böhmen von 1627. 1998.

Band 173 Sabine Stürmer: Mühlenrecht im Herzogtum Pfalz-Zweibrücken während des 18. Jahrhunderts. Ein Beitrag zum Wirtschaftsrecht eines deutschen Kleinstaates im Alten Reich. 1998.

Band 174 Mario Bogisch: *Nemo testis in re sua*. Das Problem der Zeugnisfähigkeit bei der Anwendung der deutschen Zivilprozeßordnung von 1877. 1998.

Band 175 Rainer Oßwald: Pactane sunt servanda? Freiwilligkeit, Zwang und Unverbindlichkeitserklärungen im islamischen Vertragsrecht malikitischer Schule. 1998.

Band 176 Bettina Kern: Der preußische BGB-Entwurf von 1842. 1998

Band 177 Inken Fuhrmann: Die Diskussion über die Einführung der fakultativen Zivilehe in Deutschland und Österreich seit Mitte des 19. Jahrhunderts. 1998.

Band 178 Annette Rieck: Der Heilige Ivo von Hélory (1247-1303). Advocatus pauperum und Patron der Juristen. 1998.

Band 179 Frank Bottenberg: Die Hamburgische Strafprozeßordnung von 1869. 1998.

Band 180 Matthias Krauß: Das kursächsische Postrecht von seinen Anfängen bis zum Ende des Alten Reichs. 1998.

Band 181 Torsten Schmidt: Die Entmündigung von den Anfängen des BGB bis zu ihrer Ablösung durch das Institut der Betreuung. 1998.

Band 182 Christian Nunn: Rudolf Müller-Erzbach. 1874-1959. Von der realen Methode über die Interessenjurisprudenz zum kausalen Rechtsdenken (Leben und Werk). 1998.

Band 183 Christian Ortloff: Das staatskirchenrechtliche System Wilhelm Traugott Krugs. Glaubens- und Gewissensfreiheit – eine Forderung der Vernunft. 1998.

Band 184 Christian Hattenhauer: Schuldenregulierung nach dem Westfälischen Frieden. Der sog. § *de indaganda* und seine Umsetzung im Jüngsten Reichsabschied (AD 1648 und 1654). 1998.

Band 185 Werner Schubert: Preußen im Vormärz. Die Verhandlungen der Provinziallandtage von Brandenburg, Pommern, Posen, Sachsen und Schlesien sowie – im Anhang – von Ostpreußen, Westfalen und der Rheinprovinz (1841-1845). 1998.

Band 186 Silvia Schumacher: Das Rechtsverhältnis zwischen Eltern und Kindern in der Privatrechtsgeschichte. 1999.

Band 187 Kai Sommer: Die Strafbarkeit der Homosexualität von der Kaiserzeit bis zum Nationalsozialismus. Eine Analyse der Straftatbestände im Strafgesetzbuch und in den Reformentwürfen (1871-1945). 1998.

Band 188 Jan Erik Backhaus: Volksrichterkarrieren in der DDR. 1999.

Band 189 Ralf Ruhnau: Die Fürstlich Thurn und Taxissche Privatgerichtsbarkeit in Regensburg. Ein Kuriosum der deutschen Rechtsgeschichte. 1999.

Band 190 Antonio Grilli: Die französische Justizorganisation am linken Rheinufer 1797-1803. 1999.

Band 191 Stephanie Kammerloher-Lis: Die Entstehung des Gesetzes über die religiöse Kindererziehung vom 15. Juli 1921. 1999.

Band 192 Jan Telp: Ausmerzung und Verrat. Zur Diskussion um Strafzwecke und Verbrechensbegriffe im Dritten Reich. 1999.

Band 193 Kurt von Pannwitz: Die Entstehung der Allgemeinen Deutschen Wechselordnung. Ein Beitrag zur Geschichte der Vereinheitlichung des deutschen Zivilrechts im 19. Jahrhundert. 1999.

Band 194 Sylvia Busch: Die Entstehung der Allgemeinen Gerichtsordnung für die Preussischen Staaten von 1793/95. Ein Beitrag zur Geschichte der Kodifikationsbewegung und der Reform des Zivilprozesses in Preußen im 18. Jahrhundert. 1999.

Band 195 Dirk Bieresborn: Klage und Klageerwiderung im deutschen und englischen Zivilprozeß. Eine rechtshistorische und rechtsvergleichende Untersuchung unter besonderer Berücksichtigung der Beeinflussung durch das römisch-kanonische Verfahren. 1999.

Band 196 Andreas Thier / Guido Pfeifer / Philipp Grzimek (Hrsg.): Kontinuitäten und Zäsuren in der Europäischen Rechtsgeschichte. Europäisches Forum Junger Rechtshistorikerinnen und Rechtshistoriker München 22.-24. Juli 1998. 1999.

Band 197 Franz Smola: Die Fürstlich Liechtenstein'sche Kunstsammlung. Rechtsfragen zur Verbringung der Sammlung von Wien nach Vaduz in den Jahren 1944/45. 1999.

Band 198 Frank Martin Krauss: Das geteilte Eigentum im 19. und 20. Jahrhundert. Eine Untersuchung zum Fortbestand des Teilungsgedankens. 1999.

Band 199 Matthias Frey: Die spanische Aktiengesellschaft im 18. Jahrhundert und unter dem Código de Comercio von 1829. 1999.

Band 200 Alexandra Gilde: Die Stellung der Frau im Reichsstrafgesetzbuch von 1870/71 und in den Reformentwürfen bis 1919 im Urteil der bürgerlichen Frauenbewegung. Eine Analyse ausgewählter Straftatbestände. 1999.

Band 201 Malte Dießelhorst / Arne Duncker: Hans Kohlhase. Die Geschichte einer Fehde in Sachsen und Brandenburg zur Zeit der Reformation. 1999.

Band 202 Jörg Hillmann: Territorialrechtliche Auseinandersetzungen der Herzöge von Sachsen-Lauenburg vor dem Reichskammergericht im 16. Jahrhundert. 1999.

Band 203 Carsten Engler: Die Kommanditgesellschaft (KG) und die stille Gesellschaft im Allgemeinen Deutschen Handelsgesetzbuch (ADHGB) von 1861. 1999.

Band 204 Vesta Hoffmann-Steudner: Die Rechtsprechung des Reichsgerichts zu dem Scheidungsgrund des § 49 EheG (EheG 1938) in den Jahren 1938-1945. 1999.

Band 205 Michaela Thiele: Die Auflösung von Arbeitsverhältnissen aufgrund Anfechtung und außerordentlicher Kündigung nach der Rechtsprechung des Reichsarbeitsgerichts (1927-1945). 2000.

Band 206 Peter Landau / Hermann Nehlsen / Mathias Schmoeckel (Hrsg.): Karl von Amira zum Gedächtnis. 1999.

Band 207 Marcus Flinder: Die Entstehungsgeschichte des Zivilgesetzbuches der DDR. 1999.

Band 208 Boris Franz Leo Bromm: Die Entstehungsgeschichte des Berufs des Handelsvertreters. Unter besonderer Berücksichtigung der Sozialgesetzgebung in den Jahren von 1871-1933. 2000.

Band 209 Winfried C. J. Eberstein: Das Tierschutzrecht in Deutschland bis zum Erlaß des Reichs-Tierschutzgesetzes vom 24. November 1933. Unter Berücksichtigung der Entwicklung in England. 1999.

Band 210 Patrick Deller: Der „nach dem Vertrage" vorausgesetzte Gebrauch (§ 459 Absatz 1 Satz 1 BGB). Eine kaufrechtliche Untersuchung unter Berücksichtigung rechtshistorischer wie rechtsvergleichender Grundlagen. 2000.

Band 211 Eckard Freiherr von Bodenhausen: Haftung des Geschäftsherrn für Verrichtungsgehilfen im Straßen- und Schienenverkehr. Eine Analyse der Entscheidungen des Reichsgerichts zu § 831 BGB (1900-1945). 2000.

Band 212 Birte Gast: Der Allgemeine Teil und das Schuldrecht des Bürgerlichen Gesetzbuchs im Urteil von Raymond Saleilles (1855-1912). 2000.

Band 213 Hansjörg Michael Huber: Koloniale Selbstverwaltung in Deutsch-Südwestafrika. Entstehung, Kodifizierung und Umsetzung. 2000.

Band 214 Ulf Björner: Die Verfassungsgerichtsbarkeit im Norddeutschen Bund und Deutschen Reich (1867-1918). Eine rechtshistorische Untersuchung über Gerichtsbarkeit im Spannungsfeld von Politik und Recht innerhalb der von Bismarck geschaffenen deutschen Bundesstaaten. 2000.

Band 215 Mathias Freiherr von Rosenberg: Friedrich Carl von Savigny (1779-1861) im Urteil seiner Zeit. 2000.

Band 216 Reinhard Binder-Kriegistein: Österreichisches Adelsrecht 1868-1918/19. Von der Ausgestaltung des Adelsrechts der cisleithanischen Reichshälfte bis zum Adelsaufhebungsgesetz der Republik unter besonderer Berücksichtigung des adeligen Namensrechts. 2000.

Band 217 Claudia-Regine Nerius: Johannes Lehmann-Hohenberg (1851-1925). Eine Studie zur völkischen Rechts- und Justizkritik im Deutschen Kaiserreich. 2000.

Band 218 Ludger Meuten: Die Erbfolgeordnung des Sachsenspiegels und des Magdeburger Rechts. Ein Beitrag zur Geschichte des sächsisch-magdeburgischen Rechts. 2000.

Band 219 Christoph Alexander von Wilcken: Die Reformbestrebungen zum Genossenschaftsgesetz in der Frühzeit der Bundesrepublik. Die Beratungen der Sachverständigenkommission zur Überprüfung des Genossenschaftsrechts 1954 bis 1958 und der Referentenentwurf von 1962. 2000.

Band 220 Verein Junger RechtshistorikerInnen Zürich (Hrsg.): ¿Rechtsgeschichte(n)? ¿Histoire(s) du droit? ¿Storia/storie del diritto? ¿Legal Histori(es)? Europäisches Forum Junger Rechtshistorikerinnen und Rechtshistoriker Zürich 28.-30. Mai 1999. 2000.

Band 221 Hans Christian Schüler: Die Entstehungsgeschichte der Bundesnotarordnung vom 24. Februar 1961. 2000.

Band 222 Nils-Eberhard Schramm: Die Vereinigung demokratischer Juristen (1949-1999). 2000.

Band 223 Silke Anke Torp: Das Rechtsverhältnis zwischen den Eltern und ihren Kindern. Dienstleistungspflicht, Aussteuer und Ausstattung. Eine Analyse der Rechtsprechung des Reichsgerichts und des Reichsarbeitsgerichts zu den Vorschriften der §§ 1616 bis 1625 des Bürgerlichen Gesetzbuches in der Zeit von 1900 bis 1945. 2000.

Band 224 Martin Jürgen Maaß: Die Geschichte des Eigentumsvorbehalts, insbesondere im 18. und 19. Jahrhundert. 2000.

Band 225 Stefanie Langer: Rechtswissenschaftliche Itinerarien. Lebenswege namhafter europäischer Juristen vom 11. bis zum 18. Jahrhundert. 2000.

Band 226 Ulrich Schmitz: Der Unterhaltsanspruch des nichtehelichen Kindes gegen seinen Erzeuger. Die rechtsgeschichtliche und dogmatische Entwicklung im deutschen Recht. 2000.

Band 227 Sebastian Günther: Friedrich Carl von Savigny als Grundherr. 2000.

Band 228 Henning Ibs: Hermann J. Held (1890-1963). Ein Kieler Gelehrtenleben in den Fängen der Zeitläufe. 2000.

Band 229 Matthias Rücker: Wirtschaftswerbung unter dem Nationalsozialismus. Rechtliche Ausgestaltung der Werbung und Tätigkeit des Werberats der deutschen Wirtschaft. 2000.

Band 230 Hendrik Sandmann: Die Entwicklung von Begriff und Inhalt des Wirtschaftchsrechts durch die Rechtswissenschaft in der Weimarer Republik. 2000.

Band 231 Sibylle Müller: Gibt es Menschenrechte bei Samuel Pufendorf? 2000.

Band 232 Karin Olechowski-Hrdlicka: Die gemeinsamen Angelegenheiten der Österreichisch-Ungarischen Monarchie. Vorgeschichte – Ausgleich 1867 – Staatsrechtliche Kontroversen. 2001.

Band 233 Johannes Mierau: Die juristischen Abschluß- und Diplomprüfungen in der SBZ/DDR. Ein Einblick in die Juristenausbildung im Sozialismus. 2001.

Band 234 Jörg Wolff (Hrsg.): Stillstand, Erneuerung und Kontinuität. Einsprüche zur Preußenforschung. 2001.

Band 235 Friedo Schröder: Die anwaltliche Tätigkeit während der nationalsozialistischen Herrschaft. Eine Analyse der anwaltlichen Argumentation in Zivilprozessen anhand der vorhandenen Prozeßakten der Landgerichte Frankenthal, Wiesbaden, Limburg und Frankfurt und der Handakten der *jüdischen Konsulenten* des OLG-Bezirks Frankfurt. 2001.

Band 236 Der Code pénal des Königreichs Westphalen von 1813 mit dem Code pénal von 1810 im Original und in deutscher Übersetzung. Herausgegeben und mit einer Einleitung versehen von Werner Schubert. 2001.

Band 237 Klaus Richter: Deutsches Kolonialrecht in Ostafrika 1885-1891. 2001.

Band 238 Kai von Lewinski: Deutschrechtliche Systembildung im 19. Jahrhundert. 2001.

Band 239 Alexander Herzog: Sittenwidrige Rechtsgeschäfte in der höchstrichterlichen Rechtsprechung aus den Jahren 1948-1965. 2001.

Band 240 Claudia Rönnau: Die Beratungen des Wasserrechtsausschusses der Akademie für Deutsches Recht zu einem Reichswassergesetz (1934-1941). Ein Beitrag zur Dogmatik der Begriffe *Gemeingebrauch* und *Sondergebrauch* in der Zeit des Nationalsozialismus. 2001.

Band 241 Momme Rohlack: Kriegsgesellschaften (1914-1918). Arten, Rechtsformen und Funktionen in der Kriegswirtschaft des Ersten Weltkrieges. 2001.

Band 242 Rolf Geyer: Der Gedanke des Verbraucherschutzes im Reichsrecht des Kaiserreichs und der Weimarer Republik (1871-1933). Eine Studie zur Geschichte des Verbraucherrechts in Deutschland. 2001.

Band 243 Felix Lorenz Benjamin Lehmann: Der Rote Adlerorden. Entstehung und rechtliche Grundlagen (1705-1918). 2002.

Band 244 Marc Ludwig: Der Pfändungsschutz für Lohneinkommen. Die Entstehungs- und Entwicklungsgeschichte der Vorschriften zum Schutz vor Lohnpfändung in Deutschland. 2001.

Band 245 Alexander Wachter: Dorfschule zwischen Pastor und Schulmeister. Zur Säkularisierung des niederhessischen Schulwesens im 19. Jahrhundert. 2001.

Band 246 Richard Scholz: Analyse der Entstehungsbedingungen der reichsgerichtlichen Aufwertungsrechtsprechung. Untersuchung unter besonderer Berücksichtigung der konservativen Geldpolitik der Reichsbank und der Inflationspolitik der Reichsregierung. 2001.

Band 247 Judith Laeverenz: Märchen und Recht. Eine Darstellung verschiedener Ansätze zur Erfassung des rechtlichen Gehalts der Märchen. 2001.

Band 248 Christina Schenk: Bestrebungen zur einheitlichen Regelung des Strafvollzugs in Deutschland von 1870 bis 1923. 2001.

Band 249 Nils Werner: Die Prozesse gegen die Landvolkbewegung in Schleswig-Holstein 1929/32. Ein Beitrag zur Justizkritik in der späten Weimarer Republik. 2001.

Band 250 Wolfgang Walter: Das Duell in Bayern. Ein Beitrag zur bayerischen Strafrechtsgeschichte. 2002.

Band 251 Jörn Eckert / Kjell Å. Modéer (Hrsg.): Geschichte und Perspektiven des Rechts im Ostseeraum. Erster Rechtshistorikertag im Ostseeraum 8.–12. März 2000. 2001.

Band 252 Jan Könighaus: Die Inauguration der Christian-Albrechts-Universität zu Kiel 1665. Symbolgehalt und rechtliche Bedeutung des Universitätszeremoniells. 2002.

Band 253 Andreas Görgen: Rechtssprache in der Frühen Neuzeit. Eine vergleichende Untersuchung der Fremdwortverwendung in Gesetzen des 16. und 17. Jahrhunderts. 2002.

Band 254 Ralf Schäfer: Die Rechtsstellung der Haigerlocher Juden im Fürstentum Hohenzollern-Sigmaringen von 1634-1850. Eine rechtsgeschichtliche Untersuchung. 2002.

Band 255 Regine Schmalhorst: Die Tierhalterhaftung im BGB von 1896. Die Entstehung und Änderung des § 833 BGB sowie eine Analyse der Rechtsprechung des Reichsgerichts bis 1908. 2002.

Band 256 Thomas Hense: Konrad Beyerle. Sein Wirken für Wissenschaft und Politik in Kaiserreich und Weimarer Republik. 2002.

Band 257 Christian Mahlmann: Die Strafrechtswissenschaft der DDR. Klassenkampftheorie und Verbrechenslehre. 2002.

Band 258 Henning Kahmann: Die Bankiers von Jacquier & Securius 1933–1945. Eine rechtshistorische Fallstudie zur "Arisierung" eines Berliner Bankhauses. Mit einem Geleitwort von John Kornblum. 2002.

Band 259 Volker Friedrich Drecktrah: Die Gerichtsbarkeit in den Herzogtümern Bremen und Verden und in der preußischen Landdrostei Stade von 1715 bis 1879. 2002.

Band 260 Andreas Klass: Standes- oder Leistungselite? Eine Untersuchung der Karrieren der Wetzlarer Anwälte des Reichskammergerichts (1693-1806). 2002.

Band 261 Wolfgang Eder: Das italienische Tribunale Speciale per la Difesa dello Stato und der deutsche Volksgerichtshof. Ein Vergleich zwischen zwei politischen Gerichtshöfen. 2002.

Band 262 Albrecht Cordes / Bernd Kannowski (Hrsg.): Rechtsbegriffe im Mittelalter. 2002.

Band 263 Thomas Hildebrandt: Die Brandenburgischen Provinziallandtage von 1841, 1843, und 1845 anhand ausgewählter Verhandlungsgegenstände. 2002.

Band 264 Jan Finzel: Georg Adam Struve (1619-1692) als Zivilrechtler. 2003.

Band 265 Björn Carsten Frenzel: Das Selbstverständis der Justiz nach 1945. Analyse der Rolle der Justiz unter Berücksichtigung der Reden zur *Wiedereröffnung* der Bundes- und Oberlandesgerichte. 2003.

Band 266 Nils Reichhelm: Die marxistisch-leninistische Staats- und Rechtstheorie Karl Polaks. 2003.

Band 267 Raik Schneider: Altrechtliche Personenzusammenschlüsse. Ihre Entwicklung unter besonderer Berücksichtigung des Rechts des Großherzogtums Sachsen-Weimar-Eisenach sowie der Herzogtümer Sachsen-Meiningen und Sachsen-Gotha. 2003.

Band 268 Anke Meier: Die Geschichte des deutschen Konkursrechts, insbesondere die Entstehung der Reichskonkursordnung von 1877. 2003.

Band 269 Stefan Jens Jordan: Leben und Werk des Tübinger Rechtsprofessors Wilhelm Gottlieb Tafinger 1760-1813. 2003.

Band 270 Stefanie Hubig: Die historische Entwicklung des § 23 ZPO. Zum Ursprung und Fortleben des Vermögensgerichtsstandes im deutschen Prozeßrecht des 19. Jahrhunderts. 2003.

Band 271 Michael G. Perband: Der Grundsatz der freien Beweiswürdigung im Zivilprozeß (§ 286 ZPO) in der Rechtsprechung des Reichsgerichts. 2003.

Band 272 Mathias Bouveret: Die Stellung des Staatsoberhauptes in der parlamentarischen Diskussion und Staatsrechtslehre von 1848 bis 1918. 2003.

Band 273 Barbara Széchényi: Rechtliche Grundlagen bayerischer Zensur im 19. Jahrhundert. 2003.

Band 274 Sylvia Scharfenberg: Die Entstehungsgeschichte des Beurkundungsgesetzes vom 28. August 1969. 2003.

Band 275 Urte Nesemann: Die schwedische Familiengesetzgebung von 1734 bis zu den Reformgesetzen von 1915 bis 1920 und deren Einfluss auf die Gesetzgebungsprojekte der Weimarer Republik. Unter besonderer Berücksichtigung der Rechtsstellung der Frau und des unehelichen Kindes. 2003.

Band 276 Alexandra Brück: Die Polizeiordnung Herzog Christians von Braunschweig-Lüneburg vom 6. Oktober 1618. 2003.

Band 277 Torsten Landwehr: Das Kommissionsgeschäft in Rechtswissenschaft, Gesetzgebung und Rechtspraxis vom 16. bis zum Ende des 18. Jahrhunderts. 2003.

Band 278 Tassilo Wilhelm Maria Englert: Deutsche und italienische Zivilrechtsgesetzgebung von 1933–1945. Parallelen in der Rechtsetzung und gegenseitige Beeinflussung unter besonderer Berücksichtigung des Familien- und Erbrechts. 2003.

Band 279 Tobias Prang: Der Schutz der Versicherungsnehmer bei der Auslegung von Versicherungsbedingungen durch das Reichsgericht. 2003.

Band 280 Thorsten Lieb: Privileg und Verwaltungsakt. Handlungsformen der öffentlichen Gewalt im 18. und 19. Jahrhundert. 2004.

Band 281 Michael Rühling: Das Ladenschlussgesetz vom 28. November 1956. Vorgeschichte, Entstehung des Gesetzes und weitere Entwicklung. 2004.

Band 282 Kathrin Nawotki: Die schleswigsche Deichstavengerechtigkeit. Vom 17. Jahrundert bis in die Gegenwart. Eine gewohnheitsrechtliche Superfizies an nordfriesischen Deichgrundstücken und ihre Entwicklung. 2004.

Band 283 Erik Nils Voigt: Die Gesetzgebungsgeschichte der militärischen Ehrenstrafen und der Offiziersehrengerichtsbarkeit im preußischen und deutschen Heer von 1806 bis 1918. 2004.

Band 284 Dorothea Riedi Hunold: Die Einführung der allgemeinen Wechselfähigkeit in der Schweiz in der zweiten Hälfte des 19. Jahrhunderts. Unter besonderer Berücksichtigung der politischen, wirtschaftlichen und sozialen Verhältnisse. 2004.

Band 285 Thomas Gergen: Pratique juridique de la paix et trêve de Dieu à partir du concile de Charroux (989–1250). Juristische Praxis der Pax und Treuga Dei ausgehend vom Konzil von Charroux (989–1250). 2004.

Band 286 Kathrin Bethkenhagen: Die Entwicklung des Luftrechts bis zum Luftverkehrsgesetz von 1922. 2004.

Band 287 Heiko Lüpkes: Die Verbrechen der Diener des Staats im Allgemeinen Landrecht für die Preußischen Staaten von 1794 und ihre Entwicklung zu den Vergehen und Verbrechen im Amte im Strafgesetzbuch für die Preußischen Staaten von 1851. 2004.

Band 288 Mirco Peter Hirsch: Von der Erbbescheinigung des Preußischen Rechts zum Erbschein des Bürgerlichen Gesetzbuchs. 2004.

Band 289 Bettina Günther: Die Behandlung der Sittlichkeitsdelikte in den Policeyordnungen und der Spruchpraxis der Reichsstädte Frankfurt am Main und Nürnberg im 15. bis 17. Jahrhundert. 2004.

Band 290 Seunghyeon Seong: Der Begriff der *nicht gehörigen Erfüllung* aus dogmengeschichtlicher und rechtsvergleichender Sicht. 2004.

Band 291 Steffen-Werner Meyer: Bemühungen um ein Reichsgesetz gegen den Büchernachdruck. Anläßlich der Wahlkapitulation Leopolds II. aus dem Jahre 1790. 2004.

Band 292 Ulrich Löffler: Instrumentalisierte Vergangenheit? Die nationalsozialistische Vergangenheit als Argumentationsfigur in der Rechtsprechung des Bundesverfassungsgerichts. 2004.

Band 293 Norbert Koch: Die Entwicklung des deutschen privaten Immissionsschutzrechts seit Beginn der Industrialisierung. Unter besonderer Berücksichtigung des Einflusses der höchstrichterlichen Rechtsprechung. 2004.

Band 294 Julius Ludwig Pfeiffer: Das Tierschutzgesetz vom 24. Juli 1972. Die Geschichte des deutschen Tierschutzrechts von 1950 bis 1972. 2004.

Band 295 Bert-Hagen Strodthoff: Die richterliche Frage- und Erörterungspflicht im deutschen Zivilprozeß in historischer Perspektive. 2004.

Band 296 Tim Kannewurf: Die Höfeordnung vom 24. April 1947. Entstehungsgeschichte und Einordnung in die Entwicklung des Anerbenrechts. 2004.

Band 297 Steffi Heine: Die Methodendiskussion nach Inkrafttreten des Bürgerlichen Gesetzbuches und die Gründung des Vereins *Recht und Wirtschaft*. 2004.

Band 298 Anne Marlene Simon-Holtorf: Geschichte des Familienwahlrechts in Frankreich (1871 bis 1945). 2004.

Band 299 Jürgen Busch: Das Germanenbild der deutschen Rechtsgeschichte. Zwischen Wissenschaft und Ideologie. Mit einem Vorwort von Herwig Wolfram. 2004.

Band 300 Jan Kohlmann: Der Marsch zu den Gräbern von Karl und Rosa. Geschichte eines Gedenktages. 2004.

Band 301 Christian Rainer Schlicht: Die kumulative Schuldübernahme in der Rechtsprechung des Reichsgerichts und in der zeitgenössischen Literatur. 2004.

Band 302 Hans Peter Glöckner: Positive Vertragsverletzung. Die Geburt eines Rechtsinstituts. 2006.

Band 303 João Manuel Azevedo Alexandrino Fernandes: Die Theorie der Interpretation des Gesetzes bei Francisco Suárez. 2005.

Band 304 René Funk: Die Wahlprüfung der volksgewählten Abgeordneten der Volksvertretungen im Frühkonstitutionalismus. Eine Untersuchung der Wahlprüfung in den Kammern der Abgeordneten des Großherzogtums Baden, des Königreichs Württemberg und des Großherzogtums Hessen. 2005.

Band 305 Carolin O'Sullivan. Die Ahndung von Rechtsbrüchen der Seeleute im mittelalterlichen hamburgischen und hansischen Seerecht (1301–1482). 2005.

Band 306 Martin Jürgens: Staat und Reich bei Ernst Rudolf Huber. Sein Leben und Werk bis 1945 aus rechtsgeschichtlicher Sicht. 2005.

Band 307 Florian G. Dürselen: Franz Beyerle (1885–1977). Leben, Ära und Werk eines Rechtshistorikers. 2005.

Band 308 Kai Bandilla: Urheberrecht im Kaiserreich. Der Weg zum Gesetz betreffend das Urheberrecht an Werken der Literatur und Tonkunst vom 19. Juni 1901. 2005.

Band 309 Stefan Mieth: Die Entwicklung des Denkmalrechts in Preußen 1701–1947. 2005.

Band 310 Catharina Lodemann: Die Geschichte des französischen *acte de gouvernement*. 2005.

Band 311 Christina Wicke: Kodifikationsbestrebungen und Wissenschaft in Hessen-Darmstadt im vorkonstitutionellen Zeitalter. Zu der Beteiligung der Gießener Rechtsprofessoren an den Gesetzgebungsarbeiten in Hessen-Darmstadt in der Zeit zwischen 1769 und 1820. 2005.

Band 312 Christiane Chlosta: Nur dem Gesetz unterworfen? Eine rechtsgeschichtliche Untersuchung zu Idee und Wirklichkeit richterlicher Gesetzestreue unter besonderer Berücksichtigung der Aufwertungsrechtsprechung und des richterlichen Prüfungsrechts. 2005.

Band 313 Kathrin Dirr: Hoheitsrechtliche Streitigkeiten zwischen den Kölner Erzbischöfen und der Stadt Köln auf Grundlage reichskammergerichtlicher Verfahren des 16. und 17. Jahrhunderts. 2005.

Band 314 Michael Racky: Die Diskussion über Gewaltenteilung und Gewaltentrennung im Vormärz. 2005.

Band 315 Petra Thiemrodt: Die Entstehung des Staatshaftungsgesetzes der DDR. Eine Untersuchung auf der Grundlage von Materialien der DDR-Gesetzgebungsorgane mit zeitgeschichtlichen Bezügen. 2005.

Band 316 Julius F. Reiter: Entstehung und staatsrechtliche Theorie der italienischen *Carta del Lavoro*. 2005.

Band 317 André Book: Die Justizreform in der Frühzeit der Bundesrepublik. Die Beratungen der Kommission zur Vorbereitung einer Reform der Zivilgerichtsbarkeit in den Jahren 1955 bis 1961. 2005.

Band 318 Frank Zentz: Das amerikanische Strafverfahren als Element der Besatzungspolitik in Deutschland. Erziehung zur Demokratie durch den *Court of Appeals* 1948–1955. 2005.

Band 319 Friederike Quaisser: Mietrecht im 19. Jahrhundert. Ein Vergleich der mietrechtlichen Konzeptionen im Allgemeinen Landrecht für die Preußischen Staaten von 1794 und dem gemeinen Recht. 2005.

Band 320 Stefan Burghard: Professor Dr. Wilhelm Kahl – Leben zwischen Wissenschaft und Politik. 2005.

Band 321 Günter Baranowski: Die *Russkaja Pravda* – ein mittelalterliches Rechtsdenkmal. 2005.

Band 322 Christina Schneider: Die SS und „das Recht". Eine Untersuchung anhand ausgewählter Beispiele. 2005.

Band 323 Werner Schubert (Hrsg.): Zivilprozessreform in der Weimarer Zeit. Quellen zur Emminger-Zivilprozessverordnung vom 13.2.1924 und zu den Arbeiten der Zivilprozesskommission des Reichsjustizministeriums (1922–1930). Eingeleitet und herausgegeben von Werner Schubert. 2005.

Band 324 Felix Gaul: Der Jurist Rudolf Isay (1886–1956). Ein verantwortungsbewusster Vermittler im Spannungsfeld zwischen dynamischer Rechtsschöpfung, ökonomischem Wandel und technischem Fortschritt. 2005.

Band 325 Konstanze Braun: Dr. Otto Georg Thierack (1889–1946). 2005.

Band 326 Eckart Klein / Stefan Chr. Saar / Carola Schulze (Hrsg.): Zwischen Rechtsstaat und Diktatur. Deutsche Juristen im 20. Jahrhundert. 2006.

Band 327 Stefan Botor: Das *Berliner Sühneverfahren* – Die letzte Phase der Entnazifizierung. 2006.

Band 328 Andreas Köhler: Die Sorgerechtsregelungen bei Ehescheidung seit 1945. Scheidungsstrafe und verordnete Gemeinsamkeit. 2006

Band 329 Lars Düwel: Die Nichtigkeit und Anfechtbarkeit der Ehe in der Rechtsprechung des Reichsgerichts zwischen 1900 und 1945. 2006.

Band 330 Katalin Polgar: Das Oberappellationsgericht der vier freien Städte Deutschlands (1820–1879) und seine Richterpersönlichkeiten. 2007.

Band 331 Julia Schweitzer: Schiffer und Schiffsmann in den Rôles d'Oléron und im Llibre del Consolat de Mar. Ein Vergleich zweier mittelalterlicher Seerechtsquellen. 2007.

Band 332 Diana-Catharina Kurtz: Das Institut der Adoption im preußischen Allgemeinen Landrecht und im französischen Code civil zwischen Rezeption römisch-rechtlicher Prinzipien und verändertem Familienverständnis. 2006.

Band 333 Dino Joakim Duderstadt: Spiel, Wette und Differenzgeschäft (§§ 762–764 BGB) in der Rechtsprechung des Reichsgerichts und in der zeitgenössischen Literatur. 2007.

Band 334 Ronald Hoffmann: Die Domänenfrage in Thüringen. Über die vermögensrechtlichen Auseinandersetzungen mit den ehemaligen Landesherren in Thüringen nach dem Ersten Weltkrieg. 2006.

Band 335 Joachim Windmüller: *Ohne Zwang kann der Humanismus nicht existieren...* – „Asoziale" in der DDR. 2006.

Band 336 Sven Christian Gläser: Die Mediatisierung der Grafschaft Wertheim. Der juristische Kampf eines kleinen Reichsstandes gegen den Verlust der Landesherrschaft und seine Folgen. 2006.

Band 337 Benjamin Schleyer: Friedrich Wilhelm Bornemann (1798–1864). Eine Juristenkarriere im Preußen des 19. Jahrhunderts. 2006.

Band 338 Die Reform des Ehescheidungsrechts von 1976. Quellen zum Ersten Gesetz vom 14.6.1976 zur Reform des Ehe- und Familienrechts (Parlamentarische Ausschussprotokolle – Anglikanische Denkschrift von 1966 zur Scheidungsrechtsreform – Schlussabstimmung 1969 in der Eherechtskommission des Bundesministeriums der Justiz). Eingeleitet und herausgegeben von Werner Schubert. 2006.

Band 339 Andreas Feld: Das Bayerische Gesetz zum Schutz des Eigentums an Erzeugnissen der Literatur und Kunst gegen Nachdruck vom 15.04.1840. Vorgeschichte und Zustandekommen. 2007.

Band 340 Bernd Wörner: Adelbert Düringers Einfluß als Richter am Reichsgericht in Leipzig auf dem Gebiet des Personengesellschaftsrechts. 2007.

Band 341 Jan Jelle Kähler: Französisches Zivilrecht und französische Justizverfassung in den Hansestädten Hamburg, Lübeck und Bremen (1806–1815). 2007.

Band 342 Jörn Eckert / Pia Letto-Vanamo / Kjell Å. Modéer (Hrsg.): Juristen im Ostseeraum. Dritter Rechtshistorikertag im Ostseeraum 20.–22. Mai 2004. 2007.

Band 343 Ferdinand von Weyhe: A.E. Wassermann. Eine rechtshistorische Fallstudie zur „Arisierung" zweier Privatbanken. 2007.

Band 344 Martin Klaus Römermann: Kündigungen und Kündigungsschutz im Franquismus. 2007.

Band 345 Thomas Hoffmann: Der Landrechtsentwurf David Hilchens von 1599. Ein livländisches Rechtszeugnis polnischer Herrschaft. 2007.

Band 346 Ingo Ullmann: Die rechtliche Behandlung holsteinischer Leibeigener um die Mitte des 18. Jahrhunderts. Dargestellt unter besonderer Berücksichtigung der Schmoeler Leibeigenschaftsprozesse von 1738 bis 1743 sowie von 1767 bis 1777. 2007.

Band 347 Petra Fischer-Langosch: Die Entstehungsgeschichte des Familiengesetzbuches der DDR von 1965. 2007.

Band 348 Lasse O. Johannsen: Die rechtliche Behandlung ausreisewilliger Staatsbürger in der DDR. 2007.

Band 349 Ralf Schlottau: Deutsche Kolonialrechtspflege. Strafrecht und Strafmacht in den deutschen Schutzgebieten 1884 bis 1914. 2007.

Band 350 Hartwig Brandt / Ewald Grothe (Hrsg.): Rheinbündischer Konstitutionalismus. 2007.

Band 351 Nora Lutze: Der Verwandtenunterhalt nach den §§ 1601 bis 1603 und §§ 1610 bis 1612 BGB in der Rechtsprechung des Reichsgerichts. Unter Berücksichtigung der Entstehung des BGB. 2007.

Band 352 Frank Thiäner: Das Verhältnis von Aufsichtsrat und Abschlussprüfern in der rechtshistorischen Entwicklung bis 1937. 2007.

www.peterlang.de

FSC
www.fsc.org
MIX
Papier | Fördert gute Waldnutzung
FSC® C083411

Kolibri 360 GmbH
Ferdinand-Jühlke-Straße 7
99095 Erfurt, Deutschland
produktsicherheit@kolibri360.de

Druck:
CPI Druckdienstleistungen GmbH
im Auftrag der
Kolibri 360 GmbH
Ferdinand-Jühlke-Str. 7
99095 Erfurt